발로쓴 선교이야기

소아시아 실크로드에서 21년간 선교 현장을 지키며 헌신했던
1세대 선교사가 제언하는 한국선교의 새로운 비전

조용성 지음

발로 쓴 선교 이야기

글쓴이 · 조용성 ∥ 펴낸이 · 김승태

초판 1쇄 찍은 날 · 2008년 5월 10일 ∥ 초판 1쇄 펴낸 날 · 2008년 5월 15일

편집 · 김지인, 방현주, 유선희 ∥ 본문편집디자인 · 김선영, 이훈혜, 박은미

표지 디자인 · 박한나

영업 · 변미영, 장완철 ∥ 물류 · 조용환, 엄인휘

등록번호 · 제2-1349호(1992. 3. 31) ∥ 펴낸 곳 · 예영커뮤니케이션

주소 · (110-616) 서울시 성북구 성북1동 179-56 ∥ 홈페이지 www.jeyoung.com

출판사업부 · T. (02)766-8931, F. (02)766-8934 e-mail: jeyoungedit@chol.com

출판유통사업부 · T. (02)766-7912 F.(02)766-8934 e-mail: jeyoung@chol.com

copyright©2008 조용성

ISBN 978-89-8350-446-3(03230)

값 13,000원

예영세계선교신서 1

발로 쓴 선교이야기

소아시아 실크로드에서 21년간 선교 현장을 지키며 헌신했던
1세대 선교사가 제언하는 한국선교의 새로운 비전

조용성 지음
조동진 추천

예영커뮤니케이션

추천의 글

조용성 선교사는 고대 실크로드의 기점(起點) 도시이며 유럽과 아시아가 만나는 터키의 이스탄불에 뿌리를 내린지 20년이 넘었다. 중동과 중앙아시아 이슬람권 지역에서 고난의 길을 걷고 있는 중년 선교사이다.

「발로 쓴 선교 이야기」를 쓴 조용성 선교사는 선교 후학들 중 내가 아끼고 사랑하는 몇 사람 중 한 사람이다. 그가 걸어온 선교사로서의 행로(行路)는 다른 선교사들과는 유별(有別)난 데가 있다. 1980년 중반 이슬람 지역 대학생들을 선교하기 위해 선교사로 터키에 갔다. 당시 터키는 선교사의 신분으로는 입국할 길이 없었다. 그가 택한 길은 터키국립 마르마라(Marmara)대학교의 유학생 신분이었다. 대학에서 동양사(실크로드 민족 이동사)를 전공하여 석사, 박사 학위 과정을 마쳤다. 이 과정을 통하여 한국선교사로서는 이슬람권에서 이슬람 역사를 전공한 선교학자가 되었다.

그는 한국의 선교단체 중 건실한 GMS의 실크로드 선교 전략을 담당한 책임 선교사이다. 지난 20년 동안 실크로드 선교와 이슬람 선교의 최전선에서 동서남북을 가리지 않고 종횡무진(縱橫無盡)하며 달렸다. 조용성 선교사는 「발로 쓴 선교 이야기」를 손으로 쓰지 않고 "발로 썼다."라고 말한다. 선교는 현장임을 강조하는 말일 것이다. 발로 걸었던 선교 여정이 무턱대고 걷기만 한 것은 아니다. 생각하고 걷고, 배우고 걷고, 듣고 걷고, 말하며 걸었다.

「발로 쓴 선교 이야기」 원고를 처음부터 마지막까지 꼼꼼하게 읽었다. 그가 쓴 글을 보면서 다양한 분야에 폭넓은 독서(讀書)를 하고 있음에 탄복했다. 목회자들이나 선교사들이 자칫하면 오직 성경과 신학과 목회에 관련된 독서에만 치중하게 된다. 세계 선교를 위해서는 폭넓은 지식이 요구된다. 선교학은 "학문 전반에 걸친 과학(Science in General)"이다.

바울은 1, 2, 3차에 걸쳐 지중해를 중심으로 발로 산과 강과 바다를 수없이 걸었다(고후 11:16-28). 바울은 당대의 석학(碩學)이었다. 히브리와 헬라와 아람과 로마의 모든 문화와 학문에 정통했다. 바다에 관한 해양(海洋) 지식까지도 당대 바닷길에 익숙한 선장들보다도 뛰어났다. 조용성 선교사는 바울의 후예로서 바울의 숨길과 발자취가 남아 있는 지중해 연안을 중심으로 중동과 실크로드 지역을 누비고 다니면서 이 글을 썼다.

그의 글은 톡톡 튀는 생동(生動)감이 있다. 수많은 근대와 현대, 미래학자들의 글들을 인용하면서 선교사가 가야 할 바른 길을 제시한다. 이 책은 선교신학, 문화인류학, 종교역사학, 지정학(地政學), 서구 제국주의 선교의 오점을 비판함과 동시에 대안을 다뤘다. 한걸음 나아가 사회학, 경제학, 미래학에까지 다루고 있다. 조국 교회와 선교사들이 귀담아 들어야 할 것이다.

한 가지 중요한 사실은 '성경'만이 하나님이 명령하는 선교의 중심 명제(命題)이며 복음이라는 개혁 신학과 선교 사상이 중심축으로 흐르고 있다. 그것은 세상 끝날 그리스도 재림을 기다리는 신앙 공동체 정신이며 순교한 사도들의 선교 방법이다(The Apostolic Way!). 이 길은 한국교회와 선교사가 가야만 할 길이다.

이 책이 현장에서 시달리는 선교사들에게, 앞으로 선교에 동참할 선교 후보생들과 선교 헌신자들의 좋은 길잡이가 될 것으로 믿는다. 선교에 동참하고 있는 선교 동역자들에게도 이 책을 권한다.

조동진

프롤로그

발은 손이 아니다. 발은 귀가 아니다. 발은 머리가 아니다. 발은 코가 아니다. 발은 생각이 아니다. 발은 이론이 아니다. 발은 느낌이 아니다. 발은 경험이다. 발은 실천했다. 발은 힘이 있다. 발은 가 보았다. 발은 확인했다. 발은 가치가 있다. 발은 전략이 있다. 발은 비전이 있다. 발은 현장이다.

발 없는 생각은 공상이다. 발 없는 이론은 탁상공론이다. 발 없는 말은 허공이다. 한국선교는 서구선교 이론을 경험해 보지 않고 적용했다. 선교의 부작용이 많았다. 검증할 시간이 없었다. 시행착오를 했다. 실패를 반복했다. 가시적이었다. 통계의 허구에 빠졌다. 한국형 선교 유니폼 체형에 맞지 않았다. 본질을 빗겨갔다. 선교 본질인 회심의 초점이 없었다. 영혼 구원에 약했다.

「발로 쓴 선교 이야기」는 책상 앞에서 그적거린 것이 아니라 「발로 쓴 선교이야기」는 땀내 나는 선교 현장 이야기이다. 「발로 쓴 선교 이야기」는 선교가 선교되도록 고민했다. 「발로 쓴 선교 이야기」는 선교 원칙을 강조했다. 「발로 쓴 선교 이야기」는 사도 바울의 에베소 선교(행 20: 17-38)에 초점을 두었다. 「발로 쓴 선교 이야기」는 한국선교 미래 청사진을 그렸다. 「발로 쓴 선교 이야기」는 감격, 기쁨, 위로, 소망이 있다.

선교는 행복이고 아름다움이며 특권이다. 선교는 기쁨이고 즐거움이다. 선교는 희생이 아니다. 에베레스트 산의 위대함에는 동의하지만 에베레스트 산만이 아름답다는 데는 동의하지 않는다. 허드슨 테일러, 아도니람 저드슨, 윌리엄 캐리가 위대한 선교사들임에는 동의하지만 행복한 선교사들이었다는 데는 동의하지 않는다. 위대함과 행복은 다르다. 위대함과 아름다움은 다르다. 위대함은 자기 성취에서 올 수도 있지만 아름다움과 행복은 오직 주님으로부터 온다. 선교가 행복으로 다가오기까지 많은 시간이 걸렸다. 선교가 기쁨으로 다가오기까지 아픔이 있었다. 선교가 아름다움으로 가슴으로 오기까지 불멸의 밤을 지새우는 시간이 있었다. 선교가 희생에서 행복으로 다가오기까지 자신과 긴 싸움이 있었다.

전체 내용의 틀을 다섯 장으로 구성했다. 제1장은 선교사로 부름 받은 저자의 삶과 생각을 담은 "기쁨과 행복에 빠진 선교사", 제2장부터 제4장까지는 저자가 선교 현장에서 가장 중요하게 생각하는 3대 중심 요소, 즉 선교의 가치(Value), 선교의 전략(Strategy), 선교의 비전(Vision)을 주제로 다루고 있다. 저자는 이것을 'V. S. V. 선교'라고 부른다. 가치는 유산이다. 전략은 효율성이다. 비전은 핵심이다. 가치는 과거의 점검이다. 전략은 현재 트림탭(Trim-tap, 방향타)이다. 비전은 미래의 한 방향 정렬이다. 가치는 과거 선교 유산들을 점검하는 일이다. 전략은 현재 효율성이 있는 선교로 방향타를 잡는 일이다. 비전은 미래 선교의 핵심이 한 방향으로 정렬되어 나아가도록 제시하는 일이다. 한국선교는 과거 선교의 가치를 점검하고 현재 전략에 효율성 있는 트림 탭으로 미래의 선교 핵심을 한 방향으로 정렬해야 한다. 마지막으로 제5장에서는 한국교회가 세계 선교의 전방에 나서기 위해서는 위대한 비전을 가진 선교사들을 많이 배출하여야 함을 절실히 느껴왔기 때문에 "좋은 선교사를 넘어 위대한 선교사로"라는 제목으로 정리했다.

21세기 한국선교는 프론트 라인에 서 있다. 가치·전략·비전을 가지고 한 방향으로 나아가지 않으면 표류한다. 한국선교는 세계 선교 중심에 서 있다. 가치·전략·비전을 가지고 효율성을 내지 못하면 손실이다. 한국선교는 세계 교회가 기대를 건다. 가치·전략·비전을 가지고 비서구권 선교사들에게 유산을 남겨 주어야 한다. 한국선교사들의 강점은 감(Feeling), 순발력, 통찰력(Insight)이다. 한국선교사들의 약점은 가치·전략·비전이 약하다. 감, 순발력, 통찰력이 가치·전략·비전과 균형을 이룰 때 세계 선교의 핵심역량을 발휘할 수 있다. 이런 맥락에서 이 책은 선교의 과거 가치, 선교의 현재 전략, 선교의 미래의 비전이라는 큰 틀을 가지고 구성했다.

모든 영광을 주님께 돌린다. 책이 나오기까지 선교의 영향력을 주신 분들이 있다. 조동진, 김만우, 홍정길, 이동원, 홍성열, 정중섭 목사님들이시다. 오늘이 있기까지 기도와 물질로 후원한 주 파송 교회(신성교회)와 후원교회들에게 사랑의 빚을 갚는 심정으로 이 책을 썼다. 책이 나올 때마다 조언과 교정을 일일이 한 아내 최인경에게 고마움을 전한다. 새벽을 가르며 기도하는 어머니 송화삼 권사, 해군 중위로 복무 중인 자랑스러운 아들 헌장이, 한국에서 대학 생활에 행복해 하는 딸 혜음에게 고마움을 전하며 이 책을 헌정한다.

실크로드 지역에서
저자 조용성

차례

2장 선교의 가치(Value) 71

3장 선교의 비전 137

4장 선교의 전략　201

제3장
기쁨과 행복에 빠진 선교사

인생의 가장 가치 있는 일
(Relevant routine), 선교

보스턴의 한 빌딩에서 40년 동안 청소한 여인이 있었다. 어느 날 기자가 인터뷰를 했다.

"지난 40년 동안 반복되는 같은 일에 지겹지 않았습니까? 지겹지 않아요. 저는 하나님이 주신 재료를 이용했어요. 하나님이 창조하신 사람들에게 주신 선물들을 깨끗하게 해서 사람들이 더 편하게 일할 수 있도록 했어요. 제가 사용한 걸레는 주님의 손인 걸요.(My mop is the hand of God)"

선교사 생활은 평범하다. 단조롭고 일상적이며 변화가 없다. 지금은 아이들이 자라서 그렇지 지난 시간을 회고해 보면 평범한 선교사의 삶이었다. 아이들을 학교에서 핍업하고, 친구 집에 데려다 주고, 아프면 병원에 갔다. 아내와 시장에 가고, 현지인의 가정을 심방하고, 장례식, 결혼식에 가는 일이다. 반복의 연속이었다. 한 빌딩에서 40년 동안 청소한 여인과 별 차이가 없다.

아침에 말씀을 묵상하는데 평범한 생활이 의미 있는 일이라는 말씀에 위로가 되었다.

"사람마다 먹고 마시는 것과 수고함으로 낙을 누리는 그것이 하나님의 선물인줄 또한 알았도다.(Every man should eat and drink and enjoy the good of all his labor.)"(전 3:13)

전도서 기자는 인생의 희로애락을 경험한 사람이다. 범사가 기한이 있다고 결론을 내렸다. 쾌락도 허무도 경험했다. 날 때도 있고 죽을 때도 있다. 심을 때도 있고 뽑을 때도 있다. 죽을 때도 있고 치료할 때도 있다. 헐 때도 있고 세울 때도 있다. 울 때도 있고 웃을 때도 있다. 슬퍼할 때도 있고 춤출 때도 있다. 돌을 던질 때도 있고 돌을 맞을 때도 있다. 안을 때도 있고 안는 일을 멀리할 때도 있다. 잠잠할 때도 있고 말할 때도 있다. 사랑할 때도 있고 미워할 때도 있다. 전쟁할 때도 있고 평화할 때도 있다. 하나님이 모든 것을 지으시되 때를 따라 아름답게 하셨고 또 사람에게 영혼 사모하는 마음을 주셨느니라.(전 3:1-11)

평범함 속에서 비범함이 나온다. 일상생활이 의미가 있다. "내가 사용한 걸레가 하나님의 손이다."라고 의미를 부여하는 것은 위대한 일이다. 오늘도 스치고 지나는 사람들에게 의미 있게 사는 법을 전하는 일이 중요하다. 영혼을 사모하는 마음을 회복하라. 한 영혼에 대해 관심을 가져라. 본질적인 일에 충실하라. 우리를 즐겁게 하는 일은 순간이다. 영원한 것이 중요하다. 사람을 살리는 일에 종사하는 일은 의미 있다. 선교는 의미 있는 일이며 투자할 가치가 있다. 젊음을 송두리째 드려도 후회 없는 일이다.

행복한 선교사

"사랑하지 아니하는 자는 하나님을 알지 못하나니 이는 하나님은 사랑이심이라."(요1 4:8)

사도 요한은 신학적인 무거운 주제를 한 문장으로 담아냈다. "하나님은 사랑이심이라."하나님은 인간을 사랑할 수 있는 존재로 만드셨다. 인간은 사랑의 존재다. 피조물 가운데 사랑할 줄 아는 존재는 인간뿐이다. 사랑의 성품이 인간됨의 속성이다. 단순한 진리지만 머리에서 가슴까지 전달되기까지 시간이 걸렸다. 고통과 아픔이 있었다. 자기 싸움이 있었다.

인간이 다른 피조물과 구별되는 두 가지 특징은 인식과 사랑이다. 인식이란 단순한 지각을 넘는 이해다. 사랑은 하나님 자신이고 원인이고 목적이다. 인간창조 전에도 하나님은 사랑이셨다. 이 사랑이 지순(至純)한 하나님 사랑이다. 이 사랑을 연습해야 한다. 이 사랑을 실천해야 한다. 마음속에서 용해되어 나와야 한다. 선교사의 아름다움이 여기에 있다. 선교사의 행복이 여기에 있다. 선교의 기쁨이 여기에 있다. 선교의 영향력이 여기에 있다.

인간이 창조의 목적을 따라 살지 못하는 것은 하나님을 온전히 사랑하지 못하기 때문이다. 선교의 불행은 사랑해야 할 대상인 현지인을 사랑하지 못한 데서 시작된다. 사랑의 반대는 미움이다. 사랑은 주님에게서 오지만 미움은 사단에게서 온다. 전자로 채워지지 못한 선교사는 후자로 고통의 시간을 보낸다. 행복과 불행의 출발은 사랑에서 출발한다. 사랑할 수 있는 사람을 사랑하는 것은 누구나 할 수 있다. 사랑할 수 없는 사람을 사랑하는 것이 그리스도 사랑이다.

선교는 아름다움이고 행복이다. 행복이 없는 선교는 단회적이다. 행복이 없는 선교는 일시적이며 실체가 없는 그림자이다. 한국선교를 선교사가(宣敎史家)들이 평가할 때 행복한 선교 열전으로 평가했으면 한다. 아름다움과 행복은 하나님 사랑 속에서 나온다. 본체가 위로부터 온다. 위대한 선교사보다 아름답고 행복한 선교사로 남으라.

외길 선교 20년, 조연 선교사

나의 평범한 선교 철학 하나가 있다.
"뜻을 두고 출발한 일이면 끝까지 하라."
목사 안수를 받고 뒤돌아 볼 겨를 없이 선교지로 나왔

다. 돌이켜 보니 앞서 가는 선배는 없고, 모두들 뒤에서 따라오는 후배들이다. 더구나 나는 뿌려도 뿌려도 열매 없는 척박한 이슬람 땅에서 사역했다. 때로 선교지 선택에 대해 후회도 했고 선교지를 철수하려고 짐을 몇 차례나 쌌다. 그러나 차마 미국으로는 갈 수 없었다. 파송교회도 바뀌었다. 인생도 중년이 되었고 선교도 원숙해졌다. 이제 선교 하프타임(후반전)이다.

선교에는 산파(産婆) 선교사와 산모(産母)선교사가 있다. 전자와 후자의 차이점이 있다면 전자는 개척자로 자기 사역을 일구는 선교이며 후자는 등받이 선교이다. 선교의 표가 나지 않는다. 한 편의 영화로 보면 주연이냐, 조연이냐 이다. 주연은 어디서나 인기가 있고 스포트라이트를 받는다. 일에 성취감이 있고 보여 줄 것도 있다. 인정도 받는다. 조연은 스크린 뒤에 있기 때문에 스포트라이트를 받지 않는다. 조연은 주연에게 영광을 돌린다. 보여 줄 것도 없다. 인정도 별로 받지 못한다. 한국선교사들은 기질상 산파 선교사보다 산모 선교사 기질이다. 조연보다 주연들이다. 남을 세워주는 것보다 자기를 내세운다.

로마서 16장 1-10절에 보면 바울은 죽음을 눈앞에 두고 그리운 복음의 동역자 이름들을 회상한다. 겐그레아 교회의 뵈뵈 자매, 본도(터키 흑해 지방 출신) 지방의 브리스가와 아굴라, 에베네도, 루포, 두기고 등등 무명 후원자들을 기억한다. 자기 목이라도 내어 놓은 사람, 내 곁에 있었던 사람, 쓸 것을 보내 준 사람, 어머니 역할을 한 사람들을 기억한다.

로마서를 기록하며 바울은 붓을 차마 마무리하지 못했을 것이다. 조연 역할을 한 사람들이었다.

나는 평범한 선교 외길을 달려 온 개척자였다. 좌우를 둘러보아도 도움을 주어야 할 후배들이다. 사역하다가 후배 선교사도 잃었다. 영적 전쟁터에서 전우를 잃었다. 후배 가족들을 조국으로 보내면서 마음속으로 다짐을 했다. 나는 결코 후퇴하지 않으리라.

그 후 대학 캠퍼스에서 젊은이들을 키우며 사역을 했다. 전도의 현장을 잃지 않았기에 힘들었지만 보람도 있었다. 현재 현지인 지도자 중 여러 사람이 그때 복음을 들었던 형제자매들이다. 나는 현지인과 함께 교회 개척을 했다. 신학교도 시작했다. 외국사역자협의회(LAC), 한국사역자협의회(KLAC), 실라(바울의 동역자) 교회 개척 팀, 남성, 여성 사역자 컨퍼런스 주관, 선교사 자녀학교(MK) 이사, 후배들 정착 돕기 등 그때그때마다 주어진 일에 충실했다. 아내가 지나가는 손님과 현지인들을 위해 밥을 수없이 했다.

"바울은 심었고 아볼로는 물을 주었나니 자라게 하시는 이는 하나님이시라."

바울이 보낸 고린도 교회의 편지가 곧 선교 고백이다. 이슬람 선교는 외길 선교이다. 기다림을 배워야 한다. 당장 열매가 없어도 묵묵히 걷다 보면 주님이 자라게 하신다. 심고 물만 주어도 훗날 후배들이 열매의 기쁨을 맛볼 것이다.

중동 선교의 최초 순교자 레이몬드 롤(Raymond Roll) 선교사 고백을 회상해 본다.

"오! 주님이시여! 이 땅을 변화시킬 분은 당신뿐입니다. 우리는 지금 이 땅을 걷고 있을 뿐입니다."[1]

외길은 외롭다. 외길에는 자기 싸움이 있다. 외길은 훗날을 보는 일이기 때문에 인내가 필요하다. 조연은 영광의 꽃다발을 주님께 돌리고 자기를 나타내지 않으며 산파로서 기뻐하는 역할이다. 결국 조연은 남을 세워주며 스스로 섞는 한 알의 밀알로 남는다.

조연상(助演償) 선교사

제2차 세계 대전 직전에 창설되어 대전 중에 중단했다가 1946년 재개되어 매년 5월에 개최되는 세계적인 영화제가 칸 영화제(Canne Film Festival)다. 칸 영화제는 가을의 이태리 베네치아 국제영화제와 함께 대표적인 영화제로 손꼽힌다. 세계 각지에서 영화감독, 배우, 제작자, 언론인 등 수천 명이 모여 2주간에 걸쳐 영화 상영, 리셉션, 연구 상영, 기자 회견, 영화 상담을 한다. 수상은 예선을 거친 공식 참가 작품을 대상으로 국제심사위원에 의해 선정되는데 장편, 단편 양부문의 최우수 작품에 각각 그랑프리가 수여되며 감독상, 남우상, 여우상, 심사위원 특별상 등이 주어진다. 예술인들은 이 칸 영화제에 입상하는 것을 노벨상처럼 생각한다. 한국 영화는 6·25 전쟁 이후로 수없이 참가했으나 유일하게

---

1) 국제 OM 저(조용성 역), 「잊혀진 땅, 한국개척선교단」 출판, 1987, p.31.

1984년에 극영화 "물레야"(이두용 감독)로 특별부문상을 수상
했다. 이만하면 영화제 수준을 짐작할 것이다. 제 55회 칸
영화제에서 여러 차례 감독상을 받은 스티븐 스필버그는 재
미있는 일화를 남겼다.

"나에게 어린 아이들을 맡겨만 달라. 인생을 바꿔 놓겠
다."

이처럼 예술은 영향력이 있다. 한 편의 영화에도 작품을
만들려고 평생을 고뇌하는 예술인이 있는 것을 보며 화려한
예술인의 뒤안길에도 남우주연상, 여우주연상 한 번 받지 못
하고 조연으로 인생을 마감하는 배우들이 수두룩하게 있다.

성경에도 화려한 주연으로 등장하여 역사에 기록을 남긴
위대한 인물도 있지만, 이름 한 번 제대로 거론되지 못한 무
명의 하늘나라 스타들이 많이 있다. 바울이 이제 로마 옥중에
서 죽음을 눈앞에 두고 주마등처럼 스치는 잊을 수 없는 선교
동역자들 중에 한 부부를 기억하는 장면이 인상적이다.

"너희는 그리스도 예수 안에서 나의 동역자들인 브리스
가와 아굴라에게 문안하라. 그들은 내 목숨을 위하여 자기들
의 목까지도 내놓았나니 나뿐 아니라 이방인의 모든 교회도
그들에게 감사하느니라."(롬 16:3-4)

바울이 이 부부를 만나게 된 동기는 고린도에서 업(業)이
같아 만남이 이루어졌고 훗날 이들이 헌신한 후 선교를 위해
조연으로 충성했다. 어느 날 에베소에서 한 사건이 일어났다.

"알렉산드리아에서 난 아볼로라 하는 유대인이 에베소에
이르니 이 사람은 언변이 좋고 성경에 능통한 자라. 그가 일

찍이 주의 도를 배워 열심으로 예수에 관한 것을 가르치나 요한의 세례만 알 따름이라. 그가 회당에서 담대히 말하기 시작하거늘 브리스길라와 아굴라가 듣고 데려다가 하나님의 도를 더 정확히 풀어 이르더라."(행 18:24-26)

바울이 사역하는 현장마다 그림자처럼 따라 다니며 조력했던 이들은 별로 나타나는 업적이 없다. 그저 선교 동역자로 사역했다. 바울은 이 부부를 향해 잊을 수 없는 고백을 한다.

"그들은 내 목숨을 위하여 자기들의 목까지도 내놓았나니…."

얼마나 선교를 위해 충성했으면 목을 내 놓고 일했을까? 브리스길라와 아굴라 부부처럼 선교 일선에 서진 않았지만 후방에서 이름 없이 후원하는 주 파송교회와 협력 교회들, 개인 후원자들을 생각하면 감사함뿐이다. 조국 경제가 벼랑으로 떨어지고 실직자가 늘고 우리는 무얼 먹고 사나? 때로 이런 신음 소리도 있지만 허리띠를 졸라 매고서라도 선교하는 일은 놓칠 수 없다는 일념으로 후원하는 동역자들을 생각하면 마음이 숙연해진다.

가끔씩 이런 생각에 잠긴다. 천국에 가면 자리가 많이 바뀔 것이다. 그처럼 명성 있게 생각했던 사람들보다 이름 없는 브리스길라와 아굴라 부부처럼 조연으로 일한 사람들이 하늘나라에선 주인공들이고 선교 수상자들일 것이라고 확신한다. 실크로드 동서남북 지역에서 사역하는 선교사들을 위해 묵묵히 후원해 주신 여러 교회들과 후원자들에게 심심한 감사를 전하며 그대들이 조연상을 받는 것처럼 보일지라도 하늘에선 칸 영화제보다 더 화려한 그랑프리가 수여될 것이다. 선교지에서도 선교 연륜이 깊어지고 확장될수록 현지인들에게 리더십을 이양하고 이들이 주연이 되고 선교사들이 조연으로 설 때 선교가 선교답게 될 것이다.

주변 인생 다윗, 주변 인생 선교사

다윗은 사울의 진노를 피해 망명길에 올랐다. 망명길을 오를 수밖에 없는 상황이었다. 사울의 칼날을 피해(삼상 20:33) 정처 없이 길을 떠난다. 오늘은 놉(삼상 21:1)으로, 내일은 가드(삼상 21:10)로, 다음날은 아둘람 굴(삼상 22:1)로 도망한다. 다윗은 가정도, 성소도, 나라도 뒤로 하고 망명길을 떠났다. 다윗은 철저한 주변 인생을 살았다. 사울은 이스라엘 왕이자 중심인물이다. 한 나라의 중심 인생을 살고 있다. 요나단은 아버지 사울과 대조적이다.

"다윗이 곧 바위 남쪽에서 일어나서 땅에 엎드려 세 번 절한 후에 서로 입 맞추고 같이 울되 다윗이 더욱 심하더니 요나단이 다윗에게 이르되 평안히 가라…… 여호와께서 영원히 너와 나 사이에 계시고 내 자손과 네 자손 사이에 계시리라."(삼상 20:41-42)

소설의 한 장면 같다. 아버지 사울과 극면(極面)한 모습이다. 아버지 사울이 분노와 야망의 사람이라면 요나단은 우정과 사랑의 사람이다. 아버지 사울이 야심과 정치적인 사람이라면 요나단은 권력 인물의 자녀로서 주변 인생을 돌아볼 줄 아는 사람이다. 아버지 사울이 자기 욕심에 사로잡힌 사람이라면 요나단은 욕심 없이 사랑하는 사람이다.

다윗은 주변 인생이다. 다윗의 출신은 목동이다.

"이새가 이르되 아직 막내가 남았는데 그는 양을 지키나이다."(삼상 16:11)

사무엘이 이새 가문에서 왕을 세우려고 보냈을 때 자녀들 가운데서도 다윗은 주변 인생이었다. 형들은 용모와 신장이 준수했다. 소년 목동은 들판에서 주변 인생을 살았다. 들판에서 피리를 불며 살았다. 그때 이스라엘에 전쟁이 일어나서 형들은 전쟁터에 나갔다. 어린 목동 다윗은 전쟁에 참여도 못했다. 이스라엘이 전쟁에서 불리해졌다. 블레셋의 골리앗 장군이 이스라엘 민족을 모독하는 말을 했다.

"이스라엘의 군대를 모독하였으니"(삼상 17:10)

"다윗은 아침 일찍이 일어나서 양을 양지키는 자에게 맡기고……. 이스라엘과 블레셋 사람들이 전열을 벌리고 양군이 서로 대치하였더라."(삼상 17:20)

형들도 주변 인생을 사는 다윗을 꾸중했다. 선교에도 중심 선교사가 있고 주변 선교사가 있다. 중심 선교사는 사역이나 모금이나 능력에서 있어서 탁월하다. 주변 선교사는 선교 사각 지대에서 열매도 없다. 사역을 내보일 만한 프로젝트가 없다. 선교지가 잊혀진 지역이다. 경제적 논리로 보면 고비용 저소득 선교를 하고 있다. 투자한 만큼 이익을 창출하지 못한다. 선교 보고를 할 때마다 주눅이 든다. 주변 선교 지역으로 분류된다. 있어도 되고 없어도 된다. 때때로 나는 주변 인생을 살았던 다윗을 보며 위로를 받는다. 주변 인생은 평범하다. 주변 선교는 내어 놓을 것이 없다. 주변 사역은 열매도 없다.

그러나 주님은 주변 인생 다윗을 중심인물로 사용하셨다. 이스라엘 역사에서 가치 있게 평가하셨다. 선교를 하나님의 눈높이로 보는 시각이 필요하다. 선교를 가시적으로 평가해서는 안 된다. 주변 인생과 주변 선교를 주님은 귀하게 보신다. 하나님 관점으로 역사평가를 해야 한다. 하나님 관점으로 선교 신용 평가 제도를 도입해야 한다. 성숙한 선교는 주변 선교를 잘 보아야 한다. 성숙한 선교는 주변 선교를 가치 있게 평가해야 한다.

순례자 인생(The life of pilgrim), 순례자 선교사

나는 6·25 전쟁이 끝난 3년 후 세상에 태어났다. 세월이 흘러 인생의 중년이다. 내가 어릴 적에는 보릿고개 시절이 있었다. 보리를 파종하는 춘 삼월이면 모두들 생계가 어려웠다. 남의 집 일손을 도와주며 끼니를 연명하던 시절이었다. 가난은 죄가 아니지만 가난하기에 죄를 짓는 사람도 있었다. 나의 어머니는 가난한 시절 부드러운 손(soft touch)이었다. 나눔의 여인이었고, 주는 여인이었다. 사랑의 마음을 품은 부드러운 손을 갖고 있었다.

1930년 초 미국에서도 경제 대공항(The Great Depression)이 있었다. 부랑자(浮浪者, Tramps)들이 있었다. 많은 사람들이 화물 열차 빈칸에서 잠을 자며 푼 노동(seasonal jobs)을 하여 몇 푼을 벌어 생계를 연명해 갔다. 일자리가 없어 구걸하는 사람도 있었다. 가정을 잃은 사람들도 있었다. 부랑자와 순례자의 차이점이 있다. 부랑자는 편안을 주는 집이 없다. 가정이 없다. 정처 없는 떠돌이 신세다. 순례자는 다르다. 편안을 주는 집이 없고, 고생하고, 힘들지만 돌아갈 본향 집이 있다. 부랑자는 목표가 없으나 순례자는 희망과 포부가 있다. 본향이 있기에 그렇다.(히 11:13-16)

그리스도인은 순례자이지 부랑자가 아니다. 돌아갈 영원한 본향이 있다. 반겨줄 주님이 있고 기대가 있다.

"또 땅에서는 외국인과 나그네로라."(히 11:13)

믿음의 선진들은 더 나은 본향을 사모했다. 저희를 위하여 예비하신 그곳을 사모했다. 이 땅에서 거룩한 삶을 살아야 할 이유가 있다. 정처 없는 방랑자가 아니라 목적지를 향해 가는 순례자이다. 책임의식을 가지고 살아야 할 체류자이다. 초대 그리스도인들은 영원한 본향을 사모했기에 죽음을 구차히 여기지 않았다.

선교 현지를 보면 세월이 흐르며 선교사들이 편안함에 익숙해 간다. 단순한 삶보다 편리한 삶을 추구한다. 집도 사고, 가구도 사고, 차도 사고, 사역도 편리한 지역을 정한다. 사역의 필요를 따라 지역을 택하는 것이 아니고, 자녀 교육이 편한 곳을 택한다. 공기 좋은 곳을 찾는다. 집을 사는 것이 나쁘지 않다. 월세가 비싸기에 목돈을 드려 월세를 절약하기 위한 지혜다.

한 가지 기억하기 바란다. 좋은 교육 조건, 좋은 주거 환경, 좋은 지역을 선택하다 보면 순례자의 길을 가기가 어렵다. 떠나기가 어렵고, 옮기기가 어렵다. 세상이 좋다. 본향을 사모하는 마음이 식어진다. 믿음의 선진들의 고백을 들어 보라.

"불의 세력을 멸하기도 하며 칼날을 피하기도 하며 연약한 가운데서 강하게 되기도 하며… 조롱과 채찍질뿐 아니라 결박과 옥에 갇히는 시련도 받았으며 돌로 치는 것과 톱으로 켜는 것과 시험과 칼에 죽임을 당하고 양과 염소의 가죽을 입고 유리하여 궁핍과 환난과 학대를 받았으니 이런 사람은 세상이 감당하지 못하느니라."(히 11: 34-38)

서양 속담이 있다.

"너무 깊게 말뚝을 박지 말라. 우리는 아침에 출발한다. (Don't drive your stakes too deep; we're moving in the morning!)"

선교하다가 주님이 부르시면 가야 할 선교지에서 너무 깊게 말뚝을 박아 뽑기 힘든 사역이 되지 않기를 바란다. 밤이 지나고 아침이면 순례 길을 떠날지도 모른다.

선교사도 상처를 가진 연약한 사람!

선교사로 파송 받은 지 7년 만에 안식년을 맞아 고국에 돌아왔다. 첫 번째 사역 기간의 경험이 부족했기에 지칠 대로 지쳐 있었다. 고국에 돌아오니 그리던 고국이 아니었다. 변화된 도심 길, 화려한 네온사인, 현란한 간판들, 풍요로운 옷차림. 어느 하나도 옛날 살던 시절의 모습이 아니었다. 자신이 초라하게 느껴졌다. 격세지감이 들었다. 이런 것은 선교사들이 겪는 재문화충격(Re-entry culture)이다.

어느 날 시차도 있고 해서 낮잠을 자다가 벌떡 일어나 아파트 창밖을 보니 두부장수가 소리를 지른다. 나는 신기하게 창밖을 내다보았다. 이상한 생각이 들었다. 나와 똑같은 사람들이 거리를 지나고 있다. 가만히 생각해 보니 고국에 와 있다.

한 선교사의 독백이다. 타문화권에서 산다는 것이 얼마나 힘든 충격이었는지 순간적으로 자신이 있는 곳이 선교지인지 고국인지 판단이 되지 않았다. 상처와 아픔을 겪으며 한 선교사는 적응한다. 선교지에서 젊은 날을 다 보냈다. 이제는 고국보다 선교지가 더 편하다. 그러나 마음속으로는 고국이 그립다.

선교사들이 타문화권에서 사역을 하면 크고 작은 충격이 있다. 이런 충격을 치료하는 선교사 클리닉이 필요하다고 생각했다. 언젠가 오정현 목사가 현지에 왔을 때 이야기를 듣더니 남가주 사랑의 교회가 기도해 보겠다고 했다. 그 후 고국에는 IMF 한파가 몰아쳐 선교사 생활비까지 어려움에 처하여 감히 선교사 클리닉은 생각도 못했다. 두 번째 안식년으로 고국에 있는데 오정현 목사로부터 연락이 왔다.

"올해는 사랑의 클리닉을 해야겠습니다."

감사하고 기뻐서 어쩔 줄 몰랐다. 3박 4일 동안 소아시아 이스탄불에서 역사적인 선교사 클리닉을 시작했다. 영적 싸움을 하는 심정으로 임했다. 중앙아시아나 중동 분위기는 늘 보안으로 긴장해야 하므로 현수막이나 명찰이나 유인물

선교사 명칭이나 선교 용어까지 사용하지 않았다.

집회가 시작하는 첫날부터 "회복과 선교"라는 제목으로 말씀이 선포되었다. 참석한 60여 명의 선교사들을 치료하기에 충분했다. 메마른 선교사들은 은혜의 강가로 나갔다. 워크숍과 특강은 은쟁반의 금사과처럼 준비된 느낌이다. 오전 워크숍 중에 서로가 상처들을 나누며 눈물바다가 되었다. 사단은 어떻게 해서든지 선교사 가정을 공격하여 영적으로 쓰러지게 만들려는 전략을 만든다. 선교사 클리닉의 중요성을 알았다. 성찬식을 마치고 서로가 헤어지기 아쉬워했다. 포옹으로 인사를 나누는 모습을 잊을 수 없다. 주님이 일하셨다. 영광의 꽃다발을 주님께 돌린다.

어려운 이민 생활 중에 많은 선교 헌금을 하여 선교사 클리닉 모임을 후원한 남가주 사랑의 교회에게 지면을 빌어 감사를 전한다. 주님이 일하셨다. 향후 한국선교의 사활이 걸린 선교사 클리닉은 계속되어야 한다. 한국선교가 "소 잃고 외양간 고치는 선교 비극이 없길 바란다."

네 눈에 있는 들보를 빼라

제한 접근 지역 선교의 딜레마는 직업과 선교라는 두 명제 속에 갈등이다. 전자는 직업을 가지고 사역하다 보면 일에 시간을 많이 투자해 사역에 대한 부담이 있다. 후자는 선교를 맘 놓고 하고 싶지만 선교 신분으로 일할 수 없기에 직업 때문에 갈등한다. 추수지역에서 선교하는 자들은 이해할 수 없다. 열린 지역이라면 육체적으로 힘들지라도 열매로 인한 기쁨이 있다. 제한 접근 지역 선교는 사역을 제대로 하지 못해서 오는 자신과의 싸움이 있다.

최근 사역지에 전문인 사역을 하는 사역자들이 증가하다 보니 창의적인 접근 지역 사역이 다양해졌다. 회사를 설립한 사역자, 식당을 경영하는 사역자. 회사 지사를 운영하는 사역자, 여행사를 경영하는 사역자 등이 생겼다. 선교사가 직업과 선교의 균형을 이루면 문제가 안 된다. 문제는 현지에서 생업으로 일하는 교민들과의 갈등이 문제이다. 둘 사이의 갈등은 당연하다. 교민들은 생업이다. 선교사들도 이익을 내야 경영이 되기에 자연스럽게 경쟁이 된다.

한 주간 처 외숙모님이 방문해 지방을 여행했다. 지방 여행 중에 한국 여행객을 만났는데 여행객들 대부분이 기독교인들이었다. 문제는 기독교 유적지를 비 기독교인들이 안내를 하거나 기독교인이라고 해도 현지 언어나 문화를 잘 모르고 직업 여행 안내자로 일한다. 같은 여행사들끼리 지나치게 가격 경쟁을 한다. 한국에서는 조금이라도 저렴한 곳으로 여행을 오려는 것은 당연하다. 이런 상황이 되니 여행의 질이 저하될 수밖에 없다.

사역자들이 편승하여 서로 경쟁하고 안내하는 모습을 보며 본질과 비 본질이 무엇인지 구별하기가 힘들었다. 한 안내자가 자신의 푸념을 늘어놓는데 두 달 동안 하루도 쉬지 못하고 일하고 있다고 했다. 답답해서 어느 여행사에서 일하는지 물으니 모모 여행사라고 했다. 그 여행사는 내가 잘 아는 여행사다. 그 여행사는 다른 여행사 사이에서 인정을 받지 못하고 있었다. 이 말이 여행사를 경영하는 사역자에게 들어갔다. 그 후 전화로 천둥치는 고함이 들려 왔다.

"여행사 사장은 남편이 아니고 아내인 내가 하고 있는데 우리 여행사가 무엇을 잘못했습니까?"

지금 내가 지방 여행 중이니 마음을 진정하고 조용히 만나자고 했더니 별 험한 소리를 다 한다. 이러다간 사모가 쓰러질 것 같다. 조금 후 전화를 했다. 전후야 어찌되었든지 잘못했노라고 하며 용서를 구했다. 마음이 석연치 않았다. 곁에서 아내도 한 소리한다. 당신은 여행사를 잘 경영하는 사람에게 무슨 권리로 그런 이야기를 하여 그렇게 욕을 먹느냐고 말이다.

간밤에 잠을 설쳤다. 아침에 말씀을 묵상하며 말씀을 통하여 깨달음이 왔다.

"너희는 여호와의 선하심을 맛보아 알지어다. 그에게 피하는 자는 복이 있도다."(시 34:8)

"보라 네 눈 속에 들보가 있는데 어찌하여 형제에게 말하기를 나로 네 눈 속에 있는 티를 빼게 하라 하겠느냐"(마 7:4)

형제 눈 속에 티를 보지 말고 네 눈 속에 들보를 보라.

"입법자와 재판관은 오직 한 분이시니 능히 구원하기도 하시며 멸하기도 하시느니라. 너는 누구이기에 이웃을 판단하느냐"(약 4:12)

나는 조용히 회개를 했다. 아침에 일어나 아내와 손을 잡고 기도했다.

"제가 잘못했습니다. 제 눈에 들보를 보지 못하고 남을 판단했습니다. 그가 목회를 하든지, 선교를 하든지, 비즈니스를 하든지 제가 판단할 것이 아닙니다. 입법자와 재판관은 주님이십니다."

내가 할 수 있는 것이 있다면 피스메이커로 사랑하는 일 뿐이다. 마음에 평화가 찾아 왔다. 아내도 함께 울며 기도했다. 조용히 자신을 바라보며 성령 충만치 못함을 회개했다. 교만함이 머리를 스치며 회개의 눈물이 나왔다.

믿음을 통하여, 은혜로

"성경은 보화이다. 로마서는 다이아몬드이다."

루터의 말이다. 바울이 쓴 로마서의 핵심 주제는 '오직 의인은 믿음으로 말미암아 살리라.'(롬 1:17)이다. 기독교의 불변하는 핵심 진리이다. 예수님이 공생애 기간에 복음의 진수를 설명하셨다면, 복음의 진수를 담을 그릇을 바울이 만들었다. 오직 의인은 믿음을 통하여(Through faith) 구원받고, 오직 의인은 은혜로(By grace) 산다. 구약의 하박국 선지자와 신약의 바울의 핵심 메시지이고 종교개혁자들의 외침이었다.

"의인은 그의 믿음으로 말미암아 살리라."(합 2:4)

"오직 의인은 믿음으로 말미암아 살리라."(롬 1:17)

"의인은 믿음으로 살리라."(갈 3:11)

구원은 믿음으로 가능하다. 구원은 하나님의 전적인 은혜이다. 구원과 은혜는 불가분의 관계이다. 믿음과 은혜는 구속사의 흐름이다.

"너희는 그 은혜에 의하여 믿음으로 말미암아 구원을 받았으니 이것은 너희에게서 난 것이 아니요 하나님의 선물이라. 행위에서 난 것이 아니니 이는 누구든지 자랑하지 못하게 함이라."(엡 2:8-9)

선교의 핵심 가치는 구원을 선포하는 일이다. 선교의 핵심 가치는 예수 그리스도의 은혜를 선포하는 일이다. 핵심 가치를 놓치면 선교가 힘들어진다. 기초가 흔들리면 선교가 힘들다. 이슬람 세계관과 기독교 세계관의 차이가 있다. 이 것은 예수 그리스도와 모하메드 구원관과의 차이다. 선교에 있어서 다른 것은 양보가 있지만 구원에 대해선 양보할 수 없다. 생명을 구하는 일은 오직 예수 그리스도뿐이다. 기독교를 종교로 봐서는 안 된다. 기독교는 생명이요, 진리요, 길이다.(요 14:6) 근본을 놓치면 전체가 흔들린다.

선교가 힘들면 기초로 돌아가야 한다. 오직 의인은 믿음을 통하여 구원받고, 은혜로 사는 것이다. 변할 수 없는 기독교 진리 앞에 선교가 무력해지지 않아야 한다. 이슬람 선교의 최대 장벽은 그리스도를 구세주로 인정하지 않는 것이다. 복음의 핵심 가치를 흐리게 한다. 첫 단추가 잘못 끼워진 이들의 세계관을 바꾸는 일은 복음을 복음 되게 하는 일이다. 예수 그리스도가 구세주임을 바로 가르쳐 주어야 한다. 예수 이름에 능력이 있다. 예수 이름에 구원이 있다. 예수 이름에 생명이 있다. 선교가 선교될 수 있도록 원론으로 돌아가야 한다. 불변하는 선교를 해야 한다. 시대가 어두울수록 복음이 복음 되어야 한다.

"오직 믿음으로, 오직 은혜로!"

멋을 포기한 사람들

선교지에서 사역하다 본부에 들어와 사역을 했다. 본부 사역의 힘든 일이 하나 둘이 아니다. 나에게는 힘든 일이 매일 출근이었다. 책상 앞에서 크고 작은 업무를 처리하는 일이었다. 아침에 출근하면 어느 지역 사역자가 건강의 이상이 생겨 급한 조치를 취해야 한다. 어느 지역 사역자는 정부 공안원이 신분을 파악하고 조사 중이다. 어느 지역에서는 선교비를 받지 못했다. 일상적인 일이 반복될 때 어느 날은 짜증이 났다. 때로는 이런 일을 계속해야 해야 하는지 갈등도 생겼다.

새벽 채플을 인도하며 엎드려 기도를 했다. 그때에 주님이 깨우쳐 주셨다.

"두기고가 내 사정을 다 너희에게 알려 주리니 그는 사랑 받는 형제요, 신실한 일꾼이요, 주 안에서 함께 된 종이 된 자니라."(골 4:7)

골로새서는 바울이 AD. 60-61년 사이에 로마 옥중에서 골로새에 있는 성도들을 향하여 친필(親筆)로 쓴 서신이다. 옥중에서 내일 일을 예측할 수 없는 긴박한 상황에서 담담히 써 가는 바울 사도의 심정을 묵상케 되었다. 단란한 가정, 물질, 명예, 권력, 멋도 포기한 사람이다. 이 말씀을 깊이 묵상하며 회개했다.

안식년으로 본국에서 편히 쉬며 나만의 평안을 위해 이기주의로 지내려고 했던 자신을 회개했다. 흐르는 눈물을 주체할 수가 없었다. 그 후 작은 결심을 했다. 주님이 본부에서 쓰시겠다면 순종하겠다고 결심했다. 그 후 기쁨으로 주어진 사역을 감당하며 배운 것이 있다. 선교 본부 식구들은 멋을 포기한 사람들이다. 반복되는 일을 하면서도 이 일이 하나님 나라(The Kingdom of God)의 한 모퉁이 일임을 알기에 젊음도 멋도 모두 포기하고 일한다.

선교부에 출근할 때마다 나의 기쁨이요 면류관인 동역자들을 바라본다. 한 사람 한 사람이 귀한 보배들이어서 내 마음을 감동케 했다. 한 형제는 신학을 공부하다 휴학하고 1년간 이곳에서 잔디를 가꾸고 사무실을 청소하는 아름다운 모습을 보여주었다. 한 선교사 자녀는 방학 기간 중에 아버지가 일하는 본부에서 궂은일을 한다. MK 수련회 보조 교사로 섬기는 사람도 있다. 한 자매는 미국에서 유수한 대학과 대학원을 나오고도 자원자로 와서 묵묵히 섬겼다. 이들이 영적 스승들이다.

초대 기독교의 산실이었던 소아시아 갑바도기야 지방을 여행하노라면 이런 뭉클한 말씀이 생각난다.

"어떤 이들은 조롱과 채찍질뿐 아니라 결박과 옥에 갇히는 시련도 받았으며, 돌로 치는 것과 톱으로 켜는 것과 시험과 칼로 죽임을 당하고, 양과 염소의 가죽을 입고 유리하여 궁핍과 환난과 학대를 받았으니 이런 사람은 세상이 감당하지 못하느니라. 그들이 광야와 산과 동굴과 토굴에 유리하였느니라."(히 11:36-38)

초대 성도들은 멋을 포기한 사람들인 것 같다. 그들은 복음과 함께 고난 받는 것을 기뻐했다.

조국 장마가 서서히 지나고 벼들이 익어가는 소리가 들린다. 밤늦게 사무실을 나갈 때면 개구리들의 밤 콘서트가 시끄러울 정도이다. 멀리 정든 고국을 등지고 사역하는 사랑하는 동역자들을 생각할 때 마음이 무겁다. 그리운 조국산천 일가친척들을 뒤로하고, 지구촌 끝에서 오직 주님만 바라보고 묵묵히 일하는 그대들을 생각한다. 그대들은 멋을 포기한 사람들이다. 오늘도 월문리 밤하늘은 유난히 빛나고 있다.

하나님은 외모를 보지 않는다
(For God shows no partiality)

한 사업가 아들이 프랑스 여행 중에 죽었다. 충격적인 비보를 듣고 사업가는 자신의 재산을 정리하여 20만 달러를 모았다. 그는 아들을 생각하며 이 기금을 대학에 기증하고 싶어 했다. 사업가는 당시 미국의 명문 대학이었던 하버드 대학을 찾았다. 정문을 통과하는데 수위가 막았다. 초라하게 보인 사업가를 통과시켜 주지 않아 발길을 돌렸다.

어느 날 그 사업가는 샌프란시스코로 가다가 대학 설립의 꿈을 생각했다.

'동부에 하버드 대학이 있는데 서부에도 하버드에 버금가는 대학이 있어야겠다.'

그의 이름은 윌리엄 스탠포드(Stanford)였다. 그가 세운 대학은 설립자의 이름을 따서 '스탠포드대학'이라고 정했다. 이 소식을 들은 하버드 대학 총장은 충격을 받았다. 지금도 하버드 대학 정문 앞에는 이런 말씀이 기록되어 있다.

"하나님께서 외모로 사람을 취하지 아니하심이니라."(롬 2:11)

나에게 잊혀지지 않는 현지인이 있다. 현지 교회를 개척하고 섬길 때 일이다. 주일 예배를 마치고 집으로 돌아가는 길이었다. 아이들은 빨리 집에 가자고 졸랐다. 교회 문을 닫으려고 하는데 초라하게 차려 입는 한 사람이 교회 뒷줄에 와 앉아 있었다. 마치 구도자의 모습이었다. 차마 그냥 보낼 수 없어서 잠시 기다렸다. 기다리는데도 눈을 뜨지 않는다. 할 수 없이 말을 걸었다. 지금 교회 문을 닫으려고 하니 예수님에 대해 알고 싶으면 다음 주일에 오라고 했다.

다음 주일이 되었다. 남루한 중년이 교회에 나왔다. 반가워서 예배에 후 심방을 갔다. 집을 방문한 순간 충격을 받았다. 공동묘지 앞에 집을 짓고 사는데 무허가 집, 단칸방에 가족 다섯 명이 살고 있었다. 다음 주 수요일 모임에는 아내와 딸을 데리고 왔다. 아내와 큰 딸이 예수를 믿었다. 온 가족이 구원을 받았다. 지금도 현지인 교회에 가족이 출석하고 있다. 거리에서 노점상을 하다가 상점도 월세를 얻었다. 하루 종일 상점에서 성경책을 놓고서 장사하며 전도를 한다. 그가 전도한 형제가 목회자가 되어 한 지방도시에 목회자로 갔다.

"하나님은 사람을 외모로 취하지 아니 하시니라."

한 영혼에 대한 가치를 인정하라. 자신의 눈높이로 현지인을 보지 마라. 그들 역시 하나님의 형상을 닮았음을 인정하라. 사람을 외모로 취하지 마라. 식상한 말씀이기도 하지만 선교지에서 쉽게 놓치는 말씀이다. 가치는 육안으로 측정할 수 없다. 가치는 외모나 겉모습에 있지 않고 내면에 있다. 가치는 시간이 지나야 알 수 있기도 하다.

선교하며 사람을 판단하는 오류가 무서운 것을 알아야한다. 선교하며 외모로 판단하여 실패하는 경우가 많다. 잘못 판단으로 한 영혼을 잃어버리는 일이 많다. 야고보서 기자는 준엄한 경고를 하고 있다.

"주안에서 낮추라, 그리하면 주께서 높이시리라. …… 입법자와 재판관은 오직 하나이시니 능히 구원하기도 하시며 멸하기도 하시느니라. 너는 누구이기에 이웃을 판단하느냐." (약 4:10, 12)

선교사는 슈퍼맨인가?

선교사는 슈퍼맨인가? 선교사는 가정도 희생해야 하는가? 선교만 전념해야 훌륭한 선교인가? 사역의 성패를 가늠하는 열쇠인지 몰라도 선교사라면 누구나 이런 문제로 고민한다. 몇 해 전, 한인 세계 선교대회 기간 중에 충격적인 소식을 접했다. '한인 선교사 사모 안수 중 사망' 소식이었다. 내용은 이렇게 보도되었다.

미국을 방문한 한인 선교사 사모가 안수를 받던 중에 사망했다. 정 모 씨(53)는 '7월 4일 새벽 2시경 서부 로스앤젤레스 센추리시티에 있는 한 콘도미니엄에서 최 모 목사로부터 안수를 받다가 갑자기 의식을 잃고 쓰러졌다. 정씨는 신고를 받고 출동한 응급구조대에 의해 센추리시티 병원으로 옮겨졌다. 4시간 후인 오전 6시경에 숨졌다. 로스앤젤레스 경찰은 정 씨에게 안수를 한 최 모 목사와 정 씨 남편 정 목사(49세), 글렌데일 소재 모 한인교회 집사 최 씨(46세) 등 세 명을 일급 살인 협의로 체포했다. 이들은 1백만 달러의 보석금이 책정된 가운데 퍼시픽 경찰서에 수감되어 있다. 서부 로스앤젤레스 경찰서 론 필립스 수사관은 7월 5일 기자회견을 통해 숨진 정 씨에 대한 검시가 끝나지 않아 정확한 사인은 밝힐 수 없지만 안수 도중 받은 신체적 충격으로 사망한 것으로 보인다고 발표했다.

필립스 수사관은 최 목사와 남편 정 목사가 숨진 정 씨에게 '마귀가 씌었다.'라며 세 시간씩 두 차례에 걸쳐 손으로 가슴과 온몸을 누르고 두드렸다고 밝혔다. 안수 중 정 씨가 복통을 호소하며 쓰러지자 응급구조대에 신고했다. 필립스 수사관은 덧붙였다. 숨진 정 씨는 남편 정 목사와 함께 한국 감리교단에서 파송 받아 20년째 방글라데시에서 선교 활동을 펼쳐왔다. 이들 부부는 7월 1일 로스앤젤레스 소재 모 교회 초청으로 현지에 도착해 선교 보고를 마친 후 정 씨의 신병을 치료하기 위해 안수 받던 중에 변을 당했다.

이것은 한 선교사의 가정 문제만이 아니다. 세계 한인 선교사가 약 17,000명이나 된다. 선교사 가정들은 건강한가? 정신적으로 건강한가? 신체적으로 건강한가? 이런 문제들을 심도 있게 점검을 해야 할 시기가 왔다. 선교사 관리(Care)에 신경을 써야 한다. 이런 부분에 신경을 쓰지 않는다면 한국선교가 성수대교나 삼풍백화점처럼 무너지는 날이 올지 모른다.

선교사의 고통

1616년 청교도의 왕자라고 불릴 정도로 인정받았던 존 오웬(John Owen)은 영국 옥스퍼드 북쪽 스태드햄(Stadham)에서 헨리 오웬의 둘째 아들로 태어났다. 아버지 헨리 오웬은 경건한 청도교 목사였다. 유년 시절 경건한 아버지 밑에 신앙 교육을 받았던 오웬은 탁월한 지적 재능으로 열두 살 때 옥스퍼드 퀸즈 칼리지에 입학하여 대학과 대학원을 1635

년에 졸업했다. 그 후 옥스퍼드 대학 부총장까지 올랐다. 당시 영국 교회와 국가는 격동의 시간을 보내고 있었다. 장로교도들이 찰스 2세로 왕정복고를 꾸미는 것을 안 오웬은 1658년 런던의 사보이 궁에서 회중교회의 공식 신앙 고백 문서인 '사보이 선언(Savay Declaration)'을 작성하여 독립적 위치에 섰다. 결국 장로교를 국교로 삼겠다던 찰스 2세가 청교도를 핍박하기 시작하여 1660년, 오웬은 부총장직을 사임하는 비극을 초래했다.

위인들이 큰 은혜를 받고 탁월한 사역을 감당했지만, 때로는 깊은 고난을 당했다. 오웬은 1644년 결혼한 후 31년간 슬하에 열한 명의 자녀를 낳았는데 딸 아이 하나만 제외하고 모두 어릴 적에 사망했다. 시대적으로 청교도 신앙을 배격하고 적대시하는 대적들과 싸움하는 것도 힘든 상황인데 가정에서까지 고난을 당해야 하는 오웬의 삶은 깊은 고난을 통과해야 했다. 오웬의 글을 접할 때마다 감동이 되는 것은 비록 문체가 딱딱하지만 그의 깊은 고뇌와 묵상이 서려 있는 청교도 신앙의 진면(眞面)을 보여 주기 때문이다.

사역을 하다 보면 사랑하는 동역자를 잃는 일도, 자녀를 잃은 일도, 아내를 잃는 일도, 현지인 가족들을 잃는 일도 있다. 이슬람 지역에서는 한 사람이 귀한 상황이기 때문에 더욱이 그렇다. 눈에 생생한 후배 선교사가 선교지에 온 지 6개월 만에 위암으로 세상을 떠났다. 벌써 올해가 이 땅을 떠난 지 10주기가 된다. 그의 아내와 세 자녀들은 이제 제법 자라 큰 아이가 대학을 휴학하고 군에 입대했다. 둘째 아이가 대학생이다. 내 가슴이 저려 오는 것은 사모가 암 수술 이후 아직도 고통 중에 있기 때문이다. 고통을 다루시는 하 나님이 뜻이 있다지만 직접 당하는 가족과 자녀들의 아픔이 얼마나 크랴! 오지에서 고통당하는 동역자들을 위로하며 바 울 사도의 선교 여정 속의 고통을 들어 본다.

"원컨대 너희는 나의 좀 어리석은 것을 용납하라 … 나 는 지극히 크다는 사도들보다 부족한 것이 조금도 없는 줄 로 생각하노라. … 그들이 히브리인이냐 나도 그러하며, 그 들이 이스라엘인이냐 나도 그러하며, 그들이 아브라함의 후 손이냐 나도 그러하며, 그들이 그리스도의 일꾼이냐 정신없 는 말을 하거니와 나도 더욱 그러하도다. 내가 수고를 넘치 도록 하고 옥에 갇히기도 더 많이 하고 매도 수없이 맞고 여러 번 죽을 뻔하였으니 유대인들에게 사십에 하나 감한 매를 다섯 번 맞았으며, 세 번 태장으로 맞고 한 번 돌로 맞고 세 번 파선하고 일주야를 깊은 바다에서 지냈으며 여 러 번 여행하면서 강의 위험과 강도의 위험과 동족의 위험 과 이방인의 위험과 시내의 위험과 광야의 위험과 바다의 위험과 거짓 형제 중의 위험을 당하고 또 수고하며 애쓰고 여러 번 자지 못하고 주리며 목마르고 여러 번 굶고 춥고 헐벗었노라. 이 외에 일은 고사하고 아직도 날마다 내 속에 눌리는 일이 있으니 곧 모든 교회를 위하여 염려하는 것이 라. 누가 약하면 내가 약하지 아니하며, 누가 실족하게 되 면 내가 애타지 아니하더냐. 내가 부득불 자랑할진대 내 가 약한 것을 자랑하리라."(고후 11:1, 5, 22-30)

동역자들이여! 바울과 존 오웬이 당한 고난을 음미하며 힘들고 고난 중에도 용기 잃지 않고 사역하기를 기도한다.

안빈낙도(安貧樂道) 선교

안빈낙도(安貧樂道)는 "가난하니 편안하고 도리대로 사니 즐겁다."는 뜻으로, 조선시대의 대표적인 시조의 주제이다. 선비들은 가난해도 도리(道理)대로 살았다. 자존심을 의미한다. 서구 사고로 말한다면 다운시프트(Downshift)와 같다. 자동차의 기어를 고단에서 저단으로 바꾸어 속도를 줄이는 것을 뜻한다.

고도성장과 함께 "빨리 빨리 문화"에 익숙한 현대인들에게 안빈낙도는 어울리지 않는다. 사상적 뿌리는 우리가 자란 사회와 무관치 않다. 빠른 경제 성장을 추구했던 사회 속에서 익숙한 용어이다. 속도를 줄이고 무위(無爲)와 자연을 음미하며 수행으로 자기를 발견할 여유가 없다.

영국인의 전체 노동 인구 10%가 안빈낙도 현상으로 직업을 바꾸었다고 한다. 대도시를 떠나 농촌으로 향하고 있다. 한적하고 여유로운 외국으로 떠나고 있다. 자기가 원하는 인생 대본을 쓰고 실천하기 위한 장소를 찾아 나섰다.

선교에도 동향(Trend)이 변하고 있다. "빨리 빨리 선교 문화"가 범람한다. 당대 무언가 해내려는 선교가 난무하다. 선교에도 실적이 부가가치가 높다. 창의적 선교 지역보다 열린 추수 지역에서 선교를 선호한다. 선교사들도 편승해 선교 기초인 사랑과 섬김보다 실적과 욕심이 강하다.

조선 시대 선비 사상이 선교에 적용되었으면 한다. 당장 열매가 없어도 선교 도리를 지키며 일하는 선교사들이 많았으면 한다. 자동차로 말하면 기어를 고단에서 저단으로 낮추는 일이다. 고단으로 달리는 차에서는 목표만 보인다. 저단으로 달리는 차에서는 좌우 자연을 볼 수 있다. 여유가 있고, 쉼이 있다. 무리하지 않는다. 선교는 단거리 경주가 아니라 장거리 경주이다. 시간이 요구된다. 기다림이 필요하다. 자기 싸움이 있다. 조선 선비들처럼 "가난하니 편안하고 도리대로 사니 즐겁다." 안빈낙도 사상이 그리운 시대다.

인생의 기어를 저단으로 낮추라. 행복은 가지고 있는 물질에 비례하지 않는다. 행복은 선교 열매에 비례하지 않는다. 다운시프트를 하면 여유가 생긴다. 조급하지 않다. 남을 배려한다. 정석대로 선교한다. 열매에 연연하지 않는다. 과시욕이 없다. 선비 사상은 시대가 변해도 선교에 적용해야 한다.

이거 볼래? 선교 할래?

한인 선교사 수양회를 했다. 올해 강사는 감자탕교회 조현삼 목사였다. 원래 교회 이름은 광염(光鹽)교회이다. 개인 면식은 몇 해 전에 있었다. 같은 교단 후배 목사이다. 이번 수련회 강사로 와서 반가웠다. 주제 강의는 로마서 전체를 본문으로 하여 '예수님의 이중적 신분'에 대한 말씀이었다. 예수는 죄인 신분, 의인 신분이 있다. 평범한 진리이지만 은혜가 있었다.

하나님 나라의 역사 속에 할 일이 많다. 하나님은 지금도 사람을 찾고 계신다. 깨끗한 사람을 찾고 있다. 정결한 사람을 찾고 있다. 흠 없는 사람을 찾고 있다. 하나님 나라의 비극은 그릇은 많으나 쓸 그릇이 없다는 것이다. 진정으로 하나님 앞에 쓰임 받길 원하는가?

"너는 네 우물에서 물을 마시며 네 샘에서 흐르는 물을 마시라. 어찌하여 네 샘물을 집밖으로 넘치게 하며 네 도랑물을 거리로 흘러가게 하겠느냐."(잠 5:15-16)

조현삼 목사 간증이 감동이다. 어느 날 친구 동창들과 부부동반으로 영화관에 갔다. 영화는 미성년자 관람 불가 영화였다. 음란한 내용이었다. 순간 결정해야 했다. 영화관을 나왔다.

"이거 볼래? 설교 할래?"

믿는 사람이 세상에서 자신을 지키는 일은 어렵다. 자신을 지키기 위해 둘이 있는 것이 혼자 있는 것보다 안전하다. 성결을 유지하기 위해서 몸부림쳐야 한다. 자기 통제력이 있어야 한다. 누구인가 고백하길,

"설교자는 설교하기보다 설교 준비가 더 중요하다."

설교자는 말씀의 통로이다. 깨끗지 못한 통로를 통해 성령의 역사가 흐르지 못한다.

"그러므로 형제들아, 내가 하나님의 모든 자비하심으로

너희를 권하노니 너희 몸을 하나님의 기뻐하시는 거룩한 산 제사로 드리라. 이는 너희가 드릴 영적 예배니라. 너희는 이 세대를 본받지 말고 오직 마음을 새롭게 함으로 변화를 받아 하나님의 선하시고 기뻐하시고 온전하신 뜻이 무엇인지 분별 하도록 하라."(롬 12:1-2)

선교사는 순결해야 한다. 자신과 양무리 현지인들을 위해서다. 자신이 더러우면 몸이 추해진다. 하나님은 하나를 원하신다.

"이걸 할래? 선교 할래?"

바울 사도의 고백을 다시 음미한다. 하나님 기뻐하시는 산제사를 날마다 드리는 깨끗한 선교사가 되라.

선교사, 너무 완벽해도 문제다

딸아이가 대학 입학을 위해 밤잠을 설치며 에세이를 쓰는 것을 보며 배우는 것이 많다. 어느 날 이런 이야기를 딸아이에게 해 주었다.

"얘야! 에세이를 쓸 때 너무 완벽하게 쓰려고 하지 마라! 너무 완벽해도 문제다. 너의 수준에 맞게 에세이를 써라."

외국 대학은 자기 학교에 지원하는 학생들이 작문에 있어서 소설가나 전문작가 수준을 요구하지 않는다. 작문에서 다소간 실수가 있고, 표현이 거칠어도 이해해 주는 것이 교수들이다. 고등학교를 졸업한 학생이 신춘문예에 당선될 정도의 수려한 문장을 시종일관 구사했다면 이것은 분명히 타인의 에세이를 모방했던가, 아니면 전문가가 대신 써 준 것이다.

미국 학생들의 경우 에세이에 대한 대비가 철저하기 때문에 전문인이 코치를 한다. 코치는 학생을 돕는 입장에서 학생이 쓴 사실을 바탕으로 지도해 준다. 우리나라 경우는 막무가내로 전문가가 대신 써 주는 경우도 있다고 한다. 이런 경우는 학생의 사실과는 다르게 특정 사건을 조작하거나 허무맹랑한 케이스를 일부러 만드는 경우다.

학생은 어디까지나 학생이다. 너무 전문가의 냄새가 풍기는 것은 오히려 역효과가 난다. 대학에서 국문학을 전공했거나, 작문 관련 대회에서 수상 실적을 증명할 수 있는 학생이 전문가가 쓸 법한 에세이를 쓰는 것은 교수들도 인정하지만, 다른 분야에 학생이 너무 표현이 탁월한 에세이를 제출하는 것도 오해받는다.

선교에도 적용하고 싶다. 선교지에 갓 온 선교사가 너무 노련한 선교를 모방하여 완벽한 선교를 흉내 내려는 모습이 있다. 이것은 대학 입학을 준비하는 학생이 전문 작가 수준을 모방하는 것과 같다. 전문가나 노련한 선교사는 어느 한 분야에 정통하다 보면 자기도 모르는 사이에 전문가가 된다. 초임 선교사는 첫 단추를 잘 키워야 한다. 언어 공부, 협력 사역, 선임 선교사 밑에서 배우는 것이 중요하다. 일을 계속 하다보면 전문가가 된다. 처음부터 완벽이란 없다. 주님의 지상교회가 완벽한 교회 모습으로 성장한 역사가 없다. 초대 교회가 그랬고, 중세 교회도 그랬으며, 현대 교회도 그러하다.

초임 선교사들을 보면 여러 유형을 본다. 선교 훈련을 자기 혼자만 정통으로 받은 것처럼 누구의 이야기도 듣지 않는 자칭 정통형 선교사가 있다. 현지에서 무슨 사역을 하는지 속내를 모르는 은막형 선교사가 있다. 무슨 일에나 실수하지 않으려고 사역을 두려워하는 소극형 선교사가 있다. 준비해야 할 시기에 오자마자 사역을 시작하는 성급형 선교사가 있다. 앞뒤 보지 않고 남의 터 위에 같은 사역을 시작하는 용감형 선교사가 있다. 오자마자 동내 방내 반장처럼 남의 사역을 간섭하는 좌충우돌형 선교사가 있다.

선교를 하려고 거창하게 준비하려는 것에서 오는 현상이다. 내 모습을 이대로 주님께서 주신 은사대로 너무 욕심내지 않고 서로 격려하고 협력하며 자신의 역량껏 최선을 다하는 선교사를 후원 교회나 선교 본부가 원한다. 선교사, 너무 완벽해도 문제다.

내 사역을 내려놓으라

오랜 만에 그리던 고국으로 화려한 외출(안식년)을 왔다. 선교사가 오랫동안 고국을 떠나 있다가 돌아오면 재문화충격(Re-entry culture shock)이 있다. 직접 당하고 보니 힘들었다. 그러나 시간이 흐르면서 적응할 수 있었다. 좋아하던 아카시아의 그윽한 향기를 느끼며 잃어버린 시간을 보상이나 한듯 정서적 안정과 위로를 얻었다. 힘든 IMF 경제 한파 중에서도 열매 없는 이슬람 지역 선교를 위해 꾸준히 후원한 교회와 후원자들에게 감사한다. 가슴이 찡했다.

　지금까지 한국교회는 선교사를 보내는 데 온 정열을 쏟았다. 한국선교는 200년 이상 노하우를 가진 서구의 유수한 선교단체들이 하지 못한 일들을 해냈다. 교회 개척에도 신학교 사역에도 교육 사역에도 전문 사역에도 많은 일을 했다. 지금은 선교의 핵심과 본질의 문제를 고민해야 할 시기이다. 세계 선교사 2위국이라는 것에 승부가 있는 것이 아니다. 경제 한파로 비싼 수업료를 지불하고 배운 공부가 있다. 한국선교는 이대로 좋은가? 선교사의 전략적 배치, 중복 투자 개선, 프로젝트 선교를 지양하자는 목소리가 높아졌다. 고무적인 일이다.

　몇 해 전 선교 전략회의(GCOWE)에서 선교 전문가들과 선교사들이 한자리에 모여 얼굴을 맞대고 심도 있게 논의하면서 한국선교에 대해 고민했다. 중요한 이슈가 한국선교의 중복 투자와 선교사의 전략적 배치였다. 이를 계기로 선교의 고정 틀을 바꿨다. 선교사마다 자신의 사역에 대해 자부심을 갖고 있지만 자기 사역만이 이상적인 사역이 아니다. 선교지에 있다 보면 모든 생각이 단편적이고 편협해지기 쉽다. 자기 사역에 대해 누군가가 조금이라도 객관적으로 언급하면 심기가 불편해진다. 그러나 냉정하게 사역을 내려놓고 때로는 객관적인 검증도 받아야 한다. 기업에도 컨설턴트(consultant)가 있다. 선교에도 컨설턴트가 있어야 한다.

한국교회와 선교단체들은 선교의 새로운 안목을 가지게 되었다. 거품을 제거한 선교가 조금씩 이루어지는 모습을 통해 주님이 일하심을 느낀다. 길을 아는 사람들의 이야기를 듣고 나가는 것이 한국선교가 사는 길이다. 한국선교는 혼자 하는 선교가 아니다. 길을 아는 서구선교단체들과 동반자 선교를 해야 한다. 선교, 자기 사역을 내려놓을 때 길이 보인다.

내려놓음, 행복한 결심[2]

"인생의 가장 가치 있는 결심을 내려놓으면 그때부터 하나님이 움직이신다. 움켜잡으려고 하면 할수록 소멸되고 가지려 하면 할수록 공허해지는 삶을 무엇으로 풍성하고 행복하게 살 수 있을까? 진정한 내 것을 얻으려면 내려놓아야 한다. 아들 동현이가 두 살 때 함께 장난감 가게에 간 일이 있다. 동현 이는 자신이 좋아하는 버스 장난감을 두 팔로 꼭 움켜쥔 채 가게를 나오려고 했다. 장난감을 가지기 위해서는 계산대에 올려 점원이 바코드 판독기로 읽게 해야 한다. 점원이 동현이 팔에서 장난감을 넘겨받으려고 했을 때 울며 장난감을 내려놓으려 하지 않았다. 동현이는 장난감이 자기 것이 되게 하기 위해서는 잠시 계산대에 내려놓아야 한다는 사실을 몰랐던 것이다. 결국 동현이는 장난감을 안은 채로 계산대에 올라가야 했다."[3]

---

2) 이용규 저, 「내려놓음」 규장, 2006.

하나님께서 우리에게 주시는 영적인 선물도 마찬가지다. 내려놓기 전에는 우리 것으로 얻을 수 없다. 영적 아기인 우리는 내려놓으면 빼앗긴다고 생각한다. 더 움켜쥐려 하고 그렇게 잡고 있는 한 그것들이 우리 것이 되지 못한다. 오히려 그것들이 우리를 옥죄게 된다. 우리가 잡고 있는 문제는 우리가 해결할 수 없다. 그렇지만 하나님께 내려놓고 인생 계획까지 드린다면 해결 받을 수 있다. 그러려면 잠시 내려놓는 과정이 필요하다.

"네 길을 여호와께 맡기라 그를 의지하면 그가 이루시고"(시 37:5)

최근 기독교 서점에서 독자들 간에 회자되는 「내려놓음」이란 책이 있다. 이용규 선교사의 이야기다. 개인적으로는 코스타(북미 유학생 수련회)에서 만났다. 코스타(유학생수련회)는 원래 주강사가 없다. 선택 강의가 학생들에게 인기이다. 필자의 강의는 학생들에게 부담을 주는 주제인 '제한지역에서 이슬람 선교'였다. 특별한 학생들이 아니면 참석을 하지 않는다. 이용규 형제 내외가 참석했다. 내 강의를 마치고 자신을 소개했다. 책에서 소개했던 대로 형제 내외는 엘리트 코스를 받고 있었다. 서울대에서 동양사를 전공하고 하버드에서 중동지역학을 공부하고 있었다. 코스타를 마치고 형제 내외와 하버드로 향했다. 가난한 유학생 신혼집에 머물러 서로 선교의 꿈을 나눴다. 불확실한 진로에 대해 고민하고 있었다. 그 후 서로 연락이 끊어졌다. 나중에 소식을 들

---

3) 상게서, P.12.

게 되었는데 몽고 선교사로 헌신했다는 것이다. 감사했다. 내려놓음으로 인해 인생의 행복한 결심을 했다는 책을 접하며 잔잔한 충격으로 다가왔다. 박사과정을 마무리하며 진로 결정을 상담하면서 인생을 내려놓고 영혼 구령의 길을 택했다는 간증을 읽었다.

한 선교사의 진솔한 간증을 접하며 감사가 흘러나왔다. 선교를 행복한 삶, 기쁨의 삶, 아름다운 삶, 특권의 삶으로 선택한 형제 내외에게 갈채를 보낸다. 얼마 후면 실크로드 포럼에서 만난다. 10년 전, 모습과 오늘의 형제 모습을 보고 싶다. 가치 있는 것을 얻으려면 내려놓아야 한다는 평범한 말이 가슴에 닿는다. 선택은 중요하다. 귀한 선택을 했다. 가치 있는 선택을 했다. 젊은 날에 선교의 길을 택한 것을 축하한다. 후회 없는 삶이되기를 바란다. 형제 내외가 달리는 선교 길에 주의 축복이 있길 바란다. 선교는 행복이다. 선교는 아름다움이다. 선교는 특권임을 잊지 않길 바란다.

생명의 가치(The Value of a life), 선교

생명의 가치를 귀하게 여김은 하나님의 마음이다. 생명을 귀하게 여김은 영혼 사랑의 마음이다. 선교하려는 마음을 먹었다는 자체가 하나님의 마음이다. 한 영혼을 사랑하는 것은 존귀한 일이다.

성경에 영혼 사랑의 귀함을 아는 사람이 있다면 구약의

다윗 왕이다. 다윗 왕국의 확장은 대단했다. 블레셋, 모압, 다메섹, 아람, 모암, 암몬, 아말렉까지 대파하였다.

"다윗이 어디로 가든지 여호와께서 이기게 하셨더라. 다윗이 온 이스라엘을 다스려 다윗이 모든 백성에게 정의와 공의를 행할 새"(삼하 8:14-15)

천하를 통일한 다윗은 사울의 가족이 생각이 났다.

"사울의 집에 아직도 남은 사람이 있느냐? 내가 요나단으로 말미암아 그 사람에게 은총을 베풀리라."(삼하 9:1)

요나단의 아들 하나 중 절뚝발이가 있었다. 요나단의 아들 므비보셋은 할아버지의 원수였던 다윗의 부름 앞에 두려움이 앞섰다. 그러나 다윗은 므비보셋에게 부드럽게 말했다.

"무서워하지 말라. 내가 반드시 네 아버지 요나단으로 말미암아 네게 은총을 베풀리라."(삼하 9:7)

"므비보셋은 왕자 중 하나처럼 왕의 상에서 먹으리라. (Mephibosheth shall eat my table like one of the king's sons.)"(삼하 9:11)

다윗은 원수의 가문을 사랑의 관계로 바꾸었다. 사울을 생각하면 치가 떨리는 가문인데도 원수를 사랑으로 대했다. 사랑은 위대하다. 사랑은 위대한 힘을 낳는다. 용서는 위대한 은총을 베푼다. 다윗은 세 번씩이나 "은총을 베풀리라. (1절, 3절, 7절)"는 말을 반복하고 있다. 므비보셋은 신분이 바뀌었다. 원수의 가문에서 사랑의 가문으로 변했다.

선교는 사랑에 기초해야 한다. 은총에 기초해야 한다. 하나님이 세상을 이처럼 사랑하사 하나 뿐이 없는 독생자를 이 세상에 보내 주신(요 3;16) 은총을 잃지 않아야 한다. 주님을 믿는 순간, 우리의 신분은 므비보셋처럼 변한다. 주인의 상에서 왕자처럼 밥을 먹게 된다. 생명의 존귀함을 얻는 자는 타인의 생명을 존귀하게 여긴다. 생명의 가치를 인정하는 자는 영혼에 대한 사랑을 잃지 않는다. 다윗의 가문(이새, 오벳, 보아스)을 통해 그리스도가 탄생했다.

불행한 리더십은 위에 있는 사람에게는 잘하고 밑에 있는 사람을 잘 돌보지 않는다. 훌륭한 리더십은 위에 있는 사람에게 건강한 건의를 하고 밑에 있는 사람을 키워 준다. 한 영혼이 하나님의 형상으로 지음 받은 사실을 인정하고 생명 가치를 인정하는 곳에 하나님의 통치가 일어난다. 주님의 주권이 선포된다. 선교는 생명의 가치를 인정하는 데서 출발한다.

독서와 선교사의 정서적 계기(計器)

선교지의 아쉬움이 있다면 모국어와 독서에 대한 고갈이다. 독서는 모국어를 아름답게 가꾸고 순화시키며 고갈된 정서적 계기를 한층 높여준다. 어렸을 적에 혀 짧은 소리로 배우고 익히기 시작한 모국어만큼 민족이나 국가를 하나로 묶어 주는 매개체는 없다. 독서는 국가와 민족의 존망과도 깊은 관계가 있다.

아직도 가슴엔 어릴 적 읽었던 명저 「쿼바디스」의 작가 헨리크 센케비치의 작품 중에 "등대지기"라는 단편 소설이 가슴에 아로새겨져 있다. 모국을 떠나 평생을 이억만리 타국에서 방랑하다가 나이 먹은 후에 모국의 품에 안긴 한 노인에 대한 이야기이다. 이 책을 읽었던 사람은 자신이 주인공이 된 기분일 것이다. 타국에서 떠돌다가 말년에야 조국에서 안식을 느끼게 된 것은 모국어와의 뜨거운 만남이 있었기 때문이다.

노인은 어느 섬의 등대지기가 되어 정착한다. 식량과 식수를 날라다 주는 보급선이 한 달에 한 번씩 드나들 뿐이다. 찾는 이라고는 지나가는 물새밖에 없는 외로운 섬이다. 군인으로, 선원으로, 정원사로, 젊은 날을 떠돌며 보낸 이 노인은 기력이 쇠진해 있다. 말벗도 없고 갈 곳도 없다. 이런 곳에 찾아든 그 외로운 섬에서는 파도 소리만이 그의 주름살을 깊게 해 줄 뿐이다.

어느 날 예의 보급선이 나타나 식량과 식수를 건네주고는 뜻밖에도 소포 하나를 더 남겨 준다. 몇 십 년이 지나도록 소포는 커녕 편지 한 장 받아 본 적이 없는 노인이다. 떠돌이 생활에 혈육이 하나도 없다. 정을 주고받는 친구 하나 제대로 사귄 적이 없다. 그런 그에게 소포는 뜻밖의 선물이 아닐 수 없다. 노인은 떨리는 손으로 소포를 풀었다. 아, 그것은 폴란드어로 쓰인 몇 권의 책이다! 노인은 책장을 넘기며 심장이 멎는 듯한 감동에 젖어든다. 고국의 언어로 쓰인 한 책이다.

노인은 오열을 터뜨렸다. 노인은 많지 않은 월급이지만 그나마 쓸 곳도 없어 월급을 등대국에다 맡겨 고국 폴란드의

적십자사에 보내 달라는 부탁을 했던 것이다. 폴란드 적십자
사는 기부금에 대한 보답으로 책을 부쳐 준 것이었다. 책을
한 장 한 장 넘겨가는 노인에게는 모국어에 대한 그리움이
밀물보다 더 세차게 밀려왔다. 일부러 큰 소리로 읽으려 했
지만 목이 메어 목소리조차 제대로 나오지 않았다. 노인은
주저앉아 오열을 터뜨렸다. 어린 시절에 듣던 어머니의 나직
한 말소리가 책갈피에서 들려오는 듯하고 마치 꿈을 꾸는 것
같다. 노인은 책갈피에 얼굴을 파묻고 황홀한 꿈속에 잠겨들
었다. 포근한 안식 속에 빠져들어 이제 깊고 깊은 잠에 빠졌
다. 다시는 돌아올 수 없는 저 세상으로 떠난 것이다.

"등대지기"는 러시아의 지배를 받고 있던 폴란드인의 통
곡이라 할 수 있다. 국어에 대한 애정, 그것은 조국에 대한
애정이다. 모국어로 된 책을 읽는 동안 노인의 가슴속에서
강렬하게 샘솟았던 것도 조국에 대한 애정이었다. 막연하기
만 했던 조국에 대한 애정이 모국어 속에서 다시 살아나 가
슴에 뜨거운 불을 댕겼다.

선교사가 10년, 20년 사역하다 보면 정서적으로 고갈된
다. 아이들은 부모의 현지어 실력에 대해 불만이 많다. 현지
어도 모국어도 어정쩡하다. 곰곰이 생각해 보라. 선교지에서
현지인들과의 갈등, 동역자들과의 갈등의 깊은 내면에는 정
서적 계기를 높일 일이 없다. 선교사들을 후원하는 교회들은
그리운 고국산천, 사랑하는 일가친척을 등지고 선교지에서
사역하는 선교사들을 위해 모국어로 된 책 한 권이라도 보내
는 훈훈한 맘이 있어지기를 바란다. 또한 선교사 역시 사역

이 힘들고 어려우면 노(老) 등대지기의 심정으로 모국어로
된 책 한 권이라도 읽으라. 잠시 하늘을 향해 심호흡하는 여
유를 갖기를 바란다. 정서적 계기가 한결 높아질 것이다.

작은 것이 아름답다

　어느 날 조간신문을 보았다. 언제나 그랬듯이 정치면을
보고 경제면, 사회면을 읽어 가는데 가슴을 뭉클케 하는 기
사 하나가 있었다. "북(北)에 가려고 모아둔 2,000만 원 고
학생들을 위해 써 주세요." 내용인즉, 그 당시 85세 고령인
방인덕 할머니는 평남이 고향이다. 6·25 사변이 일어나 남
편을 잃고 남으로 내려와 강원도 양구에서 살았다. 의지할
곳 없는 그녀는 남의 집 식모살이, 파출부로 험한 인생을 살
았다. 그녀는 통일이 되면 고향에 가려고 모아 둔 돈이 있었
다.

　그 당시 평안 방문단에 방문 신청을 냈는데 북한의 가족
생사를 모른다는 소식을 전해 들었다. 그녀는 꿈에도 그리던
고향 가는 것을 포기하고 그간 모은 돈 2000만 원을 장학금
으로 내놓았다. 한참 동안 창밖을 내다보며 생각에 잠겼다.
어떻게 사는 것이 이 땅에서 의미 있는 일인가?

　한국은 26개국 정상들이 한 자리에 만나는 아셈(아시아-
유럽)정상회담을 치렀다. 대통령은 노벨평화상까지 받아 나
라가 축제 분위기이다.

그 때 방인덕 할머니를 생각했다. 그녀는 노벨상 수상자도 아니다. 노벨상이 무엇인지도 모를 게다. 요즘 나라에선 큰(大) 것을 추구하다가 혼 줄 나는 사람이 많다. 정치도 경제도 기업도 말이다.

주님은 지극히 작은 것에 관심이 있었다. 사람들은 작은 것보다 큰 것에 관심이 많다. 선교에도 그대로 들어와 어느 지역, 어느 선교사가 어떤 프로젝트로 훌륭한 사역을 했던지 어느 선교사가 그 나라에서 유명 인사가 된 것이 선교를 잘하는 것이라고 생각한다. 선교를 어떻게 해야 주님이 기뻐하시는 선교일까?

겸허히 자신을 내려놓고 주님 말씀을 귀담아 듣는다. 강원도 양구에 사시는 방인덕 할머니를 생각했다.(그 할머니는 내가 이런 글을 썼는지도 모를 게다.)

"작은 것이(일) 아름답다."

머나 먼 이국땅에서 생명을 담보하고 젊음을 불태우는 동역자들을 생각하면 맘이 저며 온다. 누가 이런 일을 시켜서 이렇게 하겠는가? 제 정신이면 선교사로 못 간다. 한 영혼이 귀하기에 이런 일을 한다. 오늘도 한 선교사 가족을 중국으로 보냈다. 동역자들이여! 그대들이 하는 일이 비록 작아 보여도 작은 것이 아름답다는 평범한 진리를 가슴에 새기길 바란다. 주어진 위치에서 최선을 다하길 바란다. 하늘나라에 가면 좌석이 많이 바뀔 것이다.

인생 매듭, 선교 매듭

줄기가 굵지 않은 대나무가 강한 것은 다른 나무와 달리 일정 간격을 두고 매듭을 지을 줄 알기 때문이다.

"대나무의 강함은 높이가 아니라 매듭에서 비롯된다. 매듭이 결여된 대나무가 있다면 굵은 갈대에 지나지 않는다. 부드러운 갈대는 꺾이는 법이 없지만 매듭 없는 대나무는 약간의 폭풍에도 쉬 꺾이고 만다. 믿음의 삶도 마찬가지다. 건강한 그리스도인은 진리의 매듭을 지닌 자다. 진리의 매듭을 지니지 못한 자에게 세월의 흐름이란 쇠퇴를 의미할 뿐이다. 진리의 매듭을 지닌 자에게 세월의 흐름은 겉은 부패하나 속사람은 날로 강건해지는 하나님의 은총이다. 신앙 생활에 열심이 있어도 진리의 매듭을 맺지 못한 자는 매듭 없이 키만 자란 대나무처럼 조금만 풍파에도 넘어진다."[4]

나는 이제 선교로나 인생으로나 중년이자 선임 선교사다. 지나온 삶보다 남은 삶이 짧고 선교지에서 일을 벌이는 것보다 매듭지어야 할 일들이 더 많다. 뒤돌아보면 매듭을 지어야 할 시기에 매듭을 짓지 못해 후회한 경우도 있었다. 현지인과의 매듭, 사역의 매듭, 동역자들과의 매듭들 말이다. 건강한 선교사는 진리의 매듭을 잘 짓는 자이다. 진리의 매듭을 잘 짓지 못한 세월의 흐름이란 쇠퇴를 의미한다. 선교의 매듭을 지닌 자에게 세월의 흐름은 겉은 부패하나 속사람

---

4) 이재철 저, 「매듭짓기」 홍성사, 2005, p.4

은 날로 강건해지는 은총의 선교를 한다. 열심히 선교사역을 했어도 마무리 매듭짓기를 못해 키만 자란 대나무처럼 허무하게 쓰러지는 모습을 본다.

독수리는 80년을 산다고 한다. 대부분 독수리는 50년을 살고 생을 마감한다. 50년 동안 부리와 발톱이 마모가 된다. 독수리는 자기 삶의 매듭짓기를 해야 한다. 30년을 더 살 것인지 아니면 생을 마감할 것인지 스스로 결정해야 한다. 독수리가 30년을 더 살기 위해서는 120일간 아무것도 먹지 않고 자기 싸움을 하며 새부리와 발톱이 나올 때까지 기다려야 한다. 부단한 자기 싸움이며 사생결단이다. 드디어 새부리와 발톱이 나온 독수리는 스피드가 예전보다 1.5배 빨라지고, 멀리 볼 수 있게 된다. 매듭짓기를 마치고 새 매듭으로 나는 독수리는 낢이 아니라 비행(飛行)이라고 한다.

선교 매듭짓기를 잘해야 한다. 시작보다 마침이 중요하다. 출발보다 골인 지점이 더 중요하다. 초기 충성보다 매듭짓기의 마지막 충성이 더 중요하다. 속도보다 방향이 더 중요하다. 선교 업적보다 과정이 더 중요하다. 현지인들이 존경하는 선교사가 더 중요하다. 대나무의 강함은 높이에 있는 것이 아니라 매듭짓기에 있듯이 선교의 강함은 명성에 있는 것이 아니라, 선교 매듭짓기에 있다.

이 가을에 생각하며

다음은 윤동주 시인의 '내 인생의 가을이 오면'이라는 시의 전문이다.

내 인생의 가을이 오면
내가 나에게 물어 볼 이야기들이 있습니다.

내 인생의 가을이 오면
나는 나에게 사람들을 사랑했느냐고 물을 것입니다.
그때 가벼운 마음으로 말할 수 있도록
나는 지금 많은 이들을 사랑해야겠습니다.

내 인생의 가을이 오면
나는 나에게 사람들에게 상처를 준 일이 없느냐고
물을 것입니다.
그때 얼른 대답하기 위해 지금 나는 사람들에게 상처를 주는
말과 행동을 하지 않아야겠습니다.

내 인생의 가을이 오면
나는 나에게 삶이 아름다웠느냐고 물을 것입니다.
그때 나는 기쁘게 대답하기 위해
지금 내 삶의 나날을 아름답게 가꾸어야겠습니다.

내 인생의 가을이 오면
나는 나에게 이웃과 사회와 국가를 위해 무엇을 했느냐고

물을 것입니다.
그때 나는 힘주어 대답하기 위해 이웃에 관심을 가지고
좋은 사회인으로 살아가야겠습니다.

내 인생의 가을이 오면
나는 나에게 어떤 열매를 얼마만큼 맺었느냐고
물을 것입니다.
그때 자랑스럽게 대답하기 위해
지금 나는 내 마음 밭에 좋은 생각의 씨를 뿌려
좋은 말과 좋은 행동의 열매를 부지런히 키워가야겠습니다.

한해가 저문다. 한 장 남은 달력을 보며 생각에 잠긴다.
한 시인의 독백을 보며 부끄럽다. 이 가을, 분주했던 몸을
추스르고 책상 앞에 앉았다. 한 해 동안 주님 보시기에 내
삶이 얼마나 아름다웠느냐고 자문해 본다. 인생의 가을이 오
기 전에 남에게 상처 주며 사는 인생이 아니라, 사랑하며 살
고 싶다. 열매 맺는 삶을 위해 내 마음 밭에 좋은 생각의 씨
를 뿌려 좋은 말과 행동으로 열매를 부지런히 키워 가려고
다짐했다.

늦가을, 몸을 추스르고 생각한다. 짧은 인생, 선교지에서
관계 때문에 진액을 쏟지 않아야 한다. 사단은 어찌하든지
이간하여 본질적인 일을 하지 못하도록 한다. 적진을 향해
총력을 기울여도 싸움에 승리가 보장되지 않는데 사랑해야
하고 아껴 주어야 할 영적 동역자들과 총을 겨누고 있다면
사단은 갈채를 보낼 것이다. '잘 한다. 작전대로 되고 있구

나!' 선교지에서 관계가 힘든 일에 대해 들어 보면 가해자는 없고 모두다 피해자다. 긴 밤을 비본질적인 일에 힘겨루기 하는 후배들을 볼 때 마음이 무겁다.

선교지마다 현지인과 동역자들과 무장을 해제하고 한 시인의 독백이 나의 독백이 되길 기도한다. 인생의 가을이 오면 주님도 물으신다. 선교의 금자탑을 얼마나 쌓았느냐고 물으시는 것이 아니라, 사랑해야 할 동역자, 현지인을 얼마나 사랑했느냐고 물으신다. 사랑하고 살아도 짧은 인생인데 등 돌리고 분노하며, 상처 주고 살지 않기를 바란다. 이 가을 무장을 해제하고 사랑하며 살기를 바란다. 그때 가벼운 마음으로 말할 수 있을 것이다.

"나는 지금 많은 이들을 사랑해야겠습니다."

제2장
선교의 가치(Value)

비전을 넘어선 핵심 가치 선교

 단체나 조직이나 문화에 있어서 요소는 핵심 가치 체제에 있다. 핵심 가치 체제를 기저점(Bottom line)이라 부른다. 핵심 가치의 기초는 조직, 단체, 문화에 확고한 말뚝을 박은 팻말이다. 공유적 가치가 있는 단체나 조직은 사역을 하나로 묶은 실이 된다. 가치가 일치하면 사역이 한 방향으로 정렬이 된다. 올바른 사다리를 바른 벽에 놓는 것과 같다. 조직 속의 일차적 점검은 같은 가치 체제를 가지고 있는지 확인하는 것이다.

 핵심 가치에는 세 가지가 있다. 열망, 하나님의 마음, 귀환 불능점이다. 첫째 가치인 열망은 조직이나 단체가 신성시한다. 열망이 있다는 것은 목표가 확립되었다는 말이다. 조직과 단체가 가야 할 방향을 가지고 있다는 말이고 거룩한 부름에 대한 응답이 있다는 말이다. 두 번째 가치인 하나님의 마음은 비전을 넘는다. 하나님의 마음은 핵심 가치를 아는 일이고 중심이 하나님께 향해 있다. 세 번째 가치는 귀환 불능점이다. 핵심 가치 체제의 강조점은 원점으로 다시 돌아가서는 안 된다는 것이다. 귀환을 생각해선 안 된다. 선교 현장에 확고한 말뚝과 팻말을 박아야 한다.

성경에 보면 소아시아 교회들이 설립될 당시 천편일률적으로 접근하지 않았다. 고린도 교회는 영적 은사와 사역 가치 체계로 접근했다. 갈라디아 교회는 모세 율법 준수 가치 체제로 접근했다. 에베소 교회는 교리적 가르침에 대한 가치 체제로 접근했다. 골로새 교회는 주의 주되심(Lordship)의 가치 체제로 접근했다. 궁극적인 교회 존립 목적이 있다면 걸어 다니는 병자들을 어떤 가치 체제로 접근해야 하는지 고민해야 한다. 핵심은 같은 가치 체제로 접근해선 안 된다. 다양성을 인정해야 한다. 예루살렘 교회는 소아시아 교회 설립을 앞두고 가치 체제를 정립했다.

사도행전 6장 2-4절의 말씀을 보면 사도들이 책임 분배를 하며 핵심 가치를 선택했다.

"열두 사도가 모든 제자를 불러 이르되 우리가 하나님의 말씀을 제쳐 놓고 접대를 일삼는 것이 마땅하지 아니하니 형제들아 너희 가운데서 성령과 지혜가 충만하여 칭찬 받는 사람 일곱을 택하라. 우리가 이 일을 그들에게 맡기고 우리는 오로지 기도하는 일과 말씀 사역에 힘쓰리라 하니"

사도들은 올바른 선택을 했다. 핵심 가치를 알았다. 기도와 말씀 사역에 전무하기로 했다.

한국선교의 맹점은 비전은 있으나 핵심 가치를 혼동한다. 핵심 가치에 혼동이 오면 사역이 한 방향으로 정렬되지 않는다. 현지인과 사역자들과 관계가 힘들다. 핵심 가치 기저점(Bottom line)인 세 가지가 흔들린다. 열망, 하나님의 마음, 귀환 불능점이 흔들린다.

21세기 선교지는 변화의 청룡열차를 타고 있다. 청룡열차(변화하는 선교)는 좌우로 돌며 언제 멈출지 끝이 안 보인다. 모더니즘, 포스트모더니즘, 뉴에이지 운동이 선교지를 혼란하게 하고 있다. 선교의 비전을 넘어 핵심 가치로 나가야 한다.

가치 혁신과 리더십

가치 혁신(價値革新, Value innovation)이란 첨단 기술 개발을 통한 경쟁력 확보보다 참신한 아이디어를 통해 새로운 시장을 창출해야 한다는 기업 경영 전략 이론이다. 프랑스 유럽경영대학원 인사아드(Insead)의 한국인 김위찬 교수와 르네 마보안(Renee Mauborgne) 교수가 1990년대 중반 공동으로 제창한 고도성장을 위한 기업 경영 전략 이론이다.

이것은 지식 경제의 경영학을 다루는 이론으로 신기술 연구, 개발에만 집중하기보다는 기술에 참신한 아이디어를 접목해 새로운 시장을 창출하는 데 중점을 둔다. 첨단 기술을 개발해 기존의 경쟁자를 물리치는 기술 혁신의 차원이 아니라, 현재 상품이나 서비스를 통해 제공하지 못하는 가치를 찾아 새로운 시장을 개척하는 데 중점을 두는 경영 전략 이론이다. 혁신이 없는 가치는 고객이나 시장 창출에서 순이익 향상만을 강조하게 되고 이익이 없는 것은 가치 없는 것으로 치우칠 우려가 있다. 가장 중요하고 제일 먼저 혁신해야 할 분야는 인력 개발(Human Resource development)이다.

삼성전자의 가치 혁신 리더 조건을 보면 경쟁력을 확보할 수 있는 리더십임을 잘 보여 주고 있다. 가치 혁신 리더의 역할을 보면 다음과 같다. 첫째, 장기적인 미래의 비전을 명확하게 제시하고 단기적으로는 가시적 비전을 병행 제시하여 신바람 넘치는 조직을 만들어야 한다. 둘째, 신상필상의 원칙을 바탕으로 불확실에 도전할 수 있는 조직 문화를 형성해 경영 인프라를 구축한다. 셋째, 경영 활동은 물론 일상생활을 통하여 사회와의 협력 관계를 증진시켜 나간다.

리더의 행동 지침은 다음과 같다.

1. 매력적이고 공감할 수 있는 비전을 제시하고 그 비전을 구체화 하라.
2. 질 경영 개념을 명확히 하고 질 경영 지표는 간단하고 알기 쉽도록 하라.
3. 변화에 대한 신뢰감을 심어 주고 고객과 임직원이 피부로 느낄 수 있는 고질적인 병폐, 관행의 타파에 초점을 맞춰라.
4. 문제 해결 팀을 구성하고 새로운 선진 기법을 활용하며 개

선 활동을 마무리하라.

5. 의식 개혁 캠페인을 전개하고 공공 개선 테마를 철저히 하라.
6. 자기 개발 분위기를 조성하라.
7. 제안을 활성화하고 아래로부터 신바람을 유도하라.
8. 상하좌우의 커뮤니케이션을 활성화하라.
9. 자율과 창의의 조직 문화를 만들어라.
10. 현장으로 권한 이양을 활성화하고 수시로 현장을 방문하고 지원하라.
11. 21세기에 대비한 수종 사업을 키우고 업무 시간의 50%를 인재 교육에 투자하라.
12. 정보 인프라를 확충하라.
13. 상(償)이 많고 벌(罰)이 적은 조직을 만들어 꾸짖기보다 칭찬을 많이 하라.
14. 리스크에 도전하는 분위기를 만들고 건전한 의기의식을 자극하며 솔선수범하라.
15. 신세대와 마음을 열고 함께 호흡하라.

사람은 아는 만큼 보인다. 건강한 기업들은 경영의 순이익에만 가치를 두지 않는다. 시대가 변했다. 리더의 행동 지침에서도 비전을 구체화시킬 것을 강조한다. 본부 권한을 현장으로 이양하여 활성화하고 리더는 현장을 수시 방문한다. 업무시간의 50%를 인재 교육에 투자한다. 기업 행동 지침을 보면 선교와 무관하지 않다. 한국선교도 가치 혁신을 해야한다. 신세대 선교사들에 대해 마음을 열고 수용해야 한다. 정보 인프라를 구축해야 한다. 한국선교의 장래는 선교 가치 혁신에 있다.

선교는 의사소통(communication)이다

현지인과 의사소통을 하는 능력은 한국선교사들이 서구 선교사들에 비해 월등하다. 현지인들과 마음이 통하는 관계를 만들고, 현지인의 정서에 비교적 쉽게 동화되는 장점이 한국인 선교사들에게 있다. 선교 패러다임의 변화를 요청하는 이면에는 서구선교에 대한 신화가 깨어지고 있다. 서구선교는 역사도 길고 선교 경험도 풍부하다. 오랜 선교 현장 경험을 토대로 정리하고 체계화시킨 선교 이론은 타당할 수밖에 없다. 일종의 믿음이 있다. 서구 교회는 선교의 길잡이 역할을 하는 것으로 믿었다. 한국교회의 선교학자들과 선교사들도 그랬다.

이런 신화에 변화가 생기고 있다. 한국선교사들이 얻은 경험들이 서구식 선교 패러다임의 한계를 느끼도록 만들었다. 새로운 선교 패러다임에 대한 요구와 필요성이 증대하고 있다. 선교 현장의 문화와 삶의 현실, 선교의 주체인 선교사들의 기질과 문화, 시대마다 달리 형성되어지는 선교 환경 요인들이 선교 패러다임의 혁신을 요청하고 있다.

이 시점에서 한국선교는 의사소통을 언어 극복으로만 보지 말아야 한다. 현지인들과 마음이 통하는 관계를 만들어야 한다. 현지인의 정서에 비교적 쉽게 동화되는 한국인 선교사들이 노하우를 자료로 정리하여 유산으로 남겨야 한다. 서구 교회에게도 나눠 주어야 한다. 선교 현장의 문화와 삶의 현실, 선교의 주체인 선교사들의 기질과 문화, 그리고 시대마다 달리 형성되어지는 선교 변화 환경을 서구 단체들도 배워야 한다.

　서구선교단체와 통전적 의사소통이 필요하다. 한국선교사들은 한국선교의 틀을 가지고 현지 상황화 작업을 해야 할 필요가 있다. 그간 서구선교 패러다임은 한국선교에 맞지 않는 옷을 입은 것처럼 부자유스러웠다. 선교단체 안의 문화와 정서, 선교 방식이 한국선교사들의 장점이나 잠재력을 극대화시키지 못했다. 한국선교사들의 역할은 서구선교단체에서 귀한 역할 분담을 했음에도 그다지 두드러지지 않았다. 한국선교사들은 서구선교 단체에 들어가 지도력을 제대로 발휘하지 못했다. 의사소통이라는 한 가지 이유만으로 말이다.

　서구선교단체들은 이런 부분에 괘도 수정이 필요하다. 어깨를 함께하는 동반자 선교를 시작해야 한다. 선교는 의사소통이다.

한국선교, 케토(Ghetto) 현상을 조심하라

　콘스탄틴 대제가 기독교를 공인한 후(AD 313) 유대인들은 예수 그리스도를 죽인 죄인으로 낙인찍힌다. 서양 대부분 나라가 로마 가톨릭 영향 하에서 발전된 관계로 유대인들은 일정지역, 케토(Ghetto)지역에 남게 된다. 2000년 역사를 통해 핍박받고 산 민족이기에 그들은 생존하고 살아남기 위해 자신들의 종교를 철저하게 지켰다. 자녀들을 열심히 교육시킨

결과로 뛰어난 머리를 가지게 되었다. 세계 상권을 잡았다. 레바논과 이스라엘 전쟁을 보면 아랍인 사이에서 자신의 땅이라 우기면서 총칼을 맞대고 있다. 유대인들의 케토(Ghetto)현상이다.

선교 현장을 보면 한국선교 케토(Ghetto) 현상이 현저하다.[5] 가령, 한국선교사들은 모임도 한국인끼리 모인다. 조직도 한국인끼리 한다. 목회자 사역자들은 목회자들끼리 모인다. 평신도 전문인 사역자들은 전문인끼리 모인다. 사는 지역도 한국인들끼리 모여 산다. 싱글 사역자들은 싱글끼리 모인다. 한국인끼리만 협력하고 모이고 조직하고 선교하면 싸울 것 없이 편하다. 언어도 같다. 문화도 이해한다. 문제는 이런 현상이 지속되면 선교 케토(Mission's Ghetto)주의 현상이 온다.

글로벌 파트너십 선교가 요구된다. 인종과 민족을 초월하여 하나님 나라 선교가 이루어져야 한다. 동반자적 선교는 세계 각처에서 일어나고 있는 현상이다. 21세기에는 보다 활

---

5) 조동진 목사(David J. Cho, Ph. D.), GMS 국제 지도력 개발과 21세기 선교 신학의 정립 (International Leadership Development of GMS and Initiation of the 21st Century Missiology), 〈GMS 국제화선교포럼 특강, 2006년 7월〉, 성찰과 반성을 통한 새로운 출발: New Set Out Through the Reflection and Self-examination

* 우리 민족은 단일 문화, 단일 언어의 오랜 전통적 관습 때문에 다른 문화와 다른 언어에 익숙하기가 어려울 뿐만 아니라 '문화적 배타주의'가 몸에 배어 있다. 한국선교사의 가장 큰 약점은 타문화권 적응력이 극히 약하다는 것과 다른 나라 선교사들과 잘 어울리지 못한다는 점이다. 한국선교가 '국제화'에로의 탈바꿈을 하기 위해서 가장 먼저 바꾸어야 할 정신 자세는 '우리 민족끼리'라는 문화적 배타주의로부터 벗어나야 한다.

발하게 동반자적 사역이 일어나야 한다. 세계적인 굴지의 선교단체들이 변화를 보이고 있다. WBT/SIL의 경우 2025년까지는 누구와도 협력하면서 필요한 언어그룹에서 성경번역사역을 시작한다는 정책이다. 21세기는 모든 단체들과 모든 국가들 사이에 동반자적 선교가 시도된다.

한국선교 지도력 변화에 시급성이 요구된다.[6] 헨리 나우엔(Henry Newen)은 「예수님의 이름으로」라는 책에서 21세기 기독교 지도자들의 모습에 대하여 논하였다. 21세기 기독교 지도자들은 권력이 없는 사람들이 될 것이라고 예측했다. 짐 프르드만(Jim Pleuddemann)은 순례자적 지도자에 대하여 언급한 바가 있다. 공통점은 그들이 모델로서 예수 그리스도를 제시했다. 예수 그리스도께서 사시던 시대에는 정부나 권력층 앞에 내세울 수 있는 것은 아무것도 없으셨다. 그럼에도 엄청나고 강력한 리더십을 발휘하셨다.

21세기 선교를 위해 한국선교사들은 누구와도 협력하는 리더십에 대하여 익숙하지 않으면 안 된다. 앞으로 선교사들이 일부 지역을 제외하고는 경제적 우위나 교육적 우월성을 더 이상 누리지 못하게 될 것이다. 일본에서처럼 동남아 각처에서도 섬기는 자세로서 사역하지 않으면 안 된다.

선교적인 삶을 사는 사람들 간의 구분의 극소화가 요구된다. 선교사는 선교하고 교회는 선교지원을 한다는 생각은 20세기 중반까지 세계 교회를 지배했다. 이런 고정관념은 이

---

6) 이태웅 원장, **세계화와 한국선교의 전망과 그 전략,** 중앙아시아 키르기즈 컨설테이션, 2003. 10. 14. 강의안을 발췌했음을 밝힌다.

제 없어져야 한다. 선교는 전 교회가 하는 것으로서 예루살렘 교회 모델(행 8:1 이하)과 안디옥 교회 모델(행 13:1 이하)의 연장선상에서 이루어져야 한다.

21세기의 선교세력은 더욱더 늘어날 가능성이 크다. 한국선교계는 갈수록 장기 선교가 단기로 대치되는 현상을 얼마나 줄이는가가 관건이다. 장기 선교사가 있어야 단기선교사도 가능하기 때문이다. 21세기에 접어들면서 북미주 일부와 서구선교계에서는 자문화 내의 다원화된 계층도 타문화 개념을 가지고 있다. 선교적 차원에서 접근해야 됨을 강조하고 있다.

한국선교는 선교 케토(Ghetto) 현상을 없애고, 글로벌 파트너십, 지도력 변화, 선교적 삶을 사는 사람들 간에 구분의 극소화가 되어야 한다. 선교 게토는 국수주의 선교에서 발생한다. 한국선교가 조심해야 할 문제이다.

한국선교 표류(漂流) 현상

WCC의 에큐메니칼 운동 지도자였던 레슬리 뉴비긴(Lesslie Newbigin)은 "선교는 문화 전파가 아니라 복음 전파이다."라고 천명했다. 문화 전파와 복음 전파는 1960년 로잔 대회로 거슬러 올라간다. 1910년 에든버러 대회 이후 1960년대까지 선교에서 차지하는 회심은 확고부동했다. 문제는 WCC(1948년)의 태동과 함께 세계 선교는 급선회하기 시작했다. 선교

양극화 현상이 일어났다. 진보 진영의 정치참여, 사회이념구
현과 복음 진영의 개인 구원(회심)의 레일로 갈라졌다. 두 레
일은 합의 없이 달려갔다.

사회 구원만 강조한다면 본질을 놓친다. 사회 구원과 개
인 구원은 동전의 양면이다. 개인 구원 속에 사회 구원이 이
루어져야 건강한 사회가 된다. 사회 구원만 강조하고 개인 영
혼 구령에 무관심하면 건강한 기독교 사회가 될 수 없다. 개
인 영혼 구원의 점진성 속에 사회는 기독교 세계관으로 변혁
된다. 개인 심령의 변화를 받은 사람이 사회를 변혁시킨다.

서구선교사와 한국선교사의 비교 우위가 있다면 서구선
교사는 전략과 정보와 네트워크가 비교 우위다. 한국선교사
는 전도, 양육, 교회 개척이 비교 우위다. 서구와 한국선교와
협력과 조화를 이루면 은쟁반에 금사과다. 문제는 경쟁이 아
니고 상호 보완이 필요하다.

한국선교의 현장을 보면 서구선교의 강점을 한국선교의
비교 우위로 착각하여 사역하고 있다. 은사가 아닌 것을 잡
고 있다. NGO 사역, 구제 사역, 병원 사역, 문화 사역을 선
호하고 있다. 이런 사역은 궁극적으로 선교 보조 자료이다.
본질이 아니다. 도구일 뿐이다. 창의적 접근 지역 사역 형태
를 보면 접근하기 힘들다는 전제로 NGO 사역, 문화 사역,
구제 사역들에 시간을 보내고 있다. 영혼 구령의 사역을 회
피하고 있다. 서구선교보다 비교 우위에서 역량이 모자라는
부분에 치중하고 있다.

인터서브 선교 단체는 조직 개편을 했다. 태스크포스 팀

을 구성하여 지난 50년 사역의 방향타를 바꾸어 선교 기초로 돌아가고 있다. 핵심 역량을 궁극적으로 교회 개척으로 방향을 잡고 있다. 전도, 제자 양육, 교회 개척은 선교의 꽃이다.

한국선교사들의 풍향계를 보면 바쁜 사역을 하는데 본질적인 사역에 시간 투자하기보다 비본질적인 사역에 많은 시간을 투자하고 있다. 복음 전파 준비를 위한 사역에 힘을 쓰고 있다. 복음 전파, 제자 양육, 교회 개척 사역에 직접 힘을 쏟지 못하고 있다. 세계 선교가 향후 2010년까지 목표를 정했다. 2010년 에든버러 선교 100년을 맞는 해이다. 선교를 원년을 점검해 보고 방향을 잡기 위해서이다. 한국선교가 본질적인 복음 전파에 힘을 쏟지 못했다면 선교의 기초로 돌아가야 한다.

바울 선교의 기초가 영혼 구령이었다. 문화 센터. NGO 설립 사역을 했다는 기록이 없다.

"주의 손이 그들과 함께 하시매 수많은 사람들이 믿고 주께 돌아오더라."(행 11:21)

"주의 말씀이 힘이 있어 흥왕하여 세력을 얻으리라."(행 19:20)

"하나님의 말씀은 흥왕하여 더하더라."(행 12:24)

"주의 가르치심을 놀랍게 여기더라."(행 13:12)

"거기서 복음을 전하니라."(행 14:7)

"주의 말씀을 그 사람과 그 집에 있는 모든 사람에게 전하더라."(행 16:32)

"저 사람들에게 복음을 전하라고 우리를 부르신 줄로 인

정함이러라."(행 16:10)

"형제들을 만나보고 위로하고 가니라."(행 16:40)

"다 주의 말씀을 듣더라."(행 19:10)

복음의 핵심들이 선명하게 있음에도 선교의 본질을 비켜 가고 있다. 선교의 부교재에 관심이 집중해 있다. 한국선교의 방향 전환이 필요하다. 더 이상 복음이 문화의 옷을 입고 표류하는 일이 없어야 한다. 문화를 넘어 복음의 본질을 발휘하도록 해야 한다. 선교는 문화 전파가 아니고 복음 전파이다. 개인 영혼 속에 사회 책임이 강조되어야 한다. 한국선교의 표류 현상을 조심해야 한다.

서구선교의 공헌(貢獻)과 과오(過誤)

교회 사학자 케네산 샌리트 나토렛 교회사 교수는 19세기를 "작열하는 선교사 시대"라고 했다. 작열하는 선교사들이 기독교 선교의 기초를 놓았다. 한 번 선교사이면 영원히 선교사였다.

"터가 무너지면 의인이 무엇을 하랴."(시 11:3)

나는 선교사로서 기초(터)를 닦는데 힘을 기울였다. 지진이 나보면 터가 얼마나 중요한지 절감하게 된다. 윌리엄 캐리는 40년을 안식년도 없이 사역을 했다. 해안 선교의 효시인 캐리의 묘비에는 이렇게 새겨져 있다.

"이 벌레처럼 쓸모없는 죄인이 주님 품에 안깁니다."

1873년 5월 4일, 검은 대륙 아프리카 선교의 아버지 리빙스턴의 시체를 런던으로 옮겨 장례식을 했다. 리빙스턴의 묘비에는 이렇게 새겨져 있다.

"신실한 사람 손길에 의해 대륙과 바다로 옮겨진 리빙스턴 여기에 잠기다."

중국 내지 선교의 효시였던 허드슨 테일러는 50년간 사역을 했다. 그의 묘비명은 이렇다.

"허드슨의 무릎 없이 중국의 태양은 떠오르지 않았다."

선교는 선교사가 누구인가로부터 출발해야 한다. 선교사는 예수의 감춰진 복음을 전파하기 위해 부름 받은 자이다. 초기 선교사들은 작열하는 시대의 선교사들이었다. 내일을 예측할 수 없는 죽음을 눈앞에 둔 선교사들이었다. 그리운 조국으로 돌아가지 못한 선교사들이었다. 가족을 죽음의 대가로 지불해야 했던 선교사들이었다.

"모든 신자가 선교사라면 과장이다."(존 스토트)

모든 신자가 선교사라면 위대한 말이나 의미 혼란이 온다. 모든 사람이 책임을 진다면 아무도 책임이 없다는 말이다. 공동의 짐은 책임이 없다. 선교사는 증인이다. 선교사는 전도자이고 개척자이며 선포자이다. 선교사는 사신이고 선교사는 종이다. 이런 사명을 책임 없이 감당할 수 없다. 희생과 대가를 지불하지 않고 할 수 없다. 하나님 나라의 초대에는 자원병이 없다. 부르심을 받은 자가 파송을 받는 일이다. 서구선교가 이처럼 위대한 선교를 했으나 공과(功過)가 있었다.

1. 서구선교의 공헌

첫째, 현지인을 사랑했다. 허드슨 테일러는 말했다. "목숨이 천이 있어도 중국 영혼을 사랑하고 싶다."

초기 한국에 온 선교사들도 한국을 "나의 사랑 코리아"라고 했다. 선교는 사랑이 기초가 되어야 한다. 기초가 흔들리면 허사다.

"터가 무너지면 의인이 무엇을 하랴."(시 11:3)

둘째, 현지 문화에 기여했다. 미개 문화에 기독교가 들어가 복음으로 사회를 변혁시켰다.

셋째, 현지어 번역 선교에 기여했다. 자기 글로 읽을 수 없는 자들에게 번역을 해 문명의 혜택을 입게 했다.

넷째, 성경 번역에 기여했다. 자기 언어로 된 성경이 없는 지역에 들어가 모국어로 성경을 읽을 수 있도록 했다.

다섯째, 교육에 기여했다. 교육은 경작이다. 교육을 통해 신지식을 알게 해 주었다.

여섯째, 의료에 기여했다. 미개한 나라에 병원을 세워 생명을 구했다.

일곱째, 사회에 공헌했다. 인재를 키워 인류와 사회에 기여하도록 했다.

여덟째, 동서양의 가교 역할을 했다. 서양 문화를 전파해 동서양의 가교 역할을 했다.

아홉째, 교회 개척과 복음화에 힘썼다. 자치 자영 자립하는 교회를 세워 민족 복음화에 힘썼다.

2. 서구의 과오

첫째, 서구 인종적 우월감을 가졌다. 피정복자 선교를 해 정복자로서 인종적 우월성을 가졌다.

둘째, 타종교를 무시했다. 타종교 문화와 세계관을 이해 하지 못했다.

셋째, 기독교 문화와 서구 문화를 동일시했다. 서구 문화 가 기독교를 동일시하는 오류를 범했다.

넷째, 교파주의의 과오를 범했다. 여러 교단들이 선교를 시작하며 교파주의의 과오를 범했다.

다섯째, 기독교 토착화에 실패했다. 상황화 작업과 세계 관을 이해 못하고 교회를 토착화시키지 못했다.

여섯째, 친권주의를 했다. 부모 관계, 동역자 관계, 종의 관계의 선교를 시도하지 못했다.

일곱째, 서구 식민지 선교를 했다. 제국주의 선교, 식민 주의적 선교를 했다.

선교는 다른 종교의 허와 수치를 드러내기보다는 복음이 복음 되는 일이 선행되어야 한다. 서구선교의 공헌과 과오를 보며 21세기 한국교회와 선교적 역할과 책임이 있다. 초기 위대한 선교 시대의 창출 비전이 있어야 한다. 선교 모라토 리움 현상을 조심해야 한다. 선교 게토주의를 조심해야 한 다. 신학적 균형이 필요하다. 흩어진 한민족 역할이 필요하 다. 동역하는 선교가 필요하다. "Back to Jerusalem" 선교 가 최고 과업으로 오해되지 않아야 한다. 지금 한국선교를 사용하시는 하나님께 감사하며 최선을 다해야 한다. 리빙스턴은 말했다.

"우리는 아무런 보장 없이 이 거친 사막을 걸었습니다."

한국선교는 세계 선교 중흥을 위해 할 일이 있다. 성공은 모방할 수 있지만 실패는 모방할 수 없다. 한국선교는 서구선교의 실패를 반복하지 않고, 공헌하는 선교를 해야 한다.

깍두기 한국선교

한국선교사들을 두 유형으로 구분할 수 있다.

"머리 없이 손발만 있는 기형 선교사, 머리만 있고 손발 없는 가분수 선교사"

전자는 목표도 방향도 없이 정신없이 뛰는 선교사이다. 후자는 선교 이론엔 대가(大家)인데 행동이 없는 선교사이다. 전자는 좌충우돌하며 무언가를 가시적으로 만들어 놓는다. 후자는 탁상공론과 머리로 가상도만 그리고 있다.

공산주의 개혁이 무너진 지 오래이다. 한국선교가 숨고를 여유 없이 열심히 뛰었다. 동토의 땅에 혼자서 일들을 해냈다. 한국선교의 감각(Feeling)과 순발력, 통찰력(insight)은 서구선교가 따라올 수 없을 정도로 선교지마다 사역의 금자탑을 쌓았다. 서구선교는 한국선교를 흉내 낼 수 없다. 실크로드의 어디를 가 봐도 한국선교사들은 진주처럼 일한다. 문제는 진주는 귀하지만 진주가 혼자 남아 있을 때 비극이다. 옛 속담에도 "진주가 서 말이라도 꿰어야 한다."는 말이 있다. 선교는 모래알처럼 혼자서 일하는 것이 아니다. 협력해서 일해야 한다. 진주의 가치는 꿰는 데 있다.

선교를 두 가지 관점에서 보는 안목이 필요하다. 망원경 관점과 현미경 관점이다. 망원경은 내 사역이 아닌 다른 지역의 사역을 볼 줄 알아야 한다. 세계 선교 동향도 알아야 한다. 전략적 선교 흐름을 알아야 한다. 한 방향 정렬도 알아야 한다. 현미경 관점은 내 사역을 객관적으로 분석하고 허와 실을 알아야 한다. 컨설팅을 받아야 한다. 누수 현상을 잡아야 한다. 심신을 단련해야 한다(영적, 지적, 감정적, 신체적).

깍두기는 음식으로는 귀한지 몰라도 선교지에서 깍두기는 초라한 선교사이다. 깍두기 선교사는 친구가 없다. 일 중심적이다. 서구선교사들이 한국선교사를 향해 말한다.

"한국선교사들은 일도 못하고 쉬지도 못한다."

선교지에서 쉼을 가지면 죄짓는 것으로 생각한다. 한국 선교가 단거리 경주가 아니고 마라톤 경주라면 점검이 필요하다. 세계가 블록이 없어진지 오래다. 안방에서 클릭 하나로 세계 명품을 쇼핑을 할 수 있는 시대이다. 지식 경제 시대이다. 지식 정보 시대이다. 지식 노동력 시대이다. 지식 경제가 요구하는 것은 경직된 조직 문화에 질식해 버린 창의성과 열정을 일깨우는 것이다.

선교에도 예외가 아니다. 이론과 경험이 균형을 이루는 선교를 해야 한다. 선교지에 오래 있다 보면 세상이 어떻게 변화하는지 모른다. 오로지 사역만 보고 달려간다. 주님의 청지기 비유에 대한 충고를 기억하라. 이익을 많이 남기지 아니한 것에 대한 책망이 아니라, 지혜롭지 못한 청지기를 향해 책망하신다. 한국선교사들은 깍두기 선교사들이 되지 말고 열정과 경험과 이론을 겸비한 선교사로 균형 있게 성장해야 한다.

말한 것은 지켜라
(Be true to your word)

프랑스 버건디 공작(The Duke of Burgundy)이 어느 날 각료회의를 주관하고 있었다. 각료들이 안건을 제안했다.

"조약에는 위배되지만 프랑스 국익이 달려 있습니다."

회의에서 통과해야 할 안건이었다. 각료들은 행위를 정당화하기 위해 이유를 제시했다. 버건디 공작은 조용히 듣기만 하고 승인하지 않았다. 각료들은 심기가 불편했다. 버건디 공작은 조약 원본에 손을 얹고 단호한 목소리로 거절했다.

"여러분, 우리에겐 조약이 있습니다. 안 됩니다.(Gentlemen, we have a treaty. No!)"

선교지에서 정직하게 사는 것이 당연하지만 현실에서 어려울 때가 많다. 약속이 그렇다. 삶이 그렇다. 물질 관계가 그렇다. 상식이 통하지 않을 때가 있다. 창의적 접근 지역에서 직업을 가지고 사역할 때 기독교 세계관에 입각한 재정관, 물질관을 실천하기가 어렵다. 유혹도 많고 비즈니스 관

계에서도 힘들다. 침묵하고 있기에는 안 될 일들이 많다. 거
절하기도 힘들다. 이것은 전문 직업을 가지고 사역하는 사역
자들의 고민이다.

리처드 한(Richard De Haan)의 기도를 배우고 싶다.

일상의 분쟁에서 나를 지켜 주소서,
일하고 계획할 수 있는 은혜를 주소서,
그리고 인생의 시장터에서
주여, 저를 정직한 사람으로 지켜 주소서

Uphold me in the common strife;
Give me the grace to work and plan;
And in the marketplace of life,
O keep me, Lord, an honest man.

이 시대에 버건디 공작과 같이 선교사들은 고백해야 한다.
"여러분, 우리에겐 조약이 있습니다. 안 됩니다."

그렇다. 선교사의 신실성과 정직성, 책임성이 요구된다.
말한 약속은 지켜야 한다. 지키지 못할 약속은 하지 마라.
산상수훈에서 주님은 단호하게 말씀하신다.

"오직 너희 말은 옳다 옳다, 아니라 아니라 하라. 이에서
지나는 것은 악으로부터 나느니라.(Let your yes be yes,
and your no, no.)"(마 5:37)

'옳다 옳다, 아니라 아니라' 하는 용단을 갖자.

강한 자가 약한 자를 담당하라!

조직이나 단체를 움직이다 보면 열 명 중 한 명은 업고 가야 할 사람이 있다. 조직과 단체가 돌보아야 할 사람들이다. 고통스런 일이다. 힘들다. 피하고 싶다. 조직과 단체의 짐으로 여겨진다. 그러나 하나님 나라는 강한 자들끼리 살도록 만들지 않았다. 강한 자와 약한 자가 공존하며 살도록 만드셨다. 부요한 자, 가난한 자, 강한 자, 약한 자는 동서고금을 막론하고 공존했다. 자본주의나 공산주의에도 가난한 자나 노동자 계급이 있었다. 영주(領主)들이 있었던 중세에도 빈익빈 부익부는 존재했다.

문제는 약한 자를 업고 가는 데 힘이 든다. 다른 사람들에게 피해를 준다. 조직을 움직이는데 힘들다. 인내와 사랑이 요구된다. 아홉 명의 도움이 필요하다. 건강한 사람들이 힘을 합해야 한다. 조직과 단체의 의견이 분분하다. 가야 할 목표와 전략에 차질이 생긴다. 장애물이 많다. 이럴 때 정말 리더십이 요구된다. 결단하고 대가를 지불해야 한다.

성경은 중요한 지적을 한다.

"믿음이 강한 우리는 마땅히 믿음이 약한 자의 약점을 담당하고 자기를 기쁘게 하지 아니 할 것이라. 우리 각 사람이 이웃을 기쁘게 하되 선을 이루고 덕을 세우도록 할지니라. 그리스도께서도 자기를 기쁘게 하지 아니 하셨나니 기록된 바 주를 비방하는 자들의 비방이 내게 미쳤나이다 함과 같으니라."(롬 15:1-3)

바울은 강한 자가 연약한 자의 약점을 마땅히 담당해야 할 몫이라고 강조한다. 약점을 판단하는 일은 하나님의 자리이다. 하나님의 자리에는 하나님이 앉으셔야 한다. 하나님의 자리에 내가 앉으면 오만이다. 하나님은 오만한 자를 싫어하신다. 야고보 기자는 말씀한다.

"형제들아, 서로 비방하지 말라. 형제를 비방하는 자나 형제를 판단하는 자는 곧 율법을 비방하고 판단하는 것이라. 네가 만일 율법을 판단하면 율법의 준행 자가 아니요 재판관이로다. 입법자와 재판관은 오직 한 분이시니 능히 구원하시기도 하시며 멸하기도 하시느니라. 너는 누구이기에 이웃을 판단하느냐."(약 4:11-12)

약한 자를 쉽게 판단하지 마라. 판단에 익숙한 것은 인간의 죄성 때문이다.

장애인들을 특화시키는 것은 건강한 교육이 아니다. 장애인들도 정상인과 더불어 살아야 건강한 사회가 된다. 장애인을 특별 취급하면 영원한 장애인이 된다. 통합 교육이 중요하다. 바람직한 교육 방안이다. 장애인들도 건강한 사람들과 함께 살아야 한다.

약한 사람을 업고 가야 할 귀찮은 존재로 보지 마라. 업고 가야 할 사람을 짐으로 생각하지 마라. 업고 가야 할 단체를 힘들게 생각하지 마라. 연약한 지체들은 공동의 몫이다. 정죄의 손에 하나님 역사가 일어나지 않는다. 판단하지 마라. 방치하지 마라. 함께 업고 가라. 그 때에 하나님 나라의 역사가 일어난다. 선교사나 목회자의 관심은 연약한 자에

게 있어야 한다. 주님이 이런 삶을 사셨다. 바울이 이런 삶
을 살았다. 역사의 새벽을 가져 온 사람들은 약한 사람들 편
에 있었다. 강한 자가 약한 자의 약점을 담당하라. 선교에
힘찬 역사가 일어난다.

물고기 한 마리 잡는 선교보다
물고기 떼를 잡는 선교를 하라

유태인 탈무드의 말이다.
"아이가 고기를 달라면 고기 잡는 법을 가르쳐라."
물고기 한 마리를 주면 하루 양식을 주는 것이지만 물고
기 잡는 법을 가르쳐 주면 평생을 먹을 수 있는 지혜를 갖
게 된다. 선교사 멤버 케어로 현지를 방문하다 보면 당면한
문제와 답변하기 어려운 질문들에 직면하게 된다. 문제는 당
면한 문제와 어려운 질문들이 대동소이하다.

첫째는, 매일 반복되는 위기 상황이나 일의 압박 속에서
어떻게 하면 가정과 사역에 조화를 이룰 수 있을까 하는 것
이다. 사역과 가정의 균형 문제다. 이 균형은 가정에서 이루
어진다. 원만한 가정생활 없이 사역은 균형을 잡지 못한다.
둘째는, '어떻게 하면 주위 동료 사역자들의 성공한 사역
을 진심으로 축하해 줄 수 있을까'라는 것이다. 그것은 넓은
마음이다. 사람은 빈 공간이 있다. 빈 공간은 비교의식이나

경쟁으로 채워질 수 있다. 넓은 마음이 비교의식과 경쟁의 빈 공간으로부터 자유롭게 만든다.

셋째는, 어떻게 하면 통제력을 잃지 않고 효과적으로 사역할 수 있을까? 자기 절제이다. 절제는 혼자 있을 때 나타난다. 당신은 혼자 있을 때 누구인가?[7] 그것이 본연의 모습이다.

넷째는, 어떻게 하면 매일의 영적 성숙과 원칙을 잃지 않고 지속적으로 개선할 수 있을까? 자기 발전이다. 영적 성숙과 원칙을 지키지 못한 사람은 발전이 없다. 거룩한 삶은 매일의 영적 성숙과 직결되어 있다.

효과적인 리더십 기본 원칙들을 이해하면 위의 질문들을 해결할 수 있는 능력이 생긴다. 해법이 있다.[8]

첫째는, 주도적이 되라. 사람은 누구나 관계의 원이 있다. 관계의 원에는 영향력의 원이 있다. 영향력의 원을 넓혀 가는 것이 주도적인 사람이다.

둘째는, 목표를 확립하고 행동하라. 비전과 가치관을 담은 자기 사명서(선언서)를 작성한다.

셋째는, 소중한 것부터 먼저 하라. 경중 완급 순서를 판단하여 일한다. 소중한 것과 중요한 것은 근본적으로 다르다.

넷째는, 상호 이익을 추구하라. 전쟁 철학을 버리고 상호

---

7) 빌 하이빌스 저(박영민 역), 「아무도 보는 이 없을 때 당신은 누구인가?」 IVP 출판부, 1987.
8) 스티븐 코비 저(김경섭 역), 「성공하는 사람들의 7가지 습관」 김영사, 1998.

승리 철학을 선택하라. 전쟁은 쌍방에 피해를 준다.

다섯째는, 경청한 다음에 이해시켜라. 공감적 경청 기술은 위력을 발휘한다. 상대방을 이해하는 것만큼 이해시킬 수 있다.

여섯째는, 시너지(Synergy)를 활용하라. 대인 관계 모든 영역에서 시너지를 창출하라. 승승원칙은 밝은 선교사회를 만든다.

일곱째는, 심신을 단련하라. 심신을 단련하여 미래를 위해 투자하라. 영적, 정신적, 육체적. 감정적 균형이 있는 사람이 건강한 사람이다.

가정과 사역의 균형, 동료 사역자들의 성공하는 모습을 보며 힘찬 격려를 보내는 넓은 마음, 자기 통제력을 잃지 않고 도덕적 순결을 지키며 일할 수 있는 절제력, 매일 매일의 삶 속에 성숙과 원칙을 따라 지속적으로 자기를 발전시키는 선교사가 되라. 물고기 한 마리를 먹는 것으로 매일 허덕거리는 선교사가 아니라 날마다 열두 광주리를 남기는 풍성한 선교사가 되어라.

사람이 경쟁력이다

21세기는 지식 창출 능력이 국가 경쟁력의 기본이다. 현대는 지식 기반(知識基盤) 사회다. 우리는 지금 과학과 기술의 구분이 모호해지고 기초 과학이 상업화로 직결되는 시대에 살고 있다. 과학기술부는 현재 국가 경쟁력의 근간이 되는 과학 기술 인력과 기술을 육성하기 위해 주무 부처를 대대적으로 조직 개편했다. 과기부는 기초 과학 진흥을 위한 장·단기 종합 계획을 수립하기 위해서 기초과학 인력국 아래 기초 과학 정책과 기초 과학과 지원과 기초 기술 인력과 등 3개과를 두었다.

1993년 과학기술부 신경제 5개년 계획이 놀랍다. 2010년을 향한 과학 기술 장기 계획, 1997년에는 과학 기술 혁신을 위한 특별법을 제정하는 등 과학 기술 인력 확충을 위한 다양한 법적, 제도적 장치를 마련하여 실시해 왔다. 대학의 연구 기능 활성화, 연구 인력 양성 체제를 구축해 1992년 8만 8764명에 불과하던 석, 박사급 연구 인력을 대폭 늘렸다. 1990년대 후반에 들어서는 국가과학기술위원회를 설치하고 과학기술기본법을 제정하여 시행했다. 과학 기술 인력 양성의 효율성 제고를 위한 수요 전망을 실시하고 협의체를 구성하는 한편, 1999년에는 2025년을 향한 '과학 기술 발전 장기 비전'과 인력 부분에 대한 과학 기술 기본 계획을 수립했다.

구체적으로 살펴보면, 정보 기술(IT), 바이오 기술(BT), 나노 기술(NT), 문화 기술(CT), 우주 기술(ST), 원자력 기술(RT) 등 6대 전략 기술 분야 인력 양성 계획을 수립하여 2006년까지 21만 명의 인력을 양성할 계획을 세워놓고 있다. 젊은 과학자를 국내외에 파견하거나 유치, 활용하는 사업도 활발히 펼치고 있다. 과기부는 193억 원을 들여 1,062명에 대해 해외로 박사 후 과정 연수를 지원했다. 브레인풀을 운영, 교포 및 외국인 과학자 260명을 국내에 유치하기도 했다고 한다. 올해는 한국과학기술원을 세계 10위권 내 연구 중심 대학으로 육성하기 위해 바이오 응용공학과를 설치하고 나노 SOC 국학센터를 건설하는 등 연구 중심 대학 육성에 724억 원의 예산을 편성했다.

　일련의 국가 인재 양성 보도와 정보를 접하면 맘이 편치 않다. 과학기술부가 부럽다. 한국선교는 지금 어디에 서 있고, 어디로 가는지 표류하는 배처럼 생각하지 않을 수 없다. 2004년 1월 하와이 이민 100년 선교대회가 있었다. 자랑스럽게 느꼈던 것은 사탕수수 농장에 간 이민 3세가 하와이 대법원장이 되어 선교대회에 축사하는 모습이 감동적이었다. 한국인 사탕수수 농장 후예 3세이다.

　한국교회는 세계 선교 파송 1위국만 자랑하고 통계만 보고 기뻐하지 않았으면 한다. 통계는 늘 허구성이 있다. 한국선교는 자만하지 말고 사역 컨설팅을 받아야 한다. 한국선교는 많은 선배들의 헌신과 땀이 있었다. 프로젝트 선교를 했다. 당시에는 그 사역으로 인해 후원자들에게 자긍심을 심어 주었는지 모른다. 그러나 지금은 유지비(Maintenance Budget)가 힘겹다. 선교사들의 신음 소리를 들을 줄 알아야 한다.

　한국교회는 인재를 키워 선교사로 보내야 한다. 선교도 "사람이 경쟁력이다."라는 과학기술부 슬로건에 도전받아 선교 인재를 키워야 한다.

　"물은 결코 수면 위를 넘지 못한다."

원칙 중심의 선교 리더 여덟 가지 특성

삶의 네 가지 요소가 있다. 안정감(Security), 지침(Guidance), 지혜(Wisdom), 역량(Power)이다. 안정감은 가치의식, 자기 정체성, 개인 강도, 정서적 안정, 자존의식을 말한다. 지침은 인생 방향을 인도하는 길잡이, 표준, 원칙, 양심을 말한다. 지혜는 인생을 보는 시각, 균형 감각을 말한다. 역량은 행동할 수 있는 능력, 성취력, 용기를 말한다. 삶의 기초를 올바른 원칙에 둘 때 내적인 힘의 열쇠가 된다. 원칙이란 불변하기 때문에 진북향의 나침반과 같다. 올바른 벽에 올바른 사다리를 놓는 것과 같다. 이런 원칙 중심의 리더의 8가지 특성이 있다.

첫째는 끊임없이 배운다. 경험을 통해 끊임없이 배운다. 지식 영역이 커지면 커질수록 무지 영역도 커진다. 배움은 계속되어야 한다. 지식 영역이 깊을수록 원칙에 충실해야 한다. 무지 영역이 커질수록 요령을 피우고 잔꾀를 부리게 된다.

둘째는 서비스 지향적이다. 남을 섬기는 것을 사명으로 생각한다. 청지기적인 삶을 산다. 물은 흐를수록 깨끗하다. 고인 물은 썩는다. 나눔은 신성함을 의미한다. 자기중심이 아니라 상대방 눈높이에서 생각해야 한다.

셋째는 긍정적 에너지를 발산한다. 표정이 밝고 유쾌하며 행복에 차 있다. 긍정적인 에너지를 발산하는 리더는 조직에서 부정적인 요소를 제거한다. 행복에 찬 힘은 주위 사람들에게 영향력을 준다.

넷째는 다른 사람을 믿는다. 도토리를 보며 참나무를 그린다. 부정적 행동, 비판, 인간적 약점에 과잉 반응하지 않고 현재 부족한 자를 나중에 큰 나무로 만든다. 신뢰를 기초로 산다.

다섯째는 균형 잡힌 삶을 산다. 현실을 잘 파악한다. 지, 정, 의가 균형을 이룬다. 세 가지가 합쳐질 때 심신(心身)이 건강한 사람이다. 지적으로만, 영적으로만, 신체적으로만 단련되면 우수하고 뛰어난 사람이 될 수 있어도 조직에서 영향력을 줄 수 없다.

여섯째는 인생을 모험으로 여긴다. 인생을 음미하며 재미있게 산다. 만나는 사람들과 삶의 의미를 행복으로 전하고 재미있게 살도록 전달한다.

일곱째는 시너지(Synergy)를 활용한다. 창의적인 방법으로 일한다. 전체가 부분의 합보다 더 큰 상태다. 자신은 승(Win)하고 상대방을 패배시키는 전략이 아니다. 매사에 승승(Win-Win) 전략을 둔다. 상대방의 승리가 나의 행복이다.

여덟째는 자기 쇄신을 위해 노력한다. 신체적, 정신적, 사회적(감정적), 영적으로 쇄신한다. 중요한 위치는 영적이다. 중심에 주님의 세미한 음성을 들으며 신체적으로, 정신적으로, 사회적으로 자기 쇄신을 할 때 온덕(穩德)의 삶을 살 수 있다.

선교사는 이런 리더의 특성을 소유해야 한다. 끊임없이 배우는 선교사, 서비스 지향적 선교사, 긍정적 에너지를 발산하는 선교사, 동료와 현지인을 신뢰하는 선교사, 균형 잡힌 삶을 사는 선교사, 인생을 모험으로 여기며 사는 선교사, 시너지를 활용하는 선교사, 자기 쇄신을 위해 노력하는 선교사가 되어야 한다.

새 가족 영입에 대한 제언

대한예수교장로회(합동)가 오랜 침묵을 깨고 개혁교단과 하나가 되었다. 역사적으로 장로교 분열사(史)는 명분(名分)보다 실리(實利)가 많았다. 가정에도 이혼은 쉽지만 재 연합은 통계적으로 어렵다. 장로교 개혁측과의 분리는 명분이 없는 분리였다. 나누어짐은 쉽지만 연합은 어렵다. 개혁교단과의 연합은 주님을 기쁘시게 하는 일이다. 하나 됨은 주님이 원하시는 일이다. 총론적으로는 하나가 되었다. 문제는 각론적으로 하나 됨에 대안이 필요하다.

일반 기업과 회사에서 합병 문화는 성공 사례보다 실패 사례가 많았다. 인수 합병이 실패하는 기본 이유는 직원들에게 기존 프로세스를 강요하기 때문이다. 인체로 말하면 서로 다른 유전자를 합친 상황이다. 혼합 가족은 없다. 이번 교단 영입에 따른 몇 가지 대안을 제시한다.

첫째, 시간, 인내, 끈기가 필요하다.

조직에서 분열과 헤어짐은 아픔이 있다. 헤어짐 속에서

연합이 올 때 상흔(傷痕)이 있다. 상흔 치유책은 한 가지다. 시간, 인내, 끈기만이 해법이다. 지난 시간 반목과 질시했던 상처들을 인내로 들어주는 일이 선행되어야 한다.

인디언 토킹 스틱(Talking stick) 대화법이 있다. 미국, 캐나다 초기 인디언들이 대화를 위해 사용한 방식이다. 토킹 스틱은 '대머리 독수리'란 이름이 새겨진 1,5m 크기의 지팡이이다. 이 지팡이를 들고 있는 사람만 발언한다. 토킹 스틱을 가지고 있는 한 누구의 간섭도 받지 않는다. 자기의 의견을 발표한다. 다른 사람은 의견을 말하거나 주장할 수 없다. 오직 발언하는 사람을 이해하려고 노력하고 이해했다는 것을 알려 줄 뿐이다. 인디언 토킹 스틱은 미국 건국 선조들인 벤저민 프랭클린을 비롯하여 많은 사람들이 이 대화법을 사용했다.

새 가족 영입에 선결해야 할 과제는 시간을 두고서 인내로 이들의 이야기를 들어 주는 자세가 필요하다. 들어 주다 보면 이해하게 된다. 아픔이 있다. 오해가 있다. 상처가 있다. 당시 분열할 수밖에 없었던 상황이 있었을 것이다. 토킹 스틱을 주고 들어 주어야 한다.

둘째, 전이성 암(癌) 다섯 가지의 치유가 필요하다.

전이성 암 다섯 가지를 정신치료 전문가들은 이렇게 말한다. 논쟁 암, 비교 암, 경쟁 암, 비난 암, 불평 암이라고 한다. 사람들이 외형적으로 건강하게 보이지만 마음 문을 열고 한 발자국 들어가 보면 모두가 환자임을 인식하게 된다.

차이가 있다면 중환자, 경환자의 차이다. 직장 동료 상처, 가족 상처, 부부 상처, 인간관계 상처가 강을 이룬다.

교단 분열이 명분이 있건 없건 간에 헤어짐 속에 논쟁, 비교, 경쟁, 비난, 불평 암들이 잔존해 있을 것이다. 전이성 암을 서로 제거하고 만나야 갈등이 없어진다. 서로 눈높이를 낮추고 이해하면 치료가 가능하다. 반목과 오해가 봄에 눈이 녹듯이 없어질 것이다. 지금은 서로가 환자임을 인정해야 한다. 논쟁, 비교, 경쟁, 불평할 것이 아니라. 테이블에 앉아 논쟁보다 합의 도출하고, 비교보다 칭찬하고, 경쟁보다는 협력하며, 비난보다 격려하고, 불평보다 감사의 장이 이루어져야 한다.

셋째, 소중한 것을 먼저 하라.

소중한 것과 급한 것을 혼돈해서는 안 된다. 소중한 것은 가치 있는 일이고, 급한 것은 일상적인 일에 지혜롭게 대처하지 못한 것이다. 소중한 일에 시간 투자가 적은 사람은 일상적인 일에 분주하다. 소중함과 중요함에 가치를 분별하지 못한다. 하루에 동분서주하는 일이 모두 가치 있는 일은 아니다. 급한 일이 모두 소중한 일이 아니다. 새 가족 영입을 위한 소중한 일이 있다면 한 테이블에 앉아 서로 용서와 화해를 하고 주님의 음성을 듣는 시간이 필요하다. 소중한 일을 먼저 시작하는 것이 매듭을 쉽게 푼다.

대화의 문제 90%는 의미 규정이나 인식 차이에 의해 발생한다. 의미 규정은 말이나 용어를 정의하는 방식이다. 인식은 데이터를 해석하는 방식이다. 새 가족을 영입하려면 서로를 공감하고 귀를 기울이면서 상대방의 준거 틀 내에서 들을 때 의미 규정과 인식상 문제는 자동적으로 해결된다.

"우리는 잠시의 침묵을 두려워하지 말아야 한다. 어떤 침묵들은 침묵을 어색하게 하거나 답답하게 생각한다. 그러나 침묵은 편안한 대화 방식이다. 침묵은 자신에게 던져지는 통렬한 질문인 경우가 많으며, 때때로 그런 질문을 하는 것이 중요하다. 마음속에 있는 말을 하는 것이 침묵에 도움이 될 수 있을까?"(로버트 그린리프)

새 가족을 영입하기 위해 조용히 들어 주는 시간이 필요하다. 신학교 합병문제, 선교사 영입 문제, 교단 노회 가입 문제는 자연스럽게 해결된다.

매트로 섹슈얼리즘 시대, 선교

매트로 섹슈얼리즘(Metro-sexalism)이라는 말은 메트로 폴리탄 대도시(Metropolitan)에 살고 있는 남성들이 패션, 미용, 인테리어, 요리 등 여성적 라이프스타일에 관심을 기울이는 현상을 의미한다. 변화된 남성을 의미한다. 미남(美男)은 꽃보다 아름답다. 꽃미남 광고로 한 화장품 회사 선전이 세간의 화제가 되었다. 전통적으로 옷차림, 헤어스타일, 피부 등 외모에 신경 쓰는 남자들이 괄시받던 시대가 있었다. 얼굴이 예쁘장하면 "기생오라비 같다. 사내자식이 꼬락서니 하고는..." 하며 따가운 눈총을 받았다. 그러나 이제는 시대가 변했다. 하얀 얼굴이 좋은 매트로 섹슈얼리즘 시대가 되었다.

한 광고대행사에서 15-39세 남성 500명을 대상으로 조사했다. '요즘 남성들이 여성화되고 있다.'고 75%가 응답했다. '남성도 화장, 액세서리를 할 수 있다.'고 40%가 응답했다. '외모는 남성의 경쟁력을 높이는 수단이다.'고 86%가 응답했다. 갤럽 조사에서 남성의 여성화 시대를 대변하는 데이비드 베컴은 미남 운동선수로 인기가 높다. 귀걸이를 달고 경기장에서 뛴다. 팬들의 인기가 최고다. 매년 모델료가 연봉 버금갈 정도다. 깨끗한 인상에 축구도 잘하니 인기가 높다.

변화된 매트로 섹슈얼리즘 시대에 선교는 어디로 가야 하는가? 변화된 남성상시대에 선교 헌신자들이 줄고 있다. 꽃미남들이 인기를 받는 시대에 선교 동력화를 어떻게 해야 하는지 변화하는 남성들의 트렌드를 이해해야 한다. 선교 단체가 전문성을 개발할 필요가 있다. 선교 스마트 전략이 필요하다. 선교사도 외모에 신경을 써야 한다. 깨끗한 인상을 현지인들에게 보여 주어야 한다. 옷차림 또한 화려하지는 않더라도 단정한 모습이 필요하다. 삶의 스타일도 복잡함보다는 심플하게 사는 모습을 보여 주어야 한다. 선교사는 꽃보다 더 아름답다.

매트로 섹슈얼리즘 시대의 선교의 흐름을 이해하고 준비해야 한다. 선교사 국제 매너도 배워야 한다. 중년 선교사가 되어 후배들을 보며 머리를 산뜻하게 깎는 모습에 도전이 되

었다. 머리에 기름도 바른다. 청바지도 입는다. 초라한 선교
사가 되지 마라. 실력과 깨끗한 모습으로 선교하라.

한 선교사가 3개월마다 비자가 없기에 국경을 넘다가 경
찰과 시비가 벌어졌다. 경찰이 여권을 보고서 비자를 받지
않고 자주 국경을 넘는다고 시비를 했다. 서로 언성이 높아
졌다. 경찰이 밖으로 나와 여권으로 얼굴을 때렸다. 사역자
는 분했다. 한인 홈페이지 사이트에 부당성을 올렸다. 대사
관에 진정서를 보냈다.

사역자에게 조언을 했다. 매트로 섹슈얼리즘 시대의 선
교 흐름을 이해해야 한다. 국경을 넘을 때 초라한 모습으로
가지 말고 말쑥한 차림으로 가라. 깨끗한 인상을 보여라. 매
트로 섹슈얼리즘 선교 시대이다. 이제 선교사는 국제 매너도
배워야 한다. 초라한 모습으로 현지에서 살지 마라. 남성들
이 변화하고 있다. 남성 선교사들도 변해야 한다.

발안(發安) 선교

GMS(Global Mission Socity)는 대한예수교장로교 합동
측 선교부 영어 공식명칭이다. 모달리티 선교부가 소달리티
선교부화해서 독립 선교기관이 되었다. 경기도 화성에 자리
잡고 있는 바울의 집(동서선교연구원 조동진목사 설립) 자리
를 인수했다. 2만여 평 땅에 미국 베다니 공동체 건물을 모
방하여 아름답게 지었다. 편의상 월문선교센터로 부른다.

한국선교 역사를 이해하려면 화성 지역 발안(發安)을 지나칠 수 없다. 발안이란 원래 의미는 서해안 바닷물이 그곳까지 들어와 갯벌이 되었다 하여 '뻘안'이라고 부르기도 했다. 후대에는 편안한 출발이라는 의미의 쏠 발(發), 편안할 안(安), 즉 '발안'으로 개칭했다. 월문선교센터에 들어오는 길에 제암리 순교교회를 지난다. 일제 강점기 때, 일본 신사참배를 반대하고 독립운동을 주도했던 기독교인들이 제암리 교회에서 예배 중에 일본 순사가 불을 질러 주님 품으로 갔다. 기독교 역사적인 지역에 선교본부가 자리 잡았다는 것은 자랑스럽다.

발안 지방에 초대 선교사인 언더우드가 방문하여 기적을 행한 사건도 있다.

발안 장터에는 불치의 병으로 집에 칩거해 있는 한 사람이 있었다. 그 사람은 얼굴을 못 알아 볼 정도로 부어올라 사람들은 그와 같은 증상이 곧 죽을 징조임을 보여 주는 것이라고 생각했다. 아마도 신장 계동에 문제가 생겨 소변이 배출되지 않아 심하게 부어올랐던 것으로 보인다. 해가 진지 얼마 안 되어 언더우드는 그 환자의 이웃집에 들어갔다. 그때까지도 그는 환자나 그 가족에 대해 전혀 모르고 있었다. 그곳에는 무당이 굿을 하고 있었다. 사람들은 무당이 환자에게서 악령이 떠나도록 굿을 하고 있는 것을 지켜보기 위해 그 주위에 모여 있었다. 무엇이 진행되고 있는지 궁금했던 언더우드는 참을 수 없었다. 그 집으로 들어갔다.

때를 얻든지 못 얻든지 복음을 전하는 것을 자신의 사

명으로 알고 지금까지 실천해 왔던 언더우드에게 이것은 한 생명을 구할 수 있는 절호의 기회였다. 언더우드가 집주인에게 들어가도 되겠느냐고 청했다. 언더우드는 70세 가량의 주인이 자신을 보기 원한다는 이야기를 듣고 집안 마루로 들어갔다. 노인은 그곳에서 그 집의 한 젊은 사람과 만약 환자가 오늘밤 죽으면 어떻게 할 것인가에 대해 이야기를 나누고 있었다. 언더우드는 자신을 소개한 후 바로 그 노인에게 예수를 믿으라고 권면했다. 노인은 '내 아들만 살려 준다면 나는 무엇이나 다 믿겠다.'라고 답하는 것이었다. 죽어 가는 아들을 살릴 수만 있다면 그 노인은 무엇이나 다 할 각오가 되어 있었다. 언더우드는 병의 완치보다도 중요한 것은 죽어 가는 환자의 영혼이 구원받는 것이라고 말했다.

"당신의 아들이 살지 죽을지 나는 말할 수 없지만 예수를 믿고 그 영혼과 당신의 영혼이 구원받아야 합니다."

중략... 그때 노인이 언더우드에게 부탁하며 말했다.

"당신이 원하는 대로 무엇이나 해 주시오."

옆방에 환자는 누워 있고 무당은 열심히 귀신을 부르고 있었다. 언더우드는 노인에게 기도하는 동안 자리를 떠나지 말고 끝까지 함께 하도록 요청했고 환자는 누워 있었고 무당과 친척들은 모두 다 밖으로 내보냈다. 언더우드와 동네의 예수 믿는 사람들이 환자에게 예수 믿으라고 말하자 그는 믿겠다고 분명하게 대답했다. 언더우드는 그 순간을 이렇게 기술했다.

"그 순간부터 우리 세 사람의 그리스도인들은 금식하며 3일 밤낮 동안 그곳에 남아 중단하지 않고 기도를 드렸다. 3일째 되던 날 붓기가 가라앉기 시작해 해가 지기 전까지 붓기가 다 사라지고 그 생명이 구원을 받았다. 그가 계속이 땅에서 삶을 영위할 수 있도록 하나님께서 섭리하셨던 것이다. 그런 후 우리는 그 집에서 그가 악령을 숭배하던 모든 것들을 다 부셔버리기 시작했다. 이 놀라운 경험의 결과로 그의 가족과 많은 다른 사람들이 하나님을 믿게 되었다."9)

초기 한국선교 현장에 GMS 선교부가 있다. 이름에 걸맞게 선교도 그렇게 되길 소망한다. 동네 월문선교센터보다 발안선교센터가 의미가 있다. 언더우드 족적이 닿았던 그곳에 세계 선교의 족적이 담길 만한 사역이 이루어지길 희구해 본다.

베이비 붐 세대와 실버 선교

베이비 붐(Baby Boomers) 세대는 한국 전쟁(1950) 이후 태어난 중년 세대를 말한다. 베이비 붐 세대들은 한국 사회에서 주목받지 못하고 63세대와 386세대, 아날로그와 디지털 세대 사이에 '낀 세대'로 취급당하는 애물단지들이었다. 그들은 과밀과 과잉의 통과 의례를 거쳐 왔다. 입시에 실패하면 인생 낙오자로 분류되는 사회 속에서 치열한 경쟁을 치렀다. 전쟁 상흔은 사라졌지만 상이군인을 길에서 어렵지 않게 보았던 어린 시절 생각이 난다. "왜 우리나라는 아픈 사람들이 많을까?"라는 의문을 품었다.

---

9) 박용규 저, 「평양 대 부흥 운동」 총신대학 출판부, 1999. PP89-91

그들이 자란 청소년 시절은 물자가 귀한 시절이었다. 몽당연필을 쓰던 것이 당연했고, 몽당연필도 당시에 시판되기 시작한 모나미 볼펜 몸통에 끼워서 끝까지 사용했다. 1960년대에 베이비 붐 세대들은 콩나물 교실에서 초·중·고등 교육을 받아야만 했다. 모두 국민교육헌장을 밤새워 외우고, 일류 중학교에 가는 것이 일생을 좌우한다고 생각했다. 그들은 남들처럼 예비고사와 본고사를 치르고 대학에 입학했으며, 박정희 정권의 유신 체제 속에서 20대를 보냈다.

이제 한국 사회도 고령화 사회가 되어 가고 있다. 베이비 붐 세대가 은퇴 혁명 시대의 노후 설계를 해야 할 시기가 오고 있다. 고령화 사회, 장수 혁명을 경험하면서 건강한데 길어진 노후를 어떻게 살아야 하는지 준비가 필요하다. 정년을 넘어 행복한 노후를 위해 의미 있는 제 2의 인생기를 준비해야 한다. 인생의 성공은 노후를 얼마나 행복하게 보내는가에 달려 있다. 젊은 날은 앞만 보고 달려왔다. 인생 하프 타임에 준비가 필요하다. 노후는 일선에서 후퇴하여 머물러 있는 체념의 시기가 아니다. 새롭게 태어나는 제 2의 인생기이다. 제 2의 인생을 체계적으로 준비하여 행복할 수 있는 방법을 찾아야 한다.

"사람들이 사회적인 활동을 하는데 수동적이 되지 않도록 세심한 주의를 기울여야 한다."(지미 카터 미국 대통령)

영국 등 유럽 국가에서는 정년을 폐지할 것을 사회적으로 요구하고 있다. 노후는 단지 일선에서 물러나 편안하게 여가를 보내는 시기가 아니고, 사회적 기여를 해야 할 시기로 바꿔야 한다. '사오정, 오륙도'와 같은 말이 횡행하는 사회에서 그리스도인 베이비 붐 세대들은 의식 전환이 필요하다. 남은 제2의 인생을 영혼을 구령하는 데 쓰임 받는다면 얼마나 행복할까?

선교지는 젊은 선교사만 일하는 곳이 아니다. 중년이 될수록 진가를 더 발휘할 수 있다. 구관(舊官)이 명관(名官)이다. 경험은 이론과 다르다. 은퇴 혁명 시대에 실버 선교에 헌신하길 도전한다. 노후 설계를 하며 선교에로 부르심에 응답할 수 있길 바란다. 선교 현장은 직접 복음 전하는 사역자도 필요하지만, 복음 전파를 위한 기본 보급 물자 선교도 필요하다. 선교사 케어, 현지 선교 센터 운영, 신학교 교수 강의안 마련, 홈페이지 운영, 미혼 여성 상담, 이슬람 가정 상담, 치유 센터 운영 등. 전문 인력이 생각만 바꾸면 길이 보인다.

베이비 붐 세대의 변화 코드를 인식해야 한다. 노후 설계를 실버 선교사로 미리 준비하면 행복해진다. 은퇴를 하고 더 의미 있는 일이 기다리고 있다면 지금의 순간이 행복해질 것이다. 친구 관계 유지도 건강해질 것이다. 건강을 지키기 위해 준비할 것이다. 부부간의 관계 재정립도 돈독하게 될 것이다. 목회자의 경우 교회 사역에 여유가 있을 것이다. 은퇴하는데 은퇴비 때문에 긴장하지 않을 것이다. 베이비 붐 세대여! 정년을 넘어 행복한 노후를 준비하라. 실버 선교사로 헌신하라. 할 일은 많고 선교지는 넓다.

선교편지가 중요하다

선교 사역하며 역사를 담을 수 있는 그릇이 있다면 선교 편지이다. 편지는 고민을 담고 있다. 편지는 가슴을 담고 있다. 편지는 애환을 담고 있다. 영국에 가면 존 로스의 기도 편지가 모 교회에 보관되어 있다. 해안선 선교 효시로 알려진 인도의 윌리엄 캐리 선교편지가 최근 세간에 화제가 되었다. 캐리의 누나는 장애자였다. 정상인도 힘든 사역을 누나가 했다. 그녀는 동생의 사역을 기도로 도왔다. 동생을 위해 하루도 빠짐없이 기도했다.

소중한 것은 시간이 지나야 진가가 나타난다. 그리움은 등 뒤에 있다. 선교의 진가(眞假)는 보고서에는 없다. 윌리엄 캐리가 선교지에서 가슴앓이를 하며 누님에게 보낸 편지가 최근에 공개되었다. 후원 교회에게도, 후원자에게도 말할 수 없던 고뇌와 눈물의 팡세를 누님에게 썼다. 위클리프 선교부는 아프리카 오지와 남미 정글에서 성경을 번역하며 선교사들이 손으로 쓴 잉크 편지를 보관하고 있다.

선교편지를 규칙적으로 쓰라. 기억에는 한계가 있다. 매월 사역한 것을 기록해 놓지 않으면 잊어버린다. 지나온 사실을 기록한 것이 역사다. 선교사가 살았던 현장 이야기가 선교 역사가 된다. 한국선교는 선교 역사가 짧다. 짧은 역사로 유구한 역사를 가진 서구선교를 앞질러 갈 수 있는 비결은 선교 역사를 정리 보관하는 일이다. 선교 역사란 거창한 것이 아니다. 사역하는 곳에서 매일, 매달 일어나는 사역들을 편지에 담아 조국 교회에 보내는 것이다. 조국 교회는 선교사 열전을 버리지 말고 모아 선교 자료로 남겨야 한다.

현대는 정보 전쟁의 시대이다. 기업 간에 산업 정보는 국가 간의 정보보다 더 치열하다. 산업정보는 경쟁력 중의 경쟁력이다. 지역마다 선교사들이 보내 온 선교편지를 쓰레기로 버리지 말고 종합 정리하여 자료로 남기는 것이 선교역사이다.

나도 선교편지에 대해선 할 말이 많다. 올해로 141번째를 썼다. 한 달에 한 번씩 썼다 해도 일 년이면 12번이다. 지난 19년을 어림잡아 계산한다 해도 216회 써야 한다. 가끔씩 쉬기도 했지만 140회를 썼다면 적지 않다. 이 선교편지를 선교지 출발부터 지금까지 모았다. 친필로 썼던 시절, 타자기로, 전동 타자기로, 컴퓨터까지 변화무쌍한 세월이었다.

지금이라도 늦지 않았다. 오지에서 보내오는 선교편지를 보관하여 선교 역사의 자료로 남겨야 한다. 선교본부는 오대양 육대주에서 선교사 열전 소식을 버리지 말고 소장하는 작업이 필요하다. 선교 역사는 대단한 것이 아니다.

평범한 선교사의 삶을 기록하여 보관해 놓은 것이 바로 선교 역사다. 위대한 역사의 배후엔 평범한 역사가 모아질 때 큰 역사를 이루었다. 작은 물방울이 작은 강을 이루고 작은 강들이 대양을 이룬다. 역사의 새벽을 가져온 사람들은 평소에 무언가를 준비한 사람들이다. 아브라함, 모세, 요셉, 다니엘 등 평소에 준비한 사람들이다. 선교편지가 정말 중요하다.

세계교회협의회(WCC)와
종교다원주의를 경계하라.

1948년 암스테르담에서 공식적으로 WCC가 선교협의체로 출범한 이래 정치 문제와 사회 이념 구현에 관심을 보였다. 타 종교와 대화를 부르짖으며 제 5차(1975년) 케냐 나이로비 총회부터 종교혼합주의를 띄었다. 종교다원주의를 공식 표방한 '바아르 선언문(Baar statement)'을 발표한 후 1991년 캔버라 총회는 불교, 힌두교, 이슬람교 지도자들을 초청하여 대화와 기도를 했다. WCC가 교회사적으로 불행한 획을 그음으로써 종교다원주의, 종교혼합주의를 수용하는 길로 들어서게 되었다.

현대판 자유주의 신학인 종교다원주의(Religious Pluralism)는 자유주의 신학과 에큐메니칼 운동에 막강한 영향을 미쳤다. 포스트모더니즘, 탈구조주의, 상대주의, 혼합주의, 민족 문화, 종교 주체성을 강조하는 민족주의 성향과 맞물려 폭넓게 파급되고 있다.

종교다원주의자들은 6가지 이론을 펼친다.

첫째는 역사적인 종교들은 다양한 삶의 자리에서 형성된 '구원의 길'이 있다. 모든 종교인들은 각각 다른 길을 거쳐 구원을 받는다. 사랑을 자발적으로 실천하여 기독교는 하나님 나라, 불교인은 불국, 대동 세계 실현에 힘쓴다.

둘째는 예수 그리스도만이 유일한 구원이라고 하는 것은

옳지 않다. 기독교라는 하나의 종교가 다양한 문화와 종교 전통을 가진 인류를 위한 유일한 답을 가지고 있다고 말하는 것은 근거가 없다. 하나님의 은혜는 모든 종교와 문화 속에 차별 없이 관대하게 역사하고 있다. 특정종교가 인류의 하나됨의 구심점을 제공할 수 없다.

셋째는 각 종교의 배후에는 궁극적인 신적 실재(Ultimate Divine Reality)가 있다. 모든 종교는 같은 신적 실재에 바탕을 두고 있다. 동등한 가치의 종교 경험을 가지고 있다. 기독교, 불교, 이슬람교, 도교, 힌두교 등은 인간 문화 조건 하에 신적 실재를 그린 서로 다른 그림이다. 선교는 더 이상 비기독교 신자를 기독교로 회심시키려 하지 않아야 한다.

넷째는 각 종교는 자기의 고유한 것을 유지하면서 타종교를 인정해야 한다. 기독교는 기독교답게, 불교는 불교답게, 이슬람교는 이슬람교답게 각각의 고유한 색깔과 독특한 향기를 발해야 한다. 자기가 귀의(歸依)한 종교에 헌신하면서 종교 간의 대화와 협동하여 세계 평화를 유지해야 한다.

다섯째는 다른 종교를 자기가 믿는 종교의 잣대로 평가하는 것은 잘못이다. 특정 종교가 시공간을 초월한 영원불멸의 진리 체계를 독점할 수 없다. 진리 담론(談論)은 역사, 문화, 사회의 영향을 받으면서 형성되었다. 특정종교가 다른 종교보다 우월하다고 주장하는 것은 잘못이다.

여섯째는 인간이 궁극의 신적 실재에 대한 완전한 인식을 갖는 것은 불가능하다. 신적 실재를 인정하나 제한된 이성으로 그것을 완전히 하는 것은 어렵다. 종교의 가치는 경

험에 있고 경험은 다양하다. 인간 역사에 절대적인 것은 없
다. 성경에 담겨 있는 계시는 진리를 보여 주기에 불충분하
다. 기독교의 계시는 다른 종교가 가진 계시와 동등한 차원
에 있다.

모든 종교가 구원의 길이라고 보는 기독교라면 세계 선
교가 필요 없다. WCC 운동과 종교다원주의는 타종교보다 더
심각한 기독교의 장애물이다. 한국교회 연합 일치 운동은 위
험한 방향으로 가고 있다. 포용주의, 다원주의, 신앙무차별주
의로 흐르고 있다. 조국 교회는 연합 운동에 동참하는 것은
죽음과 키스하는 것이다. 지금은 변화가 없는 것 같지만 지나
고 보면 돌이킬 수 없는 상태에 이르게 된다. 신조, 신앙 고
백, 신학을 대수롭지 않게 여기는 태도는 교회 정체성을 잃어
버린다. 종교다원주의, WCC 운동은 선교와 무관하지 않다.

아침형 선교사

세간의 화제가 되었던 「아침형 인간」이란 책이 있다.
책이 출간되자마자 잔잔한 파문을 일으켰다. 일본 의사인 저
자 사이쇼 히로시는 아침형 인간을 다섯 가지로 정리한다.

첫째는 자연의 리듬과 함께 사는 사람이다. 인류는 지난
수백 년 동안 해가 지면 자고 해가 뜨면 일어나는 자연 순응

형의 삶을 살아왔다. 현대인은 일 때문에, 유흥을 위해서 점점 더 밤늦게까지 잠 못 드는 야행성 인간이 되어 가고 있다. 이것이 현대인의 몸과 정신을 망치고 고귀한 아침을 잃어버리게 만들었다.

둘째는 하루를 지배하는 사람이다. 몽롱한 정신과 피로가 가시지 않은 몸으로 허둥대며 아침을 맞는 사람들, 그들은 시간에 쫓기고 일에 떠밀려 하루를 지낸다. 대자연의 여명과 더불어 하루를 시작하는 아침형 인간은 하루를 계획하고 시간을 지배하고 일을 주관하고 일을 주도하는 사람이다. 아침형 인간은 제아무리 밤이 즐거워도 아침과 맞바꾸지 않는다.

셋째는 자기의 인생을 다스리는 사람이다. 아침을 지배할 줄 아는 사람은 하루를 지배할 수 있고 하루를 지배하는 사람은 자신의 인생을 다스리고 경영할 할 수 있다. 일과 가정, 여가 생활의 균형을 지킬 줄 알고 육체적으로 정신적으로 건강한 삶을 사는 것이다. 아무리 나이 들어도 아침형 인간의 얼굴에는 떠오르는 아침 햇살과 같은 맑은 에너지가 흐른다.

넷째는 인생의 목표를 성취해 내는 사람이다. 역사 속의 위인과 인물들, 탁월한 성공을 거둔 사람들은 모두가 아침에 깨어 있었던 사람들이다. 당신의 주변을 보라. 뛰어난 신망을 받는 사람들은 아침형 인간이었고 아침이 한결같이 맑고 활기차다.

다섯째는 진정한 건강과 행복을 누리는 사람이다. 일과

사람을 대함에 여유가 있고 짧은 시간이라도 가족과 함께 할
줄 알고, 늘 밝고 긍정적인 생각으로 세상을 대하고 늙어서
도 맑은 기운이 넘치는 사람! 늘 허둥대며 일에 쫓기고 부를
이루었어도 가족을 잃어버리고 늙어선 질병에 시달리며 생기
를 잃어버린 사람, 그 차이의 비밀은 아침에 있다.

　　아침잠은 인생에서 큰 지출이라는 생각을 오래 전부터
가졌다. 선교지에서 아침을 힘 있게 시작하려고 애써본다.
어느 후배가 선교지에 와서 첫 외마디를 외쳤다.
　　"한국에서 부교역자로 새벽 기도를 도맡아 하다가 아침
에서 해방되었습니다."
　　나는 마음속으로 생각했다.
　　"너 선교지에서 오래 있지 못하겠구나!"
　　몇 년 후 그는 선교지를 떠났다. 기후, 문화, 언어가 다
른 곳에서 홀로 서기가 쉽지 않다. 아침형 인간으로 산다는
것이 쉽지 않다. 하루 일과가 얼마나 빨리 지나는지 모른다.
선교사가 이렇게 사는 것이다.
　　한해가 저문다. 테러와 위기 속에서도 지켜 주셨다. 선교
사들을 돕는 사역도 균형을 잡았다. 가정도 지켜 주셨다. 아
이들도 대학 졸업과 입학하는 아이들을 보며 감사한다. 불혹
의 나이를 지나 지천명(知天命) 나이에 들었다. 건강함을 주
셨다. 하루를 말씀 묵상하며 아침에 바닷가를 뛴다.
　　"여호와여! 아침에 주께서 나의 소리를 들으시리니 아침
에 내가 주께 기도하고 바라니이다."(시 5:3)

영국이 낳은 설교자 찰스 스펄전 목사는 이런 말을 남겼다. "만약 당신이 아침에 여호와를 찾지 아니면, 사탄이 당신을 찾을 것이다."

아침에 승리하라.

자랑스러운 GMS 선교

대한예수교장로회(합동)는 사도행전적인 교회로 탄생하여 힘차게 자라왔다. 지난 한 세기 동안에 눈부신 발전은 단일 교단으로서 세계 선교 7위국으로 자리 매김이 되었다. 한국 교회와 GMS 선교회(GMS : Global Mission Society of the Presbyterian Church in Korea)는 맥을 같이 한다. 1907년 9월 독노회 조직으로 외지전도국(Foreign Mission Board)을 설치하여 그해 안수 받은 이기풍 선교사를 제주도로, 이듬해는 일본으로 한석진 선교사를, 그 다음 해는 시베리아로 최관흘 선교사를, 중국, 몽고, 멕시코에 이르기까지 흩어져 간 수백만의 한 민족과 이방인에게 선교사를 파송했다.

그 후 45년 동안, 1957년 중국 공산당 정권에 의해 강제 추방될 때까지 이대영 선교사는 중국 문화 혁명으로 인한 극심한 어려움 중에도 27년 간(1922-1948) 선교지에서 충성하였고, 방지일 선교사는(1937-1957) 서구선교사들이 추방된 중국 땅에서 마지막까지 선교지를 지켰던 자랑스러운 선교사였다.

해방 후 1950년대에 들어서, GMS는 교회 분열의 아픔과 6·25의 참혹한 국란을 겪으면서도 선교 열정을 잃지 않았다. 1955년 총회는 태국에 두 선교사(최찬영, 김순일)를 파송했다. 1956년 총회 역시 계속하여 계화삼 선교사를 후일을 기약하며 일단 대만으로 파송했다.

1970년대에 들어오면서 서서히 타오르기 시작한 한국교회의 선교의 불길은 아시아를 시작으로 남미, 북미, 유럽, 호주, 아프리카 중동까지 속속 파송되었다.

1980년대는 마치 선교의 봇물이 떠지듯이 민족 복음화 대성회가 열리며 선교 확장 시대였다. 특히 1980년대 후반에 오랫동안 닫혀 있던 공산주의 이데올로기가 무너지며 중국과 러시아, 중앙아시아 실크로드 지역까지 확장된 선교는 요원의 불길처럼 번졌다. 현재 87개국에 2,000여 명의 선교사를 파송했다. 선교부가 7,000교회 선교 동력화를 위해 선교 대회를 열었다. 지역 대표 회의, 지역장 회의, 선교사 영성 수련회, 지역 선교 대회, 선교 대회로 마무리를 했다.

이번 대회는 교회, 선교부, 선교사가 연합하는 성공적인 대회였다고 평가했다. GMS는 선교 자원이나 인력이나 재정이나 사역이 타교단선교부, 선교 단체가 감히 따를 수 없을 정도다. 문제는 여기에 만족하지 말고 선교 효율화를 기하고 내실을 기해야 한다. GMS 선교부가 시급한 것이 있다면 싱크 탱크 연구소, 인력 개발원(Human Resource Development)을 설치하여 전략적 선교를 해야 할 시점에 왔다. 아무리 많은 군인이 있어도 오합지졸 군대는 의미가 없듯이 아무리 좋은 재원과 자원이 있어도 소프트웨어가 없으면 전략적 선교를 할 수 없다. 일관성 있는 선교 정책을 세우고 현장과 함께 가는 선교부가 되어야 한다.

죄 풍치(風齒)와 선교

몇 해 전, 영국의 로이 클리멘트 목사가 목회를 사직하고 행방을 감춰 세간의 화제가 되었다. 그는 집무실 책상 앞에 한 장의 편지를 남겼다.

"나는 후회 없는 삶을 찾아 떠난다."

가족과 성도들을 남긴 채 떠난 이유가 무엇일까? 그 이유는 나중에 알려졌다. 그는 거듭나기 전 동성연애자였다. 목회 중에도 끊임없이 죄성의 쓴 뿌리가 남아 있었다. 죄의 풍치가 남아 있었다. 우리는 피조물로서 구원받았지만 한 가지를 기억해야 한다. 구원은 시작이지 완성이 아니다. 구원 이후가 중요하다. 그는 구원 이후를 잘 몰랐다. 이스라엘 백성들은 출애굽 했을 때 모든 고난과 역경이 끝난 것으로 알았다. 그들에게는 출애굽으로 고난과 역경이 끝났다고 생각했지만 광야 생활은 하나님 편에서 볼 때 고난과 역경의 시작이었다.

성도가 구원 받은 이후 거룩한 삶이나 성화의 삶을 사는 것이 간단하지 않다. 끝없는 자기와 싸움이 있다. 바울은 이렇게 언급한다.

"육체의 소욕은 성령을 거스르고 성령은 육체를 거스르나니 이 둘이 서로 대적함으로 너희가 원하는 것을 하지 못하게 하려 함이니라."(갈 5:17)

어느 날은 성령의 소욕이 승리하지만, 어느 날은 육체의 소욕이 승리한다. 좌절과 승리의 갈림길에서 산다. 육체의 소욕을 버리고 자기 사랑을 버리는 것이 쉽지 않다. 죄 풍치가 빠지는데 시간이 필요하다.

현지에서 선교를 하다 보면 갈등이 여기에 내재한다. 이슬람에서 개종하고 기독교에 입문한 현지인들을 보라. 이슬람 종교 자체는 어둠과 거짓 종교이며 진리를 왜곡한다. 기독교와 이슬람을 불과 연기로 비교해도 좋다. 불은 연기가 아니다. 연기는 불과 가장 가까이 있다. 이슬람은 기독교를 싫어하는 근본 이유가 불처럼 진리를 밝힐 때마다 거짓이 드러나기 때문이다. 이슬람에서 개종하고 건강한 한 명의 그리스도인이 되기까지는 시간이 필요하다. 선교사가 의도적으로 가르치지 않았지만 현지인들이 선교사들과 갈등하는 것은 삶의 비교에서 시작한다. 자기들은 개종하고 핍박받고 고통하며 살아가는데 선교사들은 보내 준 선교비를 받고 잘사는 것으로 보인다. 사단은 불신을 넣어 선교사와 관계를 불편하게 만든다. 현지인들은 도움을 받아도 당연하게 생각한다. 감사는 쉽게 잊어버리지만 섭섭함은 오래 남는다.

이 벽을 허물지 않으면 건강한 선교가 어렵다. 죄성을 가진 인간이 아직도 욕심과 정욕이 빠지지 못했다. 옛 죄의 풍치가 남아 있다. 한 사람을 온전히 사랑함이 자신의 힘으로 할 수 없다. 기다림을 배워야 한다. 죄 풍치가 빠지기까지 말이다. 자신이 처음 주님을 믿고 설익은 번철의 파전처럼 살지는 않았는가? 힘들게 하는 의심과 불신의 응석이 죄 본성에서 온 것임을 알고 이해하고 사랑하련다. 그들도 옛 죄 풍치가 빠지는 날을 온덕(穩德)으로 삼을 것이다.

지진, 사랑은 죽음보다 강하다

지진이 얼마나 무서운지 아는가? 1999년 8월 17일 새벽 1시 45분, 45초에 지진이 한 도시를 완전히 폐허로 만들었다. 지진 현장에 달려 가보니 주민들은 모두 망연자실하고 앉아 있었다. 이들 모습을 바라보며 가슴이 저려왔다. 이런 재난이 이 민족에게 왜 이렇게 일어났는가? 무엇을 일깨우려는 하나님의 사인(Sign)일까? 많은 생각을 했다. 지진이 발생했을 때는 큰 피해는 없다고 보도했다. 문제는 날이 갈수록 사망자 수는 늘어났다. 공식 집계는 15,421명이고, 부상자 23,954명에 달하고 있다.

지진의 위력을 1994년 미국 캘리포니아(6.2도)에서 경험한 적이 있다. 직접 가 보니 말로 표현할 수가 없다. 지진 진앙 지인 콜죽 도시는 건물, 아파트 공장이 모두 금이 가 다시 사용하기 어렵게 되었다. 가슴 아픈 것은 한 노동자들이 머무는 여관에서 150여 명이 한꺼번에 변을 당했다. 어느 신혼부부는 결혼을 하고 첫날 밤 변을 당했다. 처참한 광경이었다.

사건 당일(8월 17일, 화요일 새벽)의 온 대지는 적막한 밤이었다. 그러나 한 순간에 질풍노도가 불어 닥쳤다. 마르마라 바다에 해일이 일며 7.2도 강진이 한 도시를 순식간에 삼켰다. 해군사관학교 생도들은 졸업식과 함께 270여 명이 밀어닥친 해일로 바다의 수장(水葬)되었다.

지진마(地震魔)가 스치고 지나간 지 한 달이 되었다. 남은 유족들은 숨진 가족의 시신이라도 찾겠다고 발버둥을 친다. 정부와 유족들 간의 의견이 엇갈린다. 유족들은 생존은 불가능하지만 시신이라도 찾겠다고 아우성이다. 무너진 건물을 불도저(Bulldozer)로 밀지 말라며 애원한다. 정부측은 기다릴 수 없다고 한다. 서로 입장에서 타결점을 찾지 못하고 있다.

나도 지진이 일어나기 전날 미국 방문 중이었다. 비보를 듣고 비행기 표를 알아보았다. 터키행 비행기는 모두 취소되었다. 다음날 겨우 자리를 얻을 수 있었다. 주위 사람들은 여진도 있고 하니 상황을 지켜보고 현지에 들어가라고 했다. 아무리 생각해 봐도 현지 상황을 생각하니 맘이 편치 않았다. 콜레라 전염병까지 돈다고 만류했다. 이런 어려운 상황의 처해 있을 때 이들 곁에 있는 것이 도리가 아닌가? 급하게 달려왔다.

1991년 1월 걸프 사태를 잊을 수 없다. 중동전이 일어나기 전, CNN 보도는 긴박했다. 사람이 심리적으로 불안하니 많은 선교사들이 현지를 떠났다. 사정이 있어서 떠난 선교사들을 원망하는 것은 아니다. 그러나 나는 여러 상황을 고려해 볼 때 떠날 수가 없었다. 선교사가 평소엔 잘 모른다. 한 선교사가 현지인을 사랑한다는 것이 무엇일까? 사랑(현지인), 그것은 죽음보다 강하다.

특공 42기 선교 훈련생 파이팅!

"세계 여행은 비행기로, 세계 선교는 무릎으로"라는 슬로건이 훈련원에 있다. 선교는 이론으로 되는 것이 아니다. 기도 없이는 불가능하다. 훈련생들이 나름대로 선교를 준비했다고 한다. 첫 시간에 훈련생들에게 전한다.

"여러분! 저는 훈련을 책임 맡은 자로서 말합니다. 좋은 말할 때 잘 들으시오. 훈련을 대충 받으면 주님은 선교지에 나가기 전에 꼭 과외공부를 시킬 것입니다."

새벽 기도부터 시작하여 체력 단련, 강의, 시험, 본부 행정 실습, 언어 훈련, 저녁 기도회 시간들로 되었다. 훈련생들이 처음에는 입이 불쑥 튀어나와 불평도 했다. 자기들끼리 갈등하며 힘든 시간도 보냈다. 시간이 흐르면서 모난 부분이 다듬어지며 훈련은 잘 진행된다.

나는 훈련원 책임자로서 여섯 기둥으로 훈련했다.

첫째는 선교이론(Mission Perspectives)이다. 전 세계에서 권위 있는 선교교과서 미션 퍼스펙티브(perspectives)로

교육을 시켰다.

둘째는 GMS 정신이다. 현재 GMS 선교사가 전 세계에 나가 있다. 이들이 같은 정신을 가지고 전략적 선교를 해야 한다. 이것이 목표이자 비전이다. 여기에 초점을 맞추었다.

셋째는 언어 훈련(LAMP)이다. 훈련생들이 힘들었지만 훈련을 마치며 하는 말이 언어 훈련이 의미가 있었다고 한다. 생명과 같은 언어를 배우는데 기초를 가르쳤다.

넷째는 선교사와 사역과 삶이다. 선교사의 삶과 사역은 동전의 양면과 같다, 어느 하나도 없어선 안 된다. 여러 각도에서 심도 있게 강사들을 선별했다.

다섯째는 영성 훈련이다. 선교지에서의 경험으로 힘든 것이 있었다면 자기 싸움이다. 영적 전쟁에서 기도 없는 사역은 전쟁을 포기한 것이다. 허드슨 테일러의 말은 선교사들의 잠언이 되어야 한다.

"허드슨이 무릎을 꿇지 않는 날은 중국의 아침 해가 떠오르지 않았다."

여섯째는 지역 연구 논문이다. 훈련생들에게 힘들고 부담스런 일이다. 지역 연구 논문을 마무리를 짓고 난 후 흐뭇해하는 모습을 보며 감사했다.

훈련생들이 3개월 훈련을 마치고 하는 말이 "42기 훈련은 특공 훈련이었다." 지도자로서 감사한다. 그대들이 가는 선교지마다 잃어버린 영혼들이 주께 돌아오길 바란다. 특공 42기 훈련생 파이팅!

「표해록」 최 부와 선교 현장 자료 중요성

1488년 서해 흑산도 앞바다, 거대한 파도가 바다를 삼키듯 덤벼들었다. 배 한 척이 사투를 벌이고 있다. 돛대는 부러지고 배는 중심을 잃고 파도에 흔들리며 한반도에서 점점 멀어져 갔다. 40여 명의 뱃사람들이 내동댕이쳐지면서 기력을 잃고 말았다. 거센 폭풍이 지나고 고요함이 밀려왔다. 죽음 일보 직전까지 다다른 이들 앞에 희미한 육지가 나타났다. 표류 14일째 최 부 일행은 중국의 저장성 닝보부(寧波府) 경내에 닿았다.

명나라는 왜구 침탈이 극에 달한 시기이다. 최 부 일행 43명은 중국 병사 호송 아래 저장성 수도인 항저우에 도착했다. 다시 배를 타고 경항대운하를 거쳐 베이징에 도착했다. 무려 4,000여 킬로, 135일 여행을 했다. 최 부는 귀국 후 성종 왕의 명을 받들어 한양 청파에서 한자 5만 4천 자에 달하는 중국 견문록 「표해록(標海錄)」을 저술했다. 조선 시대 사대부였던 최 부의 중국 견문록은 현재 중국 3대 견문록의 하나로 손꼽힌다. 마르코 폴로의 「동방견문록」, 일본 승려 엔닌의 「입당구법순례행기」, 최 부의 「표해록」이다.

최근 최 부의 「표해록」 역사 평가가 재조명되고 있다. 중국 명나라 해안 방비 상황과 지리, 민족, 언어, 문화, 조선과 명나라와 관계사 등 중국 문헌에도 나오지 않는 정보가 실려 있다. 중국 본토에서 「표해록」은 기행 문학의 백미로 평가받고 있는데 정작 우리나라에서는 1976년에야 번역본이

나올 정도이다. 사학계 자료가 미비하다. 중국 사학자 진시엔더(金賢德)는 말한다.

"「표해록」은 정통사관으로서 중국 문화에 해박한 최 부가 일기 형식으로 중국 당시 상황을 잘 정리했다. 중국 문화에 문외한이었던 13세기 마르코 폴로의 기록을 능가한다."

마르코 폴로는 중국어를 몰랐다. 중국 전통 문화와 역사도 몰랐다. 「동방견문록」 내용 중 많은 부분이 당시 중국의 실제 상황과 차이를 보이고 있다. 그러나 최 부의 「표해록」은 다르다. 그는 한자에 능숙한 선비였다. 기술한 지명이나 산천 등은 검증이 되었다. 마르코 폴로는 중국에서 17년 간 생활하며 중국 관리로 지냈다고 한다. 문제는 중국 역사책 어디에도 그에 대한 기록이 없다. 많은 학자들은 마르코 폴로가 실제 중국을 다녀갔는지에 대해 의구심을 품기도 한다. 최 부는 짧은 135일을 머물었지만 중국 역사책에 기록되어 있다. 최 부는 중국에서 하나뿐인 소중한 역사의 한 조각을 남긴 위대한 관찰자로 자리 매김 되었다. [10]

선교사들이 현장에서 선교 열전을 기록으로 남기는 일은 소중한 작업이다. 1905년 피어선 선교사는 미국에 돌아가 선교 잡지 《선교사 리뷰 -Missionary Review》[11]를 발간했다. 세계 각지에 나간 선교사들의 기도 편지, 사역 보고를 잡지에 만들었다. 이 잡지가 발행될 당시에는 초라한 자료였다. 그러나 100년이 지난 오늘에는 한국선교의 중요한 자료

---

10) 최부 저, 「표해록」 한길사, 2004.
11) Editor in Chief, Arthur T. Pierson, 「The Missionary review of the world」 Furd and wagnalls company publishers, No.9. 1905, Sep.

로 평가받고 있다.

선교지에서 기도편지 하나라도 소홀히 여기지 말고 기록해야 한다.

"명석한 머리보다 흐릿한 잉크가 낫다."

기록은 역사성이다. 기록은 훗날 평가를 받을 수 있다. 기록은 후대 선교에 실수를 반복하지 않게 한다. 기록은 본차이나 도자기처럼 오늘도 각광을 받는다. 기록은 선교사가 해야 할 당대의 작업이다. 지금이라도 늦지 않았다. 선교 본부는 선교 현지에서 오는 어떤 보고라도 보관하고 남겨야 한다. 역사 평가는 하루아침에 하지 못한다. 기록된 자료를 가지고 훗날 사가들이 평가하는 것이다. 한국선교도 이제 서서히 선교 역사 평가를 받아야 할 시점에 왔다. 「표해록」을 기록한 최 부처럼 선교 역사를 기록하여 남겨야 한다.

천천히 하라!(Adim adim yapin!)

나의 선교지의 좋은 전통이자 자랑이 하나 있다. 열매는 적지만 연합을 잘한다. 어딜 가보아도 이처럼 연합을 잘 하는 곳도 드물다. 그러나 나의 선교지는 외국 사역자 모임, 현지 지도자 모임, 한인 사역자 모임 등 연합체가 잘 구성되었다.

선교지마다 현장을 가보면 구조적 갈등이 심하다. 선임 선교사와 후배 선교사와의 갈등, 팀끼리의 갈등, 지방색 갈등 등이 심하다. 서구인처럼 다문화 경험이 부족한 점고 단순문화에 자라서 흑백 논리에 익숙해 져서 그렇다. 그래서 다름과 틀림을 혼동한다.

하나님 나라는 다툼 속에서 역사하지 않았다. 사역의 열매가 적어도 평화하면 하나님 나라가 이루진다. 싸우면서 잘하는 것보다 보통하고 평화 하는 것이 위대하다. 싸우지 않는 것이 선교와 교회의 가치이다. 아브람과 롯의 관계가 실례를 보여 준다.

"아브람이 롯에게 이르되 우리는 한 친족이라. 나나 너나 내 목자나 네 목자나 서로 다투게 하지 말자. 네 앞에 온 땅이 있지 아니 하냐. 나를 떠나가라. 네가 좌하면 나는 우하고 네가 우하면 나는 좌하리라."(창 13:8-9)

어린 조카와의 협상 조건이 단순하다. 서로 다투지 말자. 시기와 다툼은 정욕에서 일어난다.(약 4:1) 평화, 화평의 힘이 위대하다.

한 회기를 정리하며 각 팀 책임자들이 확대회의를 했다. '교회 개척의 법적 문제'를 다루며 현지 교회 지도자를 초청하여 강의를 들었다. 강의를 마감하며 한국 사역자들에게 당부하고 싶은 말을 요청했다. 현지 지도자는 조심스럽게 풀어 놓았다.

"여러분! 천천히 하라. 작은 일부터 시작하라. 성숙한 사람이 있을 때 교회를 시작해도 늦지 않다. 한국 사람들이 동쪽에서 와 우리와 가까운 줄 알았는데 서구선교사들보다 현지 선교의 이해가 더 멀다. 한국인의 마음을 알 수 없다. 겸손하게 일하라. 비전도 필요하지만 성급하지 마라. 목표가 분명하면 무리가 따른다. 프로젝트형 선교를 조심하라. 현지인과 더 가까워라. 마라톤 선교를 하라."

현대는 속도 시대다. IT 산업의 산물이며 경쟁사회의 산물이다. 물류가 유통되는 일은 시간을 다툰다. 사회 구조가 분주하다. 생각하며 고민할 여유가 없다. 한국인은 에스컬레이터에서도 걷는다. 선교를 속도로만 착각한다. 선교 동향도 급변하고 사역도 다양해졌다. 선교를 당대의 금자탑을 쌓는 것으로 착각하고 목표 지향적 선교를 한다. 좌우를 살피지 않는다.

한국교회는 타문화권 선교에 청년기를 맞았다. 목표도 중요하지만 방향은 더 중요하다. 성공 선교도 중요하지만 실패 교훈은 더 중요하다. 혼자 100점 맞는 선교사보다 70점 선교에 30점을 협력에 보태는 선교가 더 낫다. 혼자 박수갈채를 받으며 테이프 끊는 선교보다 협력하여 공동으로 박수를 받는 선교가 더 중요하다.

단거리 선수보다 장거리 선수가 더 중요하다. 현지의 문화와 세계관을 무시하고 선교하는 것보다 현지 문화와 세계관을 이해하고 선교하는 것이 더 중요하다. 현지인이 선교사 밑에서 사역하는 것보다 선교사가 현지인 밑으로 들어가 사역하는 시대가 와야 한다. 선교사가 필요해서 선교지에 가는 선교가 아니고 현지 교회가 필요해서 선교사가 가는 선교가 필요하다. 사역! 방향을 정확히 보고 천천히 하라.

코이노니아와 선교

하나님은 인간을 창조하실 때 영적 거장으로 만들지 않고 작은 공동체를 세워 가도록 만드셨다. 기독교 세계관의 핵심은 하나님의 형상(Image of the God) 회복에 있다. 하나님의 형상의 기초는 코이노니아(Koinonia)이다.

"우리의 형상을 따라 우리 모양대로 우리가 사람을 만들고"(창 1:26)

삼위일체 하나님의 인간 창조의 목적이다. 창조주의 의도를 정확히 파악하는 것은 원리대로 사는 일이다.

하나님은 코이노니아 하나님이다. 하나님의 존재 방식은 코이노니아이다. 코이노니아는 성부·성자·성령의 삼위일체 하나님이다. 인간은 코니노니아 하나님과 교제할 때 행복이 있다. 하나님이 인간을 만드실 때 코이노니아를 할 수 있도록 만들었다. 공동체의 최소 단위인 가정을 만드셨다. 하나님이 아담과 하와가 만드셨을 때는 완전했다. 인간이 하나님과 코이노니아의 단절이 생긴 것은 뱀의 유혹 때문이다. 인간의 근본적인 문제는 죄였다. 죄는 불순종이다.

"여호와 하나님이 그 사람에게 명하여 이르시되 동산 각종 나무의 열매는 네가 임의로 먹되 선악을 알게 하는 나무의 열매는 먹지 말라. 네가 먹는 날에는 반드시 죽으리라."(창 2:16-17)

선악과는 독이 있는 것이 아니다. 하나님과의 코이노니아 관계를 위한 약속이다. 생명나무는 선악과 관계가 없다.

인간의 타락은 하나님의 말씀에 불신에서 왔다. 불신의 결과가 타락이다. 불신이 하나님과 코이노니아를 깨뜨리고, 하나님과의 신뢰를 깨뜨렸다. 하나님과의 신뢰가 없을 때 코이노니아가 이루어지지 않는다. 인간의 근본적인 회복은 하나님과 코이노니아의 회복이다.

마귀가 원하는 것은 인간과 하나님과의 코이노니아를 깨는 일이다. 성경의 근본적인 원리로 접근해야 선교를 바로 할 수 있다. 하나님과의 관계가 깨지면 마귀에게 이끌려 다닌다. 인간의 최초 사랑 고백이 있었다.

"이는 내 뼈 중에 뼈요 살 중에 살이라."(창 2:23)

하나님과 코이노니아 관계 속에서 감격이다. 하나님과의 교제가 없을 때는 이러한 감격이 사라졌다. 코이노니아는 수직적으로 하나님과의 관계이고, 수평적으로는 인간과의 관계이다. 선교의 기초는 하나 된 모습이다. 선교지에서 하나의 공동체가 되면 사탄이 안다. 선교지에서 건강한 공동체만 있어도 선교는 절반은 한 것이다. 선교지에서 성령으로 하나가 되기만 해도 절반은 선교했다. 주님은 공동체 안에서 일하신다. 코이노니아가 없는 선교는 의미가 없다. 코이노니아가 없는 영웅 선교사나 코이노니아가 없는 프로젝트나 코이노니아가 없는 토착교회나 코이노니아가 없는 선교 단체는 의미가 없다.

바울 사도는 말한다.

"그는 우리의 화평이신지라. 둘로 하나를 만드사 원수 된 것 곧 중간에 막힌 담을 자기 육체로 허시고"(엡 2:14)

주님은 코이노니아의 회복을 위해 십자가를 지셨다. 성경은 우리와 하나로 되기를 바라신다. 하나님과 하나 되는 것이 행복하다. 선교 지향점이 코이노니아로 가야 한다. 예수님은 코이노니아를 원하신다. 예수를 따르는 자는 코이노니아가 선행되어야 한다.

선교는 평화스러운 가운데 이루어져야 한다. 천국을 누리지 못한 상태에서 선교는 이루어지지 않는다. 선교에서 추구하고 지켜야 할 것은 동역자의 연합이다. 선교 코이노니아를 위해 대가를 지불해야 한다. 동역자들의 성품을 고치려 하지 마라. 있는 그대로 상호 용납하라. 코이노니아 선교가 영혼을 살린다.

제3장
선교의 비전(Vision)

갈매기의 꿈, 비전의 신을 싣고 나른다.

갈매기들은 결코 비틀거리지 않으며 중심을 잃고 속도를 떨어뜨리는 법도 없다. 공중에서 비틀거린다는 것은 그들에겐 불명예요 치욕이다. 하지만 조나단 리빙스턴은 부끄러워하지 않고 부들부들 떨리는 힘든 선회를 위해 또다시 날개를 뻗치면서 - 천천히, 천천히, 그리고 다시 한 번 비틀거리는 그는 정녕코 보통 새는 아니었다.

"대부분의 갈매기들은 비상(飛翔)의 가장 단순한 사실-먹이를 찾아 해안으로 부터 떠났다 다시 돌아오는 방법 이상의 것을 배우려고 마음 쓰지 않는다. 대부분의 갈매기들에게는 문제가 되는 것은 나는 것이 아니라 먹는 것이다.

그러나 이 갈매기에게는 중요한 것은 먹는 것이 아니라 나는 것이었다. 어떤 것보다도 한층 더 조나단 리빙스턴은 나는 것을 사랑했다."[12]

초기 선교를 준비하며 조나단 리빙스턴 시걸(Jonathan Livingston Seagull)의 꿈이 있었다. 갈렙처럼 이 산지를 내게 달라고 했다. 산지가 어딘지 모르지만 어려운 지역을 기도했다. 무식하면 용감하다. 바위에 달걀을 던지는 심정이었다. 뿌려도 열매가 없었다. 처음 이슬람 지역으로 와서 후회도 많이 했다. 돌아가려고 몇 차례 짐을 싸기도 했다. 그러다가 멀리 보는 관점으로 생각을 바꾸었다. 갈매기 꿈을 갖게 된 것이다.

가장 높이 나는 갈매기가 가장 멀리 본다. 소수의 깨어 있는 자들은 이와 같은 맹목적 삶의 수준에 머물지 않고 진정한 자아를 찾아 보다 높은 질서를 향해 끊임없는 추구를 계속한다. 맹목적 선교사적 삶의 수준에 머물지 않았다. 높은 질서를 향해 도전했다. 함께할 수 있는 동역자들이 오도록 기도했다.

세월이 흘렀다. 한국 사역자들이 미국 사역자들을 제치고 제일 많이 사역하는 현장이 되었다. 조금씩 사역이 자리 잡히기 시작했다. 현지인 지도자, 외국 사역자 협의회, 한인 사역자 협의회 모임을 통해 협력의 장이 열렸다. 지금은 현지인에 의한 신학교 설립을 진행 중이다. 갈매기의 꿈처럼

---

12) 리처드 바크 저(이덕희 역), 「갈매기의 꿈」 문예출판사, 1995. p.14

'사랑을 행하기 위해서' 자신이 터득한 진리, 즉 어떤 것을 스스로 진리를 알 기회를 얻고 싶어 하는 갈매기들에게 나누어 주는 것이라고 생각했다.

"가장 높이 나는 갈매기는 가장 멀리 본다."

갈매기 비전을 가슴에 품고 선교지에서 높이 날아라.

하나님 나라(The kingdom of God) 선교

하나님 나라의 개념에는 두 개 왕국(Kingdom)이 있다. 천국(天國) 개념과 신국(神國)개념이다.[13] 전자는 장소적 개념이고, 후자는 시간적 개념이다. 전자는 미래적 개념이고 후자는 현재적 개념이다. 전자는 다가올 천국을 소유할 개념이고 후자는 현재의 하나님 나라의 통치와 주권을 인정하는 개념이다.

하나님 나라의 두 왕국 개념을 이해함이 필요하다. 사복음서 저자 중 마태는 천국 개념으로 하나님 나라를 강조했다.

"그 때에 천국은 마치 등을 들고 신랑을 맞으러 나간 열 처녀와 같으니"(마 25:1)

누가는 신국 개념으로 하나님 나라를 강조했다.

"가난한 자는 복이 있나니 하나님 나라가 너희 것임이요."(눅 6:20)

---

13) 존 브라이트 저,(김인환 역), 「하나님의 나라」 크리스챤 다이제스트, 2000. p.38

다가 올 하나님의 천국과 현재 하나님 나라 통치 사이에 개념 이해가 필요하다.

하나님 나라는 미래적 천국을 사모하고 현재적 하나님 통치와 주권을 인정하며 살아야 한다. 청교도 신학의 핵심은 어제 주님이 십자가에 죽으시고 오늘 부활하셔서 내일 다시 오실 것을 기대하며 사는 것이다. 하나님 나라의 두 왕국 개념을 청교도들은 잘 이해했다. 다가 올 천국만 생각하고 현재적 하나님 나라의 통치를 잊는다면 하나님 나라의 통치를 잃게 된다.

현재적 하나님 나라와 다가 올 천국을 사모하며 살아가는 성도가 개혁주의 성도이다. 기독교 이단들이 다가 올 천국을 지나치게 강조한 나머지 극단에 빠졌다. 근본주의 성도들은 현재적 하나님 나라에만 관심을 갖으며 신앙의 매너리즘에 빠졌다.

"천국은 마치 신랑을 맞으러 간 열 처녀와 같으니"

"심령이 가난한 자는 복이 있나니 하나님 나라가 그들의 것임이요."

두 왕국 사이의 개념을 확실하게 정립할 필요가 있다. 선교는 두 왕국 개념을 강조해야 한다. 종말론적 신앙과 현재적 하나님 나라의 통치가 균형을 이루어야 한다. 하나님 나라에는 장소적 개념이 있다. 하나님 나라에는 현재적 시간 개념이 있다. 영원한 천국에서 주님과 함께 사는 기쁨도 필요하지만 현재적 주님의 통치와 주권을 인정하고 일용할 양식과 함께 사는 기쁨도 필요하다. 두 왕국의 구조에서 어디에 강조를 두느냐에 따라 극단의 위험이 있다.

　지금은 하나님 나라에 대해 바른 개념 정리가 필요하다. 선교지에서 하나님 나라에 대한 개념 정리가 되지 않으면 종말론적 신앙과 하나님의 통치와 주권을 인정하며 살기가 힘들다. 장소적 개념의 하나님 나라, 시간적 개념의 하나님 나라가 균형을 이루어 현재는 이 땅에 천국을 맛보며 미래에는 천국에서 영원히 살 것을 기대하며 살아야 한다.

사랑의 하나님과 선교

　"하나님은 사랑이시라."(요1 4:8)

　사도 요한은 신학적인 무거운 주제를 한 문장으로 담아내고 있다. 초대 기독교의 첨예한 대립은 삼위일체 하나님의 신학적인 위치였다. 기독교 8차 종교회의가 이런 무거운 주제들을 다루고 있다. 대표적인 예가 단성론자인 아폴리나리스(Apollinaris, 칼케돈 종교회의)이었다. 그리스도의 신성은 인정했지만 인성은 인정하지 않았다. 신인양성론은 기독교의 무거운 주제이다. 하나님이 인간의 몸을 입고 이 땅에 성육신하신 사건이다. 그분은 하나님이자 예수님이다. 그는 베들레헴에서 탄생하시고 목수의 아들로 우리처럼 인간의 언어를 배우시고 30년 간 침묵하며 사셨다.

　삼위일체 하나님의 속성을 이해함이 중요하다. 하나님은 창조하시고 성자와 성령은 조력하셨다. 성자는 구속하시고 성부와 성령은 조력하셨다. 성령은 역사(役事)하시고 성부와 성자는 조력하셨다. 창조, 구속, 역사는 삼위일체 하나님의 온전한 협력이다. 온전한 삼위일체 하나님의 속성을 이해하지 못하고는 복음의 핵심을 잃는다.

하나님의 사랑의 극치가 요한복음 3장 16절에 나타났다.

"하나님이 세상을 이처럼 사랑하사"

하나님의 사랑은 인간 언어로 적절하게 표현할 길이 없기에 '이처럼'이라고 표현한 것이다. 하나 뿐이 없는 독생자를 주시기까지 인간을 사랑하셨다. 하나님의 사랑은 이처럼 위대하고 놀랍다. 하나님의 사랑은 이처럼 형언할 길이 없다. 하나님의 사랑은 이처럼 독생자를 주시기까지의 사랑이다.

선교의 기본은 사랑이다. 사도 요한의 심정을 닮고 싶다. 보이는 형제를 사랑하지 않는 자가 보이지 아니하는 하나님을 어찌 사랑할 수 있느냐고 질문한다.

현지인을 사랑하라. 그것은 선교의 기초 덕목이고 정석이며 선교의 첫 발걸음이다. 선교는 사랑하는 데서부터 시작한다. 위대한 사역은 사랑으로부터 나온다. 사랑은 조건이 없다. 사랑은 주는 것이다.

"선교는 우리가 사랑하기에 선교지에 와서 현지인을 섬기는 것이다. We love, We go, We serve."

사도 요한은 이처럼 신학적인 무거운 주제를 어떻게 한 문장으로 담을 수 있었는가? 부활하신 주님을 만났기 때문이다. 선교에 대해 고민하며 무거운 숙제를 풀어 간다. 사랑이 없는 선교는 허공이다. 사랑이 없는 선교는 순간이며 오래가지 못한다. 사랑이 없는 선교는 모래성이다. 사랑이 없는 선교사는 아름다운 선교사로 현지인 마음속에 남지 못한다.

개혁주의 예정론이 지금이야말로 필요하다

개혁교회는 존 칼빈의 「기독교 강요」를 이해하는데 접근이 달라야 한다. 15세기 중엽 프랑스에서는 위그노 대혁명이 일어났다. 당시 칼빈이 성도의 경건의 삶을 제시하며 제네바 강단에서 설교한 것이 「기독교 강요」다. 가톨릭 교황권이 절정에 달하던 암흑기에 외롭게 전한 말씀이 「기독교 강요」다. 가톨릭 구원론에 봉기를 들고 싸운 사자후(使者吼)가 「기독교 강요」다.

개혁주의와 복음주의는 복음의 본질에서 있어서 같지만 성경 접근에서 다르다.

"성경이 가는 곳까지 가고, 성경이 멈추는 곳에 멈추는 것이다."

개혁주의의 핵심이 예정론이다. 예정론은 이중구원을 강조한다. 어떤 이는 구원에 이르도록, 어떤 이는 멸망에 이르도록 한다. 개혁주의 예정론과 알미니안주의 예지 예정과 첨예한 싸움이 있었다. 개혁주의 예정론은 인간의 전적 부패로 오직 하나님 은혜로만 구원이 있다는 견해다. 알미니안주의는 인간 이성을 강조하며 자유의지를 주셨다는 견해다. 알미니안 주의의 인간 의지가 하나님의 주권보다 강조되면 신앙의 첫 단추에 영향을 준다.

중세 가톨릭의 모순을 보고 마르틴 루터, 존 칼빈, 에라스무스(Erasmus)가 역사에 등장한다. 에라스무스는 처음에 가톨릭 권위에만 반기를 들었다. 그는 데카르트의 영향을 받아 인간의 자유의지를 들고 나섰다. 루터와 칼빈을 공격했다. 에라스무스의 인간 자유의지는 예지 예정과 밀접한 관계가 있다. 인간자유의지는 이성을 하나님의 은혜보다 위에 두었다. 에라스무스는 인본주의의 산실인 르네상스 운동에 영향을 주었다. 결국 하나님의 주권보다 인간 자유의지를 강조하여 인본주의가 생겼다.

예정론의 가치는 네 가지다.[14] 첫째, 하나님의 광선에 의한 자비다. 둘째, 하나님의 은혜에 의한 일방적 호의다. 셋째, 하나님께 영광을 돌리는 겸손이다. 넷째, 하나님의 영원한 언약에 근거한 구원에 대한 확신이다. 개혁교회는 예정론을 정확히 알아야 한다. 예정론에 대한 접근 방법에 있어서 주의할 점은 호기심을 억제하고 성령의 인도함을 받을 때 오만하지 않고 예정론을 이해할 수 있다. 예정 교리는 이성적 사색에서 찾는 것이 아니고, 성경에서 찾아야 한다. 종교 개혁자들은 이성 유용론을 인정하나, 인간의 한계를 인식해야 한다고 말했다. 인본주의자들은 이성 한계를 부정했다.

시대가 어두울수록 개혁교회들은 예정 교리에 침묵해서는 안 된다. 예지 예정에도 하나님의 구원은 있다. 건강한 신학을 가지지 못하면 신앙 성장에 지장이 있다. 신학의 골

---

14) 존 칼빈 저(김종흡, 신복윤, 이종성, 한철하 공역), 「기독교 강요」, 생명의 말씀사, 2003. p.499

격을 잘 세워야 신앙이 건강하다. 하나님이 예정하셨기에 예지가 있다. 하나님의 선택의 이중성을 알아야 은혜의 이중성이 이해된다. 인본주의자들은 하나님의 은혜가 공평해야 은혜라고 생각한다. 이것은 오해다. 하나님의 은혜가 불공평함은 하나님의 값없는 전적 은혜다. 이스라엘을 하나님이 선택하실 때 공동체로 선택하셨지 남은 자로 선택하지 않으셨다.

한국교회는 인본주의와 많은 부분들이 혼합되어 개혁 교회 골격이 흔들리고 있다. 칼빈주의 교회관이 표류하고 있고, 이단에 대한 분별력이 없다. 또한 정치 이권과도 밀접해 있다. 중세 가톨릭과 별 차이가 없다. 기억해야 한다. 인본주의는 후기 계몽주의 시대를 거쳐 포스트모더니즘과 뉴에이지를 낳았다. 지성의 상아탑 속에 감추어진 서구 학문들이 다음 세대 기독 청년들의 가슴에 파고들어 진리를 상대화시켜 버렸다. 오늘의 젊은 기독 지성들은 얄팍한 인본주의 학문으로 성경의 진리를 쓰레기통에 버렸다. 심각한 중병을 앓고 있다.

지금이라도 늦지 않았다. 역사의 재조명이 필요하다. 미래를 보고 오늘의 당면한 문제를 직시해야 한다. 개혁주의는 기독교 세계관을 가지고 예정론에 기초를 바로 세워야 한다. 지금이야말로 선교지에 칼빈의 개혁주의 예정론이 필요하다.

에든버러 세계선교대회(WMC) 100년을 회고하며

1910년 스코틀랜드 에든버러에서 세계선교대회가 열렸다. 이 대회는 선교 패러다임의 전환을 가져 왔다. 대회 주제는 "이 세대 안에 세계를 복음화 한다."(The Evangelization of the world within this generation) 이것은 복음 전도의 역동성을 분출시켰다. 19세기 낙관주의 인간관과 역사 진보 사상을 바탕으로 복음 전도에 의한 역사의 변화를 내다보았다. 주된 관심은 교회의 복음 전도와 선교에 대한 사명에 있었다. 위대한 선교 위임 명령의 수행을 일치 확인했다. 주어진 일치(God-given unity) 안에서 선교 방법을 서로 배우고 선교 사역에 협력하기로 결의했다.

에든버러 선교대회는 두 가지 관점에서 진행되었다. 소극성과 적극성이다. 소극성은 인류의 최선의 윤리적 성취가 새 하늘과 새 땅의 도래로 보았다. 그러나 십자가에 계시된 세상에 대한 하나님의 심판과 부활을 통한 새 창조의 세계, 새 하늘과 새 땅의 역동성에 대한 관심은 보이지 않았다. 적극성은 낙관적인 인간 이해와 산업 혁명과 과학 기술의 발전이 가져다 준 영향 아래에서 인간 회복과 도덕 왕국 건설이 선교의 최대 과제로 삼았다.

십자가의 복음(회심)에 초점을 둔 기독론적 선교에 집중했다. 교회는 예수 그리스도의 복음의 요람이다. 복음은 현재, 미래를 위한 구원의 복된 소식이다. 하나님이 죄인에게 주신 은혜의 선물은 십자가에 달리셨다가 부활하신 예수 그리스도이다. 복음은 죄인들을 하나님께로 돌아오라고 부르는 예언자적 부름이다. 복음은 사회적 중생을 가능하게 하는 힘의 근원이다. 그리스도를 전하는 것만이 선교의 동기이다.15)

에든버러 선교대회는 1952년 빌링겐(IMC) 국제선교대회를 기점으로 선교의 방향이 급선회했다. 그리스도의 복음, 회심에 대해 관심을 갖지 않았다. 예수 그리스도의 십자가를 통한 구원에 초점을 둔 기독론적 선교 대신에 하나님 선교(Misio Dei)를 표방했다. 삼위일체 하나님이 전 우주 만물을 주관하듯 교회가 하나님의 방식으로 정치, 사회, 문화, 종교 등 인간의 모든 삶의 영역에 선교사를 파송하여 그 영역 안에 하나님 나라가 이루어지도록 한다는 선교 개념이다. 하나님 나라의 선교 개념은 교회를 선교의 대행자(The agent)로 보며, 파송 받는 자들이 무엇을 외치기보다 모든 영역에 파송을 하는 것이 중요하다.

결국 하나님 선교는 복음 전도와 회심, 교회 설립에 관심이 없고 사회 참여를 선교의 주 과제로 삼았다. 선교의 초점이 복음화가 아닌 인간화로 변했다. 선교가 마르크스주의를 도입했다. 선교가 폭력을 정당화했다. 남미를 중심으로 해방신학이(1971년) 태동되었다.

한국선교는 에든버러선교대회 100년을 회고하며 점검이 필요하다. 영혼 구령과 회심에 초점을 맞춘 선교를 해야 한

---

15) 최덕성 저, 「에큐메니칼 운동과 종교다원주의」 본문과 현장 사이, 2006. pp.120-122 (The World mission of christianity: Massage and Recommendation of the enlarged meeting of the IMC held at Jerusalem, March 24-April 8, 1928.(New york: IMC 1928), 8.

다. 복음에 관한 선교에서 복음 전파 선교로 초점을 맞춰야
한다. 선교기지 중심, 선교센터 중심 선교에서 사람을 키우
는 선교로 전환해야 한다. 과거를 기억할 수 없는 사람은 그
잘못을 되풀이할 수밖에 없다. 망각은 우리를 다시 포로가
되게 하고 기억은 우리로 자유민이 되게 한다. 한국선교는
에든버러 선교를 배워야 한다.

예루살렘 지역 대회를 마치고

　지역 선교부 대표들과 각 나라 지부장들이 주님 탄생하
신 예루살렘에서 모였다. 54명 지역 대표 지부장들이 2박 3
일간 전략 회의를 가졌다. 이번 회의 주요 현안은 '현지 선교
부 재산의 선교부로의 이양 문제와 선교사 복지 정책과 노후
문제와 지역대표부 강화'를 주요 사안으로 다루었다.

　주님께서 탄생하시고 마지막 승천하시면서 다시 오신다
고 약속하신 장소인 예루살렘에서 회의는 의미가 있었다. 세
계 도처에서 20시간 넘게 비행기를 타고 동역자들이 왔다.
회의 참석자 중 내가 제일 인접한 나라에서 왔다. 중동은 겨
울 우기라서 텔아비브 공항에서부터 이른 비가 내렸다. 무역
수도 텔아비브에서 행정 수도 예루살렘까지 45분 정도가 걸
렸다. 나는 선교 20년 만에 처음 이스라엘에 갔다.

　선교부 부이사장인 이춘묵 목사가 개회예배 설교를 했
다. 본문은 마태복음 25장 14-25절, '착하고 충성된 종'에

대한 말씀이었다. 두 가지 핵심을 강조했다. 왜 착한 종이
되어야 하는가? 어떤 사람이 착한 종인가? 잔잔한 말씀이지
만 은혜가 되었다.

설교 후 바로 지역 대표 보고가 시작되었다. 중국, 인도
차이나, 실크로드, 남미. 일본, 동, 서부 아프리카 순으로 발
표했다. 다양한 지역의 다양한 사역 보고는 지역마다 특성이
있었다. 내가 경험해 보지 못한 망원경 시각을 갖게 되었다.
지부장들이 나라별로 보고를 했다. 아직은 경험이나 현장 지
도력이 약하지만 나름대로 선교의 시각을 가지고 열심히 일
하고 있음이 자랑스럽다.

창의적 접근 지역에서 보이는 열매가 없어도 묵묵히 사
역하는 후배들이 자랑스럽다. 이슬람 세력으로 한 치 양보
없이 서 있는 곳에서 일하고 있다. 사하라 이남으로 남진하
는 이슬람 세력을 저지하려고 열악한 아프리카에서 사역하는
모습이 감동적이다. 천주교 영향 아래 있는 남미에서 부흥하
는 남미 선교 열풍도 감사하다. 중국 선교가 실크로드가 등
받이 역할로서 중요하다. 공산주의 이데올로기가 무너져 최
근 사회주의 경제 체제로 된 인도차이나 지역은 머리에 무거
운 중국을 이고 있어 중요하다.

동창인 임 선교사 내외와 선교지에서의 가슴앓이를 나누
었다. 서부 아프리카 불어권에서 언어와 열악한 환경에서 싸
우며 지난 18년을 사역한 친구가 자랑스럽다. 초기에 전기가
없는 곳에서 살았지만 그때가 행복했다고 하는 자녀들이 자
랑스럽다. 우리는 중년이 되었다. 아이들이 모두 한국으로

갔다. 두 내외들이 빈 둥지를 지키고 있다. 친구이지만 신학교 시절에는 깊은 이야기를 나누지 못했다. 그러나 같은 선교의 길을 가면서 많은 공통점이 있다. 선교 핵심 가치를 나누며 현미경으로 사역지를 보았다. 망원경으로 전체를 보는 안목이 필요하다.

마지막 날 아침 말씀이 은혜가 되었다. 여호수아 7장 7-9절을 본문으로 하여 '아간의 범죄'에 대한 말씀이었다. 여호수아가 여리고 성 전투에서 승리하고, 아리 성 전투를 하는 아간 한 사람의 범죄로 말미암아 이스라엘이 고통을 당했다. 한 사람의 범죄였지만 온 이스라엘이 고통당하는 이유는 이스라엘은 공동체이기 때문이었다. 지도자 여호수아는 땅에 엎드려 공동체 이스라엘의 범죄를 회개했다. 주님이 그때 엎드린 여호수아에게 말씀하셨다.

"이제 일어나라."

선교는 엎드릴 때가 있고, 일어날 때가 있다. 지도자가 엎드려 있어야 할 때에 일어나면 문제가 된다. 일어나야 할 때 일어나 영향력을 발휘해야 한다.

선교를 되돌아본다. 지금은 선교지에서 조용히 엎드려 있을 때다. 주님 말씀을 들으며 역량을 집중하는 일이 필요하다. 선교 내공(內空)을 길러야 한다. 지금은 선교를 지휘하며 필드에서 사역할 때다. 날마다 주님과 동행하며 성령의 세미한 음성을 들을 때다. 지금은 선교 한 방향의 정렬이 필요하다. 20년 만에 방문한 예루살렘인데 회의만 하고 오려니 섭섭하다. 언제 조용히 성경을 펼쳐들고 아기 예수님께서 탄생한 베들레헴부터 다시 오시리라고 약속하신 예루살렘까지 걸어 보리라.

실크로드 전략 포럼을 마치고

실크로드 지역 선임 선교사들이 키르키즈스탄 이스쿨 호수에서 전략회의를 가졌다. 구소련 시절 공산당 서기장이 여름 별장으로 사용했던 호텔을 한국선교사들이 선교 전략회의 장소로 사용했다. 역사는 과거를 보고 현재를 알아 미래를 진단하는 학문이다. 역사는 안목이다.

중년이 된 사역자들이 노병(老兵)처럼 아름답다. 중년이 된 사역자들의 전투에 경험이 보이고, 그들의 구리빛 전투복에서 땀 흘린 모습이 보인다. 중년이 된 사역자들이 승리한 개가들이 들리기도 하지만, 때로는 그들의 지친 모습이 보인다.

그들은 선교지에 개척자들로 들어 와 많은 사역하며 시행착오를 경험했다. 틀이 없는 선교 상황에서 좌충우돌했다. 먼저 가 보지 않은 선교 길이었기에 눈물이 있었다. 공산주의의 이데올로기가 붕괴된 지 17년이 지났다. 달려 온 선교를 회고해야 할 시점에 왔다. 힘겹게 달려온 선교에 점검이 필요하다. 가슴앓이 했던 선교에 내려놓음이 필요하다. 프로젝트 선교에 궤도 수정이 필요하다. 혼자 열심히 하는 선교에 어깨동무 사역이 필요하다. 열심히 하는 속도 선교보다

방향이 필요하다. 문어발식 선교보다 전문성이 필요하다. 혼
자서 하는 람보 선교보다 윈윈(Win-Win) 선교가 필요하다.
과거를 자랑하는 선교보다 미래를 바라보는 선교가 필요하
다.

　한국선교는 비서구 세계 선교의 역할을 요구하는 시대적
요청에 직면해 있다. 우리가 서구선교 이론을 배웠으나 현장
과 달랐다. 서구선교 학문을 현장에 적용하는데 문화적 차이
가 있다. 서구선교 이론을 적용하기엔 체형이 맞지 않았다.
서구선교 유니폼을 입고 현장에서 뛰어 보니 현장과 이론의
틈이 많다. 서구선교 전략을 적용해 보니 상황화 할 수 없
다. 서구선교 데이터를 가지고 적용하니 차이가 크다.

　사역의 한 방향(Direction) 정렬이 필요하다. 선교 현장
(Fact)을 학문적으로 이론화할 필요가 있다. 선교를 전략화
(Strategy) 해야 할 시점에 왔다. 선교 네트워크(Network)를
구축할 필요성에 직면했다.16)

---

16) 이스쿨 실크로드 전략 포럼 선언문
　실크로드 지역 선임 선교사들은 2007년 5월 21-25일까지 키르기즈스
　탄 이스쿨 호수에서 전략회의를 가졌다. 공산주의 이데올로기의 붕괴
　이후 선교 16년을 회고하고 미래의 선교 방향을 논의했다.
　한국선교는 비서구 세계 선교의 역할을 요구하는 시대적 요청에 직면했
　으나 현장이 반영되지 않았다. 사역의 한 방향(Direction) 정렬, 선교
　현장(Fact) 이론화, 선교 전략화(Strategy), 선교 네트워크(Network)
　필요성에 직면했다.

실크로드 전략 포럼은 아래와 같이 결의를 하였다.

　1. 국제화 시대에 부응하는 선교 전략을 세운다.
　2. 실크로드 지역의 선교 회복에 앞장선다.
　3. 본질적 선교 사역에 충실한다.

실크로드 전략 포럼에 100여 명의 사역자들이 참석했다. 전체 포럼은 세 가지 방향에서 틀을 잡았다. 오전에는 주제 강의와 오후에는 분과, 전체 토의, 저녁에는 영성 집회로 했다. 오전 주제 강의는 세계화 관점에서 조동진 목사, 실크로드 회복 관점에서 이용규 교수, 분과 토의와 전체 토의는 분야별로 다루었다. 신학교 사역, 교회 사역, 캠퍼스 사역, 전문인 사역으로 나누었다.

한국선교는 이제 성숙 단계에 접어들고 있다. 선교 포럼을 통하여 방향을 잡아가고 있다. 세계 선교를 한국선교가 주도하지 않으려고 준비하고 있다. 정복 선교가 아니고 복음의 회복 선교를 고민하고 있다. 가르치는 선교에서 겸손히 배우는 선교를 고민하고 있다. 독주하는 영웅 선교보다 연합하여 함께 영광의 꽃다발을 주님께 드리는 선교를 고민하고 있다.

실크로드 전략 포럼을 마치고 집에 와서 메일을 열었다. 사랑하는 후배 메일이다.

사랑하는 이들과 나눕니다.
그냥 낙서입니다. 낙엽으로 열매를 익히듯
낙서로나마 우리 만남의 달콤함을

---

4. 선교사 도덕성 회복과 재정 투명성에 앞장선다.
5. 인재 양성(현지 신학교)에 역점을 둔다.
7. 전략적 선교 지역 연구를 위해 싱크탱크 연구소를 설치한다.

실크로드 전략포럼 참석자 일동
2007년 5월 26일

더하게 하고 싶었습니다.

이제는 저 자신을 그만 보고 당신을 보게 하소서
제가 저에게 가까운 것보다
당신이 저에게 가까이 계시기 때문입니다.

당신께 영광의 노래를 바치는 것이 찬양이 아닙니다.
부르짖음으로 당신을 돌아 세우는 것이 기도가 아닙니다.
당신과 제가 떨어져 있음을 입증하는 것일 뿐입니다.

이해한다 함은 같은 언어를 말하는 데 있지 않습니다.
같은 지혜를 말하는 데서 시작됩니다.
혀를 나누기보다 가슴을 나누고 싶습니다.

내게 들려온 나의 허물을 벗고 새 몸이 되라는
은총의 기회입니다.
타인의 허물을 내가 말할 때는
내 영혼의 썩은 냄새입니다.

사랑을 조건 없는 친절이라 했습니다.
섬김은 조건 없는 들어 줌이라 했습니다.
사랑하는 친구들이 있음으로 행복했습니다.
여러분과 우리라는 메시지를 들을 수 있어
더 행복했습니다.

각각 아름다운 보석으로 제자리에 있어
더욱 빛나는 가치들 사랑합니다.

AMA(Asia Mission Association) 임원 회의에 참석하며

말레이시아 쿠알라룸푸르(Kuala lumpur)에서 AMA회의가 열렸다. 매 3년마다 열리는 차기 터키 에베소 대회 준비로 모였다. 현재 의장은 인도네시아 야곱 목사가 하고 있으며 지역 임원들로 일본, 말레이시아, 인도, 인도네시아, 한국인으로 구성되었다.

아시아선교협의회는 1973년 조동진 목사를 중심으로 태동되었다. 32년 전, 조동진 목사는 "향후 서구선교가 퇴락될 것이며, 아시아인 선교가 시작될 것이다."라며 탈 서구화 선교를 부르짖었다. 당시 세계 선교학자들이 모인 자리에서 폭탄 같은 선언이었다. 많은 서구의 선교학자들이 비웃었지만 한 세기가 지난 오늘에 이르러 서구선교가 퇴락해 가는 지역에 아시아 선교사들이 자리매김을 하고 있다.

"바울이 그들을 떠나 제자들을 따로 세우고 두란노 서원에서 날마다 강론 하니라. 두 해 동안 이같이 하니 아시아에 사는 자는 유대인이나 헬라인이나 다 주의 말씀을 듣더라." (행 19: 9-10)

아볼로 같은 사람은 성경에 능한 사람인데 요한의 세례만 알고 성령을 알지 못한 사람이었다. 바울 선교를 보면 균형이 있었다. 제자들을 따로 세워 성경을 능하게 했으며, 한편 성령의 능력도 갖게 했다. 서구선교의 많은 장점이 있다. 전략도 자료도 노하우도 있다. 문제는 전략도 자료도 노하우도 중요하지만 선교의 기초를 든든히 해야 한다.

한국선교가 타문화권 선교를 본격적으로 시작한 것이 1980년도라고 본다면 불과 28년이다. 서구 200년 선교에 비하면 짧은 경험이다. 경험도 중요하지만 성경적 기초를 두고 선교하고 있는지 점검이 필요하다. 한국선교는 걸음마 단계이다. 선교를 논할 때가 아니고 배워야 한다. 성경적 바울의 선교를 배워야 한다.

최근 아시아 선교의 정체성에 대해 심심찮게 회자되고 있어 고무적이다. 아시아 선교사들이 아시아 체형에 맞은 유니폼을 입고 선교 현장으로 가서 선교해야 한다. 서구선교의 전략과 자료도 좋지만 한국인, 아시아인들의 특유한 감각과 느낌을 가지고 사역해야 할 때다.

한국선교사들이 영어가 어눌하다는 것 때문에 국제무대에서 힘을 쓰지 못한다. 동남 아시아인들을 보면 부러울 때도 있다. 이들은 보통 2-3개국 언어는 한다. 말레이시아인도 만나 보니 영어, 말레이어, 중국어 정도는 거의 한다. 부럽기도 하고 자존심도 상한다.

한국선교도 이제 역량을 키워 국제 선교 무대에 나가 파트너 선교를 시작해야 한다. 세계가 국가 블록이 무너진 상황에서 독불장군은 없다. 다가오는 중국 선교사, 엄청난 인구를 가진 인도 선교, 다문화권 다중언어를 구사하는 말레이시아 선교사들이 점진적으로 세계 선교 추수 터로 나오고 있다. 아시아선교협의회가 이런 맥락에서 가교 역할을 할 것으로 기대된다. 아시아 선교사들이 다가오고 있다.

21세기 선교 신학 정립의 필요성
(Indispensability of Initiation of the 21st Century Theology of Mission)[17]

"선교는 전통적으로 역사 신학의 일부였다."

「기독교 확장사: A History of the Expansion of Christianity」 라는 거작(巨作)을 저술한 예일대학교의 역사학 교수 케네스 라토렛(Kenneth Latourette)의 말이다.[18]

1960년대까지 미국의 모든 신학교에서는 역사 신학에서 세계 선교를 부분적으로 강의할 뿐 선교학을 독립적 학문으로 취급하지 않았다. 선교를 성경 신학의 일부로 가르쳐 온 것은 주로 성경 대학(Bible College)에서였다. 성경 신학이 주를 이루는 달라스신학교에서는 선교학을 성경 신학의 일부로 채택하고 있었다. 달라스신학교의 조지 피터스(George Peters)는 「선교의 성서 신학: Biblical Theology of Mission」 이라는 저서로 선교학을 성서 신학의 일부로 자리 잡게 한 거장이었다.[19]

선교 신학(Theology of Mission)은 역사적으로 실천 신학 (Practical Theology)에서 다루어진 일이 없다. 1960년 말 풀러신학교에 선교대학원이 생긴 후 신학교마다 선교대학원을

---

17) 조동진, 21세기 선교 신학 정립과 선교 전략 개발(PART THREE: Initiation of the 21st Century Theology of Mission and Development of Mission Strategies)의 강의안을 저자의 허락을 받아 실었다.

18) Kenneth Latourette, *A History of the Expansion of Christianity* (Grand Rapids, Mich: Zondervan)

19) George Peters, *Biblical Theology of Mission* (Grand Rapids, Mich.: Zondervan)

설치하였다. 선교대학원이 세속 학문을 선교에 응용하는 '선교학'(Missiology)이라는 응용 신학(應用神學)으로 독립하기 시작했다.

1970년대 이후 '선교학'에서 '역사 신학'과 '성경 신학' 부분이 약화(弱化)되기 시작했다. '교회 성장학(Church Growth)'이라는 '실천 신학' 분야로, '문화 인류학(Cultural Anthropology)' 중심으로, '커뮤니케이션'과 '연구 방법론(Research Methods)' 중심으로 전환하기 시작했다. 경영학자 출신 제임스 엥겔(James Engel)이 창안한 소위 '엥겔스 스케일(Engel's Scale)'이라는 이론이 등장하기 시작하면서 소비자 중심 원리(consumer principle)와 마케팅 원리(marketing principle)까지 선교학의 위치를 침범하여 미전도 종족 원리(unreached people principle)가 선교학의 중심을 차지하기에까지 이르렀다.

20세기 말에 와서는 정보 기술(information technology/IT)이 선교학에 도입되어 종교의 각종 데이터와 통계 연구를 선교학의 중심으로 삼는 '미시오 메트릭스(Missio-metrics)'가 크게 유행하기 시작했다. 미시오 메트릭스를 선교학의 중심으로 끌어올린 것은 데이비드 바렛(David Barrett)과 토드 존슨(Todd Johnson)이다.

KRIM 원장 문상철은 한국선교가 글로벌 리더로서 자리매김을 하기 위해서는 "정보 기술에 근거한 선교 패러다임의 전환을 시도할 추진력"을 가지고 21세기의 선교를 선도할 필요를 강조한다.

정보 기술은 습득해야 할 요건이지 선교의 글로벌 리더십의 충족 요건이 될 수는 없다. 미시오 메트릭스와 인포매틱 사이언스(informatic science)를 의존하는 오늘의 선교학적 추세는 지나치게 강조된 성장과 팽창 위주의 21세기 정보 과학만이 선교학의 글로벌 스탠더드(Global standard)라고 생각하도록 오도(誤導)하고 있다.

어떻게 현대의 서구선교 신학이 오늘의 패턴을 변화시킬 수 있을까? 성령의 전능하신 권능을 근원으로 하는 사도 적 선교의 원리로 회귀(回歸)하지 않고는 세속적 학문에 기초한 어떤 선교학도 이 세계의 복음에 항거하는 장벽을 무너뜨릴 수 없다.

사도적 열의와 효율성을 재현할 수 있기 위하여 지난 세기와 다른 21세기 선교 신학의 새로운 차원이 반드시 발견되어야만 한다.

선교를 다음과 같은 방향으로 옮겨 놓을 수 있는 21세기 선교 신학을 정립해야 한다.

① 정복적 선교로부터 사랑과 소망의 선교로;
② 식민주의 선교로부터 화해와 평화의 선교로;
③ 문화이식 선교로부터 선교의 현지 문화에 적응하는 상황화 선교로;
④ 교파 확장 선교로부터 민족 자율적인 교회 설립을 돕는 선교로;
⑤ 일방통행적 선교로부터 쌍방 통행적 선교로;
⑥ 한 선교지에 대한 항구적 정착 선교로부터 사도적인 비 거주 순회 선교로;
⑦ 제도적 선교로부터 유연성 있는 사도적 선교로;

⑧ 성직자 중심의 선교로부터 평신도 직업 선교로;
⑨ 연구 중심의 선교 추세로부터 영적 능력에 기초한 전도적 선교로;
⑩ 개발 중심 선교로부터 종말론적 선교로;

21세기 선교의 새로운 패러다임을 배워야 한다. 서구 제국주의 선교 방식을 반복하지 않아야 한다. 제 3세계 선교사들과 함께 동반자 선교를 시도해야 한다. 산모 선교사가 아닌 산파 선교사로 괘도 수정해야 한다. 한국선교사들이 어떤 사역에 종사할지라도 선교 현지에서 복음 전파(전도) 현장을 놓치지 않아야 한다.

지식 노동자 시대와 선교

우리는 지적 자본이 지배하는 지식 노동자 시대에 살고 있다. 과거 생산비의 80%는 자재가 차지했고, 20%만 지식이 차지했다. 지금은 자재가 30%, 지식이 70%로 역전되었다. 스튜어트 크레이너(Stuart Crainer)는 그의 책 「경영의 세기」에서 피력했다.

"정보 시대는 지식 노동을 중시한다. 재능 있는 사람의 채용, 재교육, 양성이 경쟁력의 핵심이라는 인식이 확산되고 있다."

피터 드러커도 역시 「미래의 경영: 1990년대와 그 이후」 이라는 책에서 밝혔다.

"지금부터 중요한 것은 지식이다. 세계는 노동 집약, 자재 집약, 에너지 집약이 아닌 지식 집약을 향해 가고 있다."

현대 경제는 지식 노동에 기초한다. 지식 노동은 인간의 또 다른 표현이다. 오늘날 상품과 서비스에 부과되는 가치의 80%가 지식 노동에서 온다. 지식 노동자 경제이다. 부의 창출이 돈과 일에서 사람으로 이동했다. 결국 가장 큰 투자는 지식 노동자에 대한 투자이다. 조직의 급여, 수당, 스톡옵션, 인력 충원, 교육비를 통해서 지식 노동자들에게 얼마가 투자되는지가 성패의 관건이다. 질 높은 지식 노동자들이 중요하다. 그들의 능력 개발은 조직에 가치 창출의 기회를 제공한다. 지식 노동 조직이 모든 투자 효과를 극대화한다. 지식 노동자들은 조직의 모든 투자를 관리한다.

한국선교는 세계 선교사(史)에 유래를 찾기 힘들 정도로 발전했다. 엄청난 선교사(지식 노동자)들을 해외로 보냈다. 과거 중국 내지 선교 시대나, 윌리엄 캐리의 해양 선교 시대와는 달리 현대 선교의 틀이 큰 변화를 가져왔다. 세계는 국가 간에 국경이 무너졌다. IT 산업 물결이 기본 경제 기초를 흔들어 놓았다. 급변하는 시대에 선교가 어디에 초점과 힘을 주어야 할지 고민해야 한다. 지난 세기 서구선교는 힘의 선교를 했다. 의료 선교, 교육 선교, 사회봉사, 구제 선교를 했다. 이런 선교는 물질과 밀접한 관계가 있다. 경제적 힘이 없으면 못한다. 아프리카와 남미가 물질 선교의 수혜를 입은 대표적인 나라들이다. 결국 남미는 명목상 기독교로 전락했고, 아프리카는 산불처럼 이슬람이 사하라 서부 이남으로 급선회하고 있다.

힘의 선교는 한계가 있다. 이제는 선교 드라이브를 물량과 프로젝트에 걸지 말고 지식 노동자인 선교사들에게 걸어야 한다. 한국선교의 사활이 걸린 문제다. 가장 중요한 인적자원인 선교사들에게 투자해야 한다. 선교사의 연장 교육, 부단한 자기 발전, 부모의 대(代)를 잇는 선교사 자녀 교육투자 등 지식 노동자들에게 투자해야 한다. 한국선교는 향후 10년 안으로 17%의 은퇴 선교사들이 나온다. 선교 경험과 지식을 가지고 있다. 군인으로 말하면 노병(老病)이 아니고, 노병(勞兵)이다. 지식 노동자들이다.

한 가지 기억해야 한다. 어린아이가 천재로 노벨상을 수상할 수는 있지만 인생 자서전을 썼다는 이야기를 들어 보지 못했다. 선교 경험은 중요하다. 대안을 마련하고 선교 지식 노동자들의 활용 방안을 연구해야 한다. 한국선교의 살 길이 여기에 있다. 미래 선교는 선교 지식이 집약된 나라가 세계선교를 주도할 수 있다.

"황혼이 밝아오는 아침보다 아름답다."

열정 있는 젊은 선교사들의 사역 현장도 아름답지만, 흠 없이 꽃다운 젊음을 바쳐 선교를 마무리하고 조국으로 돌아오는 선교사들은 더 아름답다.

지식 사회와 선교

경영학의 대부인 피터 드러커는 다음 사회(Next Society)를 이렇게 정의했다.[20]

"다음 사회는 지식 사회다."

지식 사회란 세 가지 특징이 있다. 첫째, 국경이 없다. 지식은 돈보다 훨씬 쉽게 이동한다. 둘째, 상승이 쉽다. 현대는 학위를 정규 대학에서 받지 않고도 인터넷을 통해 얼마든지 받을 수 있다. 셋째, 성공, 실패의 가능성도 높다. 어떤 사람도 생산 수단에 대한 지식이 있기에 성공과 실패를 더할 수 있다. 지식은 상속이나 생산 수단과 다르다. 지식은 모두 다 무지에서 출발한다. 지식은 공공 자산이다. 지식 사회는 이동 사회다. 지식은 신분과 관계없이 상승 이동한다. 21세기는 더 이상 오를 곳이 없는 지식 고원이다.

한국선교가 저마다 열심히 달려가는데 방향(Direction)이 불분명하다. 방향이 불분명하면 좌충우돌한다. 선교에 대한 지식 부족이다. 열심히 하는데 효율성이 없다. 2,000달러 선교사가 200달러 선교를 한다. 한국선교가 사역 현장에서 가는 선교보다 불러 오는 선교(센터 중심 선교)를 한다. 선교지가 필요해서 선교사가 간 것이 아니고, 선교사가 필요해서 선교지에 갔다. 한국선교 정체성이나 아시아인의 특성을 살려 사역하는 것이 아니고, 서구선교 실패를 답습하며 사역을 하고 있다. 불러오는 선교는 쉽다. 건물이나 센터를 지어 놓

---

20) 피터 드러커 저(이재규 역), 「미래 사회」 한국경제신문, 2003년. p. 163

고 부르면 얼마든지 온다. 가는 선교는 어렵다. 현지인 눈높이로 다가 가 그들의 필요를 알고 하는 사역이다. 차원이 다르다. 서구선교가 200년 동안 불러 오는 선교를 했다. 병원, 학교, 양로원, 고아원을 지었다. 엄청난 물량 선교와 힘의 선교를 했다. 물량과 힘은 언젠가 고갈과 한계가 있다.

한 사회학자의 지적을 보라. 1850-1900년까지만 해도 사회 이동이 제한되었다. 부모가 농부이면 자녀는 당연히 농부였다. 도시화 현상, 사회 이동 현상이 극히 제한되었다. 하류층과 상류층이 달랐다. 인도의 카스트 제도(Caste system)와 같았다. 1800년대만 해도 미국 명문 대학들은 하류층 자녀 입학을 거절했다. 지식 사회인 오늘은 신분과 관계없이 상승 이동하는 시대다. 오늘날 교육이나 신분 때문에 지식 사회에서 활동 제한된 일은 없다. 지식이 상승 이동했다.

선교에도 무관하지 않다. 현대 선교는 지식 사회다. 선교 역사, 성경적 선교, 상황화, 토착화 작업을 성경적 관점에서 시도하여 현지 필요에 따라 사역을 시도해야 한다. 지식은 공유할 때 힘이 있다. 선교사의 화려한 사역 보고를 들으며 감동하는 시대는 지났다. 인터넷이 안방을 지배하는 지식 사회에서 아프리카 오지, 시베리아 찬바람 선교 보고에 더 이상 감동하지 않는다. 감동 선교 시대는 지났다. 선교 지식을 가지고 지혜롭게 사역해야 할 시기다.

최고 경영자와 최고부서 책임자(COO) 선교

최고 경영자를 CEO(Chief executive officer)라고 부르고, 최고부서 책임자를 COO(Chief operating officer)라 부른다. 최고 경영자는 조직이나 기업 리더다. 최고부서 책임자는 전문가다. 리더와 전문가는 동전의 양면이다. 훌륭한 리더라도 조직부서에 전문가를 가지고 있지 않으면 성공하는 기업이나 조직을 운영할 수 없다. 경영에서 두 기능을 양 날개로 표현한다. 뿌리와 전통이다. 두 기능 역할 분담을 잘할수록 성공하는 조직과 기업이 된다.

세계 자동차 업계에 1위를 토요타가 차지했다. 토요타가 30년 전부터 기업 철학을 세웠다. 향후 30년 후엔 세계 자동차 업계 1위이다. 목표대로 되었다. 도요타 경영 철학이 세 가지다. 정품(精品), 정량(正量), 정위치(正位置)다. 독일 자존심이었던 벤츠를 추월하기 위해 도요타는 렉서스 자동차를 시판했다. 렉서스를 시험 주행을 할 때 자동차 안에 물 컵을 놓고서 시속 120km로 달렸다. 놀랍게도 렉서스 차 안에 물 컵이 넘어지지 않았다. 속도와 승차감이 조화를 이루었다. 도요타는 경영자(CEO)와 부서 전문가(COO)의 조화가 오늘에 자동차 선두 주자가 되었다.

선교의 균형이 필요하다. 기업에서 최고 경영자와 부서 책임자에 완벽한 조화를 이루어 성공하는 기업이 되듯이 선교 신학과 선교현장의 균형 선교가 필요하다. 한국선교는 선교 신학의 부재다. 이제까지 선교 현장과 관계없는 서구 신학을 검증 없이 가르쳤다. 그래서 토착화하지 못했다. 아시아 신학이 없다. 서구선교 신학의 옷을 입혀서 현장으로 보냈다. 한국선교의 유니폼이 없이 서구선교 유니폼을 입고 뛰었다. 객관적 검증이 없다. 다윗이 골리앗과 싸웠던 전략이 없었다. 선교 본부는 CEO와 COO 전략을 세워 영적 선교지에서 승리할 수 있는 치밀한 계획이 필요하다.

한국선교의 대안이 있다. 한국선교사들은 감각(Feeling)과 적응력이 남다르다. 감각은 논리적인 사고가 아닌 통합적인 사고다. 적응력은 어디서나 한국인만이 적응할 수 있는 뛰어남이다. 전자가 탁월한 지혜라면 후자는 지구력이다. 두 날개를 균형 있게 활용한다면 탁월한 한국선교를 할 수 있다. 필요한 자원은 선교 최고 책임자와 부서 전문가들이 효과적인 선교 전략을 세워 영적 전투장으로 보내야 한다. 세계화 시대와 지역화 시대의 균형이 필요하다. "세지화(世地化, Glocalization)" 전략이 필요하다. 세계화 시야를 통해 지역에 대한 전문 식견이 필요하다.

현미경과 망원경은 어느 시대나 필요하다. 전문성과 최고 리더는 어느 시대나 필요하다. 훌륭한 리더와 한 분야 전문가가 상호 보완하여 세계 선교를 한다면 한국선교는 후회 없는 하나님 나라의 선교를 할 수 있을 것이다. CEO와 COO 조화를 이루어 선교가 선교되게 하라.

칼과 칼집 이야기21)

2002년 1월, 「거인들의 발자국」 저자인 한 홍 목사 말이다.

"칼은 콘텐즈(내용)나 지식과 노하우에 비유한다면 칼집은 칼을 제대로 쓰기 위해 필요한 도구다."

좋은 칼일수록 칼집도 좋다. 현대 학문은 칼 쓰는 법을 가르쳐 주어도 칼집 사용법은 가르쳐 주지 못한다. 칼집이 없는 칼은 아무 곳이나 마구 찌르고 베는 비극을 초래한다. 좋은 차일수록 브레이크가 잘 작동하듯이 칼집은 칼을 때맞게 사용하도록 하는 제어장치다.

친구 선교사 딸이 중앙아시아에서 중 고등학교를 마치고 러시아 음악의 본고장인 페테르부르크에 있는 국립음악원에 갔다. 어린 나이에 피아노를 배웠다. 교수 앞에서 연주를 했다. 곡을 감상하던 교수가 정색하며 말하길 "어디서 이 곡을 배웠느냐"고 했다. 피아노의 기교는 익혔는지 몰라도 자기가 치는 곡을 소화하지 못했다. 영혼 없는 음악은 음악이 아니다. 예술 세계도 기교만 가지고는 안 된다. 예술이란 인생 경험과 함께 깊이 녹여낸 영혼의 힘을 통해 만들 수 있다. 깊이는 단시간에 급조할 수 없다.

예수님도 공생애 준비를 위해 30년을 칼집에서 꽂혀 있었다. 모세도 애급에서 40년 궁중수업을 했다. 광야에서 40년 수업을 했다. 곤충학자에 의하면 매미는 한 번 울기 위해

---

21)한홍 저, 「거인들의 발자국」 두란노, 2001년, p. 80-82

7년을 기다린다. 칼집이 자기 절제라면 선교에서도 자기 절제가 필요하다. 선교사가 목회 자리가 있다고 바람처럼 사라져서는 안 된다. 사역 잘한다고 박수쳐 줄 때 빨리 내려올 줄 알아야 한다. 현지인이 언어를 잘한다고 할 때 노력을 그쳐선 안 된다. 현지인에게 하고 싶은 말이 있다고 다 해서는 안 된다. 인내하고 침묵하고 묵상하고 자기 절제하는 훈련을 계속해야 한다.

칼을 잘 보관해 주는 칼집에 있어야 한다. 좋은 칼집이야 말로 칼을 제때 사용할 수 있게 해 준다. 선교 칼집이 필요하다. 준비하는 사람을 쓰신다. 내용 없는 사람이 요란하다. 실력이 필요하다. 침묵 정진이 요구된다. 주님이 칼집에서 30년을 준비하셨다면 선교지에서 묵묵히 자리 위치를 지키는 훈련부터 받아야 한다. 좋은 칼일수록 칼집에 있어야 한다. 한국선교는 칼 쓰는 법은 배웠어도 칼집 사용법은 가르침을 받지 못했다. 선교 칼집이 없는 칼은 아무 곳이나 마구 찌르고 베는 비극을 초래한다. 현지인에게 상처를 준다. 좋은 차일수록 브레이크가 잘 작동하듯이, 성숙한 선교사일수록 칼을 때맞게 사용하는 제어 장치를 배워야 한다.

다름과 틀림의 차이

기독교 인터넷신문에 CBS와 극동방송을 비교한 기사가 나왔다. 제목이 "CBS는 진보 성향, 극동방송은 보수 성향?"

이었다. 기사를 쓴 기자는 CBS와 극동방송의 현저한 차이를 '다름'이라고 보았다. 기사에 대한 댓글에서는 CBS와 극동방송의 차이를 다름이 아니라 '틀림'으로 보았다. 좌익과 우익, 진보와 보수의 '다름'이 아닌, 참과 거짓, 선과 악의 '틀림'으로 봐야 한다. 오늘날 옳음과 틀림의 차이를 분별하지 못하는 데서 성도들이 혼란 가운데 있다.

성경에서 '좌로나 우로나 치우치지 말라'는 말씀이 있는 전후문맥을 살펴보라. 옳고 선한 길 – 여호와의 율법을 준행하고 지켜 행하는 삶 – 과 그 외의 잘못된 길에 대해 말씀하신다.(신 5:32; 28:14; 수 1:7).

여호와 하나님이 보시는 것은 옳고 선한 길을 강조하는 것이지 좌우를 강조하는 것이 아니다. 여호와 하나님께서 원하시는 삶에 충실해야 한다. 바로 왕이 모세에게 '하나님은 옳으시고(in the right), 자신은 잘못되었다(in the wrong)'고 고백하였다.

빛과 어둠이 어떻게 대등한가? 빛이 비치면 어두움은 사라지게 된다. 진리와 거짓이 대등할 수 없다. 진리가 드러나면 거짓은 꼬리를 감추고 사라지게 된다. 하나님과 사단은 대등한 수준이 아니다. 사단도 하나님의 손 안에 있다.

보수와 진보, 우파(Right)와 좌파(Left)로 나누는 그 기준과 개념 자체가 잘못되었다. 패를 가르기와 나누기는 공산주의자들의 전형적인 선전 선동 전략이다. 김정일 정권은 2000년 6·15선언 이후 한국 사회와 정치권, 소위 좌파 정치 세력, 기독교계 목회자들 안에도 깊이 파고 들어와 있다.

패 가르기와 나누기를 통해 자신들이 원하지 않는 세력을 없애고자 한다. 지금은 민주, 평화, 민족 공조, 통일, 진보, 진리 등 모든 좋은 단어들을 사용한다. 실체는 '거짓의 아비'인 사단을 철저하게 모방한다.

이들의 전략을 모르는 것이 아니다. '광명의 천사'로 교묘하게 다가오는 것에 대해 분별력을 가지고 대적해야 한다. 성령께서 옳음과 틀림의 차이를 아는 분별력과 판단력을 모두에게 주시길 원한다.

웰빙 선교

미국에서는 웰빙 경영학이 등장하여 세간의 화제가 되고 있다. 웰빙 경영학이란 "계량 위주의 목표 관리(MOB: Management by objectives) 제도"를 말한다. 환경과 자원을 생각하며 성장을 추구하는 경영학 이론이다. 중국 경제에서도 자주 인용하는 말이 있다. "흑묘 백묘론: 검은 고양이든 흰 고양이든 쥐 잡는 고양이가 최고다." 중국 경제가 3차 산업으로 들어오면서 수정되어 환경을 생각하게 되었다.

한국선교가 타문화권 선교를 회고해 보면 업적 위주, 과시 위주, 감동 선교를 선호했다. 한마디로 변화하는 선교 환경을 고려하지 않았다.

웰빙 경영론이 등장하여 계량 위주의 목표 관리 제도를 도입하듯 웰빙 선교, 건강한 선교로 한국선교의 체질 개선을 해야 한다. 시작한 사역을 다시 점검하고 수정해야 한다. 사역 중에 건강하지 못한 부분을 개량할 필요가 있다. 웰빙 현지인을 만들어야 한다. 건물 유지비도 줄여야 한다. 리더십도 가능한 것부터 이양해야 한다. 소중한 일들부터 먼저 해야 한다. 집단속도 해야 한다. 건강한 몸에 건강한 정신이 이루어지듯 몸에 이상이 있으면 진단을 받아야 한다. 치료보다 예방이 선행되어야 한다. 지금은 웰빙 선교를 시작할 때다.

중국이 경제 10년 계획(2006-2015)으로 그린 GDP 통화정책을 발표했다. 첫째, 정부 공공 투자를 줄이고 민간 투자를 활성화 한다. 둘째, 수출을 확대하고 수출 부가가치세 환급 제도를 취소한다. 셋째, 농업 세를 폐지하고 농업 관련 기업에 기회를 준다. 넷째, 재정 정책의 대안으로 소비 성장 엔진을 건다. 중국을 볼 때마다 이들은 완급 조절을 할 줄 안다. 한국은 경제 성장의 뒤안길에서 샴페인을 너무 일찍 터뜨렸다. 1997년 외환 위기가 대표적인 예다.

걸어온 선교지에서 현지인들이 선교사들을 통해 복음의 가치를 깨닫기도 했다. 한편, 선교사들을 통해 자국 문화를 심어 선교 오점을 남긴 사례들도 적지 않다. 선교사가 이제 들어오면 노골적으로 일은 우리가 할 테니 돈만 가져오라고 한다. 선교에 물질은 필요하다. 서구선교를 제국주의 선교, 물량 선교, 힘의 선교로 비난하지만 한국선교도 이름과 포장만 다를 뿐 힘의 선교를 여전히 답습하고 있다. 현지인의 시각 속에도 복음에 대한 사랑보다는 선교사를 돈줄로 보는 경우가 있다. 영혼과 영혼이 만나는 것보다 비즈니스로 만난다. 선교지마다 신음소리가 들린다. 돈 문제로 현지인들과 갈등한다.

중국이 그린 GDP 통화 정책을 내놓았듯이. 최근 경영학 이론이 웰빙 경영학을 추구하듯이 환경을 생각하는 선교를 했으면 한다. 변화하는 선교에 한국선교가 오염이 되면 안 된다. 건강한 선교, 웰빙 선교를 하여 선교 사가들이 한국선교는 지혜롭게 잘 했다는 역사 평가를 받아야 한다. 웰빙 선교를 시작할 때다.

브랜드 시대, 브랜드 선교

한국의 브랜드 시대는 1980년 초반이다.[22] 농경 사회에서 산업 굴뚝 시대로 도래하면서 서민 경제가 좋아졌다. 허리띠를 졸라매야 할 시기가 지나고 여가를 즐기기 시작했다. 가족을 돌보게 되었다. 입는 것도 달라졌다. 명품과 브랜드를 알게 되었다. 한국 브랜드의 효시라면 나이키 운동화이다. 2만원이 못 미치는 나이키 신드롬이 있었다. 당시 중고등학교 검정 교복 족쇄를 푸는 자율화 조치가 행해졌다. 자율화 물결을 타고 신발은 청소년들에게 유행의 첨단이었다. 평범한 신발점 하나 흔하지 않았던 시절 나이키는 충격 자체였다. 고작 4,000원-5,000원 가량의 평범한 운동화로 만족하던 시대였다. 브랜드 개념조차 없어 "새것, 헌것"이냐가 우

---

22) LG경제연구원 저, 「2010 대한민국 트렌드」 한국경제신문, 2005. p.283

열 기준이었다. 나이키 열풍에 소비자들은 브랜드 영향력을
알게 되었다. 소비자 브랜드 선호 성향은 2000년 명품족이
등장하면서 대중화되었고, 명품 대중화 현상은 소수의 고소
득 계층이 향유할 수 있는 희소성 시대의 막을 내렸다.

요즘 소비 시장에서 많이 회자되는 매스티지(Masstage),
트레이딩 업(Trading-up)이 그것이다. 대표적인 예가 세탁
기 시장의 트롬(TROMN)이다. 과거 드럼형 세탁기는 수입품
으로 부유층의 전유물이었다. 수백만 원이나 하는 고가품이
었다. 수년 전부터 국내 가전사들이 수입품보다 탁월한 성
능, 디자인, 고품질, 고감도를 갖춰 100만 원 이하 가격대에
시판하고 있다. 브랜드 감성과 가격을 중시하는 가치 소비자
(Value consumer)들은 트레이팅 업 이후를 계속 진군 중이
다. 목적지는 분명하다. 세련된 디자인, 고상한 브랜드 가치
를 유지하면서 가격은 저렴해야 한다.

한국선교 단체, 교단선교부도 브랜드 트렌드를 읽어야
한다. 시대가 변화하고 있다. 가진 것을 명품처럼 생각하고
변화를 시도하지 않는다면 변화하는 세계 선교 현장에서 도
태된다. 복음의 본질은 불변한다. 복음을 전하는 문화의 옷
은 부단한 변화를 추구해야 한다. 선교 필드의 필요가 무엇
인지 알아야 한다.

브랜드 선교가 필요하다. 브랜드란 전문성과 다양성을
갖춘 것이다. 국제 선교 단체들은 고유 브랜드 선교를 일찍
시작했다. 전문인 선교, 교회 개척, 성경 번역, 지역 사회 개
발 등으로 사역을 전문화, 다양화 했다. 한국선교는 교단선

교부나 선교 단체 선교가 대동소이(大同小異)한 선교를 하고 있다. 선교 현장에서 선교사들이 갈등하는 원인도 현지 선교사들 책임만이 아니다. 같은 지역에서 같은 사역을 하다 보니 갈등한다. 선교 단체나 교단선교부가 사역 전문성을 가지고 심도 있는 고민을 해본 적이 없다. 지역 특성을 살리지도 못했다. 전략적이지도 못했다. 선교사가 선교지 선정하면 보내는 형편이다. 피선교지의 필요에 의한 선교사들을 보내본 경험이 없다.

선교사를 적게 파송했지만 침례교 해외선교부는 전략적이었다. 중앙아시아 침례교선교부는 구소련에서 신생 독립국 중에 카자흐스탄에 전략적으로 사역자를 투입했다. 부작용도 있었지만 선교 본부의 정책이었다. 선교사가 원한다고 보내지 않았다. 본부의 선교 정책에 따라 선교사를 선발 파송했다.

시대가 명품을 찾는다. 브랜드 기업들은 소비자들의 눈높이를 알고 있다. 한국선교는 구태의연한 선교를 고집하고 있다. 선교 단체, 교단선교부가 한 테이블에 앉아 진지하게 한국선교에 대해 고민하며 전문성과 다양성 있는 스피리추얼 맵핑(Spiritual Mapping)을 해야 한다. 한국선교에 정면 돌파가 필요하다. 선교도 브랜드 시대가 오고 있다.

자기 통제력(Self-control)과 선교

살면서 스트레스는 항상 뒷 덜미를 따라 다닌다. 마음에

여유가 없고 작은 불만과 크고 작은 스트레스들이 자꾸 쌓인
다. 지치기도 하고 건강 문제가 생긴다. 가정이 힘들다. 이런
때 마음을 다스리지 않으면 자기 통제력을 잃어버린다. "성
경은 자기를 통제할 것을 경고한다." 무릇 지킬 만한 것보다
마음을 지켜라.

　　세간에 회자되는 책이 있다. 「마음의 속도를 늦추어라」 23)
저자는 마음의 속도를 늦춰 여유를 갖기만 하면 현대인들에
게 어떤 변화가 있는지 일목요연하게 보여 준다. 무한 속도
경쟁을 부추기는 현대 문명 속에서 삶의 균형을 찾기가 쉽지
않다. 일상에서 속도를 늦추는 방법과 신중하고 사려 깊은
방법을 택하는 것이 어렵다. 생각해 보면 바쁨과 마음의 강
박 사이에 중요한 연결고리가 있다. 영적 성장을 이루기 위
해서 빠른 속도의 세상에서 속도를 늦추고 자기만의 시간이
필요하다.

　　이스워런은 여덟 가지 단계를 제시한다. 늦추기, 주의 집
중, 감각 기르기, 남을 생각하기, 영적 교제, 영적 독서, 명
상이다. 한 가지 조심해야 할 것은 저자가 인도 명상을 기독
교와 접목하려는 느낌이 있다. 기독교 세계관을 가지고 소화
하여 묵상하고, 섭렵하여 사용하면 도움이 된다.

　　선임 선교사가 되면 몸과 마음의 조화를 유지하는 일이
쉽지 않다. 바쁜 사역 속에서 삶의 균형점을 잡기가 어렵다.
우선순위를 정하지 않으면 일에 쫓기는 생활을 한다. "아니
오"라고 거절하기도 힘들다. "아니오"라고 대답할 수 있는 용

---

23) 에크낫 이스워런 저(박웅희 역), **「마음의 속도를 낮추어라」** 비움 출판,
　　2004. 저자는 미국 캘리포니아 버클리에 블루 마운틴 명상 센터를 세웠다.

기가 필요하다. 선교지에서 여덟 가지 단계의 훈련이 요구된다. 늦추기, 주의 집중, 감각 기르기, 남을 생각하기, 영적 교제, 영적 독서, 명상을 습관화해야 한다.

자기 통제력은 하루아침에 형성되는 것이 아니고, 이론으로 습득되지도 않는다. 시간이 필요하다. 연구해서 될 일이 아니고 훈련이 필요하다. 일정 프로그램에 자신을 매야 한다.

마음의 속도를 늦추는 일이 어렵다. 마음의 주의 집중이 어렵다. 마음의 감각 기르기가 어렵다. 마음을 정하고 주님과 영적 교제를 매일 나누는 일이 어렵다. 마음을 정하고 영적 독서를 생활화하는 일이 어렵다. 마음을 정하고 조용한 시간을 확보하며 묵상하는 일이 어렵다. 자기 통제력이 필요하다.

속도를 늦추고 자신을 통제할 때 깊은 선교를 할 수 있다. 중년에 쓰러지는 선교사들이 많다. 다윗이 자기 통제력을 잃고 회개하는 고백을 묵상해 보라.

"하나님이 구하시는 제사는 상한 심령이라. 하나님이여 상하고 통회하는 마음을 주께서 멸시치 아니하시리다."(시 51;17)

회개는 발각된 것에 대한 슬픔이 아니라, 그 행위 자체에 대한 슬픔이다.(Repentance is sorrow for the deed, not for getting caught.) 자기 통제력이 없이는 다윗의 실패를 반복한다. 선교사, 자기 통제력이 필요하다.

디지털 코쿠닝 시대, 신세대 선교사

'디지털 코쿠닝(Digital cocooning)'이라는 용어24)는 미래학자 페이스 팝콘이 「클릭! 미래 속으로」란 책에서 처음으로 소개했다. 사람들이 위험하고 예측 불가능한 현실로부터 도피해 누에고치(Cocoon)같은 편안한 안식처를 찾는데 기인한 신조어이다.

코쿠닝 증후군은 최첨단 디지털에서 나온 병리 현상이다. 디지털 코쿠닝의 주된 원인은 외부 환경으로부터 자신을 보호 받는 본능이다. 예전의 코쿠닝은 단순히 집에 틀어 박혀 있었다면, 신세대 코쿠닝은 집에서 즐기는 현상으로 변화되고 있다. 도피적이고 수동적이었던 것에서 능동적이고 오락적인 요소가 덧붙여졌다. 가정이란 안락한 누에고치 속에서 게임과 MP3, DVD 등 화려한 디지털 문화를 즐긴다. 디지털 코쿠닝은 신세대들에게 인기를 얻고 있다. 실내 지향 트랜드 성향이 신세대 저변에 있다.

2003년 전국 소비자 조사에 의하면 "휴가 때 힘든 여행보다 집에서 쉬고 싶다. 활동적인 취미보다 앉아서 하는 취미 활동이 좋다."라는 응답이 1997년 이후부터 계속 증가하는 추세다. 19-25세에 활동해야 할 젊은 신세대 의식구조가 비활동적인 취미 생활로 전환하고 있다. 주 5일제 근무 실시 등으로 심각한 현상을 보인다. 서구에서 인스피어리언스(Insperinence: indoor-experience) 현상이라고 부른다. 밖에서 하던 활동

---

24) LG경제연구원 저, 「2010 대한민국 트렌드」 한국경제신문, 2005. p.28.

을 집안으로 끌어들여 즐기는 성향이다.

디지털 엔터테인먼트 시대 속에서 자란 신세대들이 선교
사로 헌신했다. 선교지에 와서 왕성하게 활동하며 언어를 배
우고 현지인을 만나야 할 시간에 디지털 코쿠닝 선교사가 되
어 버린다. 복음 전하고 제자로 삼아야 할 시기에 혼자 하는
사역에 익숙해졌다. 현지인을 만나는 시간보다 혼자 앉아서
일하는 사역에 익숙해져 있다. 편한 선교를 추구한다. 가족
만 챙긴다. 가정을 개방하지 않는다. 현지인이 들어 올 자리
가 없다. 공식 만남으로 족해 한다.

디지털 코쿠닝 시대의 선교사들을 밖으로 나오도록 해야
할 대안이 요청된다. 동기 부여가 있어야 한다. 선교의 기본
정석을 가르쳐야 한다. 선교의 정석은 불변한다. 디지털 코
쿠닝 시대의 선교사들을 일깨워야 한다.

"희생 없는 종교는 의미가 없다."(마하트마 간디)

정책(政策) 선교, 대책(對策) 선교

중국 속담에 "정책은 위에서 세우고 대책은 아래서 시행
한다."는 말이 있다. 정책이란 하드웨어이다. 대책은 소프트
웨어이다. 정책은 큰 틀이고 대책은 콘텐츠다. 정책의 특징
은 일관성이다. 대책의 특징은 일관성 있는 정책을 지속적으
로 시행하는 일이다. 정책과 대책은 동전의 양면이다. 양면
이 건강해야 조직이나 단체가 건강하고 시너지(synergy) 효

과가 나온다. 정책이 위에서 아무리 탁월해도 아래서 시행하
는 대책의 뒷받침 없이 시너지는 없다.

선교는 사람을 통해서 하나님이 하시는 가장 귀한 일이
다. 사람을 통해서 하는 일의 최고 행복은 선교이다. 행복한
선교를 위해 리더는 정책을 일관성 있게 세워 추진해야 한
다. 선교 단체마다 본부의 정책이 있다. 선교 단체마다 현지
선교부에서 대책이 있다. 행정과 사역의 효율성을 위해서 정
책이 세워진다. 세워진 정책 아래서 필드는 대책을 세워 일
을 추진해 나간다.

한국 진돗개가 영리하고 주인을 알아보는 탁월한 개라고
한다. 문제는 진돗개가 세계적인 개가 되지 못하는 이유가
있다. 외국에 있는 족보 개들은 왕(王)개가 오면 절대 순종한
다. 한국 진돗개는 위아래가 없다. 왕개를 모른다. 무조건 찢
어댄다. 일말의 센스가 있다. 족보 개들은 자기가 앉을 자리
와 설 자리를 안다. 진돗개는 사납지만 자기 분수를 모른다.
위계(位階) 질서를 모른다. 자기 혼자만 잘났다. 결국 진돗개
는 한국에서만 알아주지 세계적인 개가 되지 못한다.

세계 질서 개편 이후 선교계는 변화를 거듭하고 있다.
다국적 기업의 국경 블록이 없어지면서 인질과 테러들이 극
성이다. 911 사태 이후 종교 문명의 충돌처럼 기독교와 이슬
람의 양극화 현상이 두드러졌다. 이슬람 국가의 테러리스트
에게 선교사들은 가치 있는 몸값이다. 선교 단체마다 정책이
있다. 인질과 테러에 대한 정책이다. 위클리프 성경번역선교
회나 몇 선교 단체들은 선교사가 인질, 테러로 잡히면 몸값

을 지불하지 않는다. 선교 정책이 세워지면 현지 선교부는 대책 마련을 해야 한다. 인질과 테러 상황에서 주의 사항, 시행 단계 등을 숙지하고 행동해야 한다. 아프칸 사태는 이런 아픔을 극명하게 보여 주었다.

한국선교는 진돗개처럼 영리한 것만 믿고 위아래를 모른다. 족보 있는 왕 개가 오면 순종할 줄 모르듯이 역사와 노하우를 가진 서구선교 단체의 정책과 대책을 보아도 배우지 않는다. 조직이나 단체의 발전은 배우는 데 있다. 배우지 않고 성장한 사례는 없다.

한국선교의 아픔은 믿음으로 하면 된다는 생각이다. 정책이나 대책에 관심이 없다. 믿음은 질서와 내용이 있으면 은쟁반의 금사과다. 한국선교는 정책이나 대책을 언급하면 믿음 없는 행동으로 규정한다. 시대가 변화하고 있다. 변화하고 있는 선교에 정책과 대책이 있어야 한다. 선교 현지에는 풀어야 할 숙제가 산적해 있으나 대책이 없다. 본부만 바라보고 있다.

선교 본부는 공룡처럼 몸집만 불리지 말아야 한다. 몸집만 크다 보면 쓰러지면 못 일어난다. 일관성 있는 선교 정책을 세워 현지에서 대책이 마련되어야 한다. 행정도 간소화되는 정책을 세워야 한다. 선교사 은급 문제도 제도화 되어야 한다. 은퇴 후 사역도 정책적으로 준비해야 한다. 싱크탱크 연구소를 준비해야 한다. 차세대 선교사 자녀 정책도 세워야 한다. 위기 상황에 따른 정책과 대책도 마련해야 한다. 또 한 번 아프칸 사태를 만나지 않아야 한다.

실크로드 길을 여는 자

"성문으로 나아가라 나아가라. 백성의 길을 닦으라. 큰 길을 수축하고 수축하라. 돌을 제하라 만민을 위하여 기치를 들라."(사 62:10)

선지자 이사야는 세례 요한이 길을 예비할 것을 예언했다. 길은 문명을 보급하는 통로이며 언어를 통일한다. 길은 물류를 움직이고 세계를 움직인다. 로마가 가는 곳에 길을 만들었다. 각종 도시국가를 통제하는 방법이 길에 있었다. 고대 세계에는 두 길이 있었다. 왕의 대로(大路, King's way)와 실크로드(Silk read)였다. 역사는 길과 함께 이루어졌다. 길은 어떤 물류를 나르느냐에 따라 달라졌다. 아랍 대상들이 사금과 향신료를 가지고 중국에 갔을 때 '무역로'라 했다. 중국 비단 장수들이 비단을 가지고 갔을 때 '실크로드'라 했다. 역사와 문명의 보급 통로가 21세기에 '복음의 길'(Gospel road)이 되길 희구한다. 기독교적 관점에서 실크(SILK)의 약자를 해석해 본다.

1. Servant(섬김)

섬김은 종의 길과 희생의 길을 걷는다. 섬김은 눈물의 길을 걷는다. 섬김은 그리스도가 걸었던 삶이다. 바울의 에베소 목회는 선교의 길이었다. 디모데 역시 바울처럼 에베소 목회의 길을 걸었다. 유대 전승사에 의하면 디모데는 흰 천에 빨간 피가 낭자하게 순교했다고 전해진다. 한 알의 밀이 땅에 떨어져 죽으면 많은 열매를 맺고 죽지 아니하면 한 알 그대로 있다.

2. Immanuel(하나님이 함께 하심)

성 밖으로 뛰어나가 길을 열라. 길을 예비하라. 하나님이 함께하신다. 성 밖으로 뛰어나가 대로를 수축하라. 하나님이 함께하신다. 성 밖으로 뛰어나가 돌을 제거 하라. 하나님이 함께하신다. 성 밖으로 뛰어나가 만민을 위해 기(旗)를 들라. 하나님이 함께하신다. 주님의 지상 명령은 (마 28:18-20) 임마누엘의 약속이다.

3. Love(사랑)

"하나님은 사랑이시니라."

사도 요한은 서신 서에서 무거운 신학적 주제를 한 문장으로 담아내고 있다. 선교는 사랑이다. 우리가 사랑하기에 가서 섬기는 것이 선교이다.(We love, we go, we serve.) 선교의 길을 가는 사람은 사랑 없이는 감당할 수 없다. 실크로드 길은 개척하는 선교가 아니다. 지난 세기 복음의 핵심을 잃어버린 길에 복음의 회복(回復)이 이루어져야 한다.

4. Kingdom (하나님 나라)

하나님 나라는 두 가지 관점을 가지고 있다. 신국(神國) 개념과 천국(天國) 개념이다. 전자는 통치 개념이다. 후자는 장소 개념이다. 전자 개념을 가지고 이 땅에서 주님의 주권을 인정하고 주님이 통치하는 하나님 나라를 위하여 살아야 한다.

"너희는 먼저 그의 나라와 그의 의를 구하라. 그리하면 이 모든 것을 너희에게 더 하시리라."(마 6:33)

하나님 나라와 그의 나라를 위하여 사는 실크로드에 하나님 나라가 이루어진다.

"물이 바다를 덮음 같이 여호와를 아는 지식이 세상에 충만할 것임이니라."(사 11:9)

실크(SILK)를 복음의 길로 만들어야 한다.

다보스 경제 포럼과 급상하는 중국 경제

세계 정·재계 지도자들의 비공식 모임인 제 34차 세계 경제 포럼(WEF) 연례회의가 스위스 다보스 휴양지에서 열렸다. 94개국 2,100명의 참가자들은 "세계화와 반세계화, 무엇이 빈곤층에 도움이 되는가?"에 대한 난상토론을 했다. 이번 다보스 포럼은 안보와 번영을 위한 제휴를 중심 테마로 삼아 총 257개에 이르는 각종 의제를 놓고 토론을 벌였다. 안보 관련 의제로는 이라크의 향후 처리 문제를 포함한 중동 지역 문제, 리비아와 이란, 북한 등의 핵 개발 추진, 테러와의 전쟁과 이라크 전쟁 과정에서 불거진 미국과 서구 유럽, 서방 이슬람권의 갈등과 불협화음 해소 등이 중점적으로 논의되었다. 당초 예정됐던 거물급 인사들이 대처 불참하여 예년에 비해 다소 맥이 빠진 분위기였다.

경제 포럼의 최대 화두는 중국이었다. 중국 경제를 세계는 이렇게 표현했다.

"외국 기업투자가 금광인가? 지뢰인가? 최대 신흥 경제권이 성장한다면 무슨 일이 벌어질 것인가?"

중국의 급부상에 관심고조를 실감케 하는 말이다. 오늘의 달러 약세의 근원인 미국의 경상 및 재정적자에 우려를 표명하며 중국 원화 변동 환율제 전환, 과도한 달러 약세 저지 등 왜곡된 국제 환율을 바로 잡지 않는 한 위기는 계속될 것이라고 전망했다.

중국이 10년 내에 세계 3위의 경제, 무역 대국이 될 것으로 독일 생명보험사 알리안츠가 전망했다. 향후 10년 동안 연평균 7-8% 고속 성장하며 경제 선진국들을 바싹 추격하게 된다. 2014년에 국내 총생산량(GDP) 규모에서 중국이 독일을 제치고 미국과 일본에 이어 세계 3위 국가가 될 전망이다. 무역 규모에서도 미국과 독일에 이어 3위가 될 전망이다.

중국 경제의 큰 위험 요소는 금융 부분이다. 세계무역기구(WTO) 가입 이후 투명성을 확보하고 국제적 기준에 맞게 조정, 정리해 나가는데 10년이 걸릴 것이다. 이 과정에서 국가 부채가 크게 늘어날 것이다. 이에 편승하여 부동산 가격 상승에 따른 부작용도 불거질 것이라는 가장 염려가 섞인 분석도 있다.

다보스 경제 포럼을 지켜보며 한국 경제를 생각할 수밖에 없다. 한국 경제는 미국의 획일적인 국제 질서 개편으로 이루어진 일방통행만 걷기에는 역부족임을 인식해야 한다.
난상토론에서 불거진 중동 아랍권 목소리가 점점 높아지고
있다. 국제개발 연합계획 책임자인 M. 브라운은 미국에 경고
했다.

"세계질서를 미국 관점으로 보지 마라. 세계 인구 3분의
2는 100달러 이하로 살고 있다. 핵 문제보다 선결되어야 할
과제는 빵 문제다."

한반도 현실은 암담한 것 같다. 외무부장관 경질로 인해
세계 경제 포럼장에 나가 의견 하나 제대로 발표하지 못하는
빈약한 국제 외교를 보였다. 경제적으로나 정치적으로 한 수
아래인 터키는 경제전문가와 수상이 마지막 종결 연설로 마
쳤다. 대선을 앞두고 집안싸움만 했지 세계 동향을 분석하고
파악하여 21세기를 국제 경쟁력에서 어떻게 이겨낼 것인가를
고민하는 사람들이 없다. 날로 실업자만 늘어가고 외국 투자
유치도 제대로 못하여 허덕이는 모습이 안타깝다. 우리를 세
계 무대에서 도와 줄 나라는 없다. 홀로서기를 해야 한다.

총체적인 문제에 관심을 갖고 한국 경제가 극복되길 바
란다. 태풍의 눈으로 급부상하는 중국 경제를 보며 생각해야
한다. 중국은 외개(外開) 내연(內練) 정책으로 등소평 100년
경제 청사진을 세우면서 달려가고 있다.

기름 위에 떠 있는 북아프리카 수단

수단은 기름 위에 떠 있는 나라다. 기름과 우라늄 매장량이 엄청나다. 수단은 남한의 18배 크기의 나라이다. 역사적으로 수단, 에티오피아, 이집트는 기독교 국가였다. 북아프리카 관문 국가이며, 선교적 관점으로는 서부 아프리카 이남에서 남하하는 이슬람을 저지할 수 있는 유일한 나라이다. 세계는 자원 확보가 초미의 관심사다. 기름 전쟁 시대다. 중국은 이미 10년 전부터 수단과 연결고리를 갖고 오일 시추를 시작했다.

아프리카는 수단이 없이는 이슬람의 소리를 낼 수 없다. 수단은 아랍 사우디 왕가(Royal family)와 인연이 있다. 2004년에 수단에서 내전이 일어났다. 남부 기독교와 북부 이슬람과 내전을 했다. 처참하게 기독교인들이 죽었다. 유엔에서 평화유지군이 진입을 하려고 했다. 그러나 수단 정부는 이에 반대하고 자체 해결하겠다고 했다. 결국 남부 기독교인 80만 명이 살해되었다. 외신 보도에 의하면 정부의 지원이 있었다고 한다.

북부 이슬람들은 성전(Holy war)을 선포했다. "Lord registered army-Child soldier" 5만 명을 모집했다. 19-23세 미만의 청소년들이다. 성전을 위해 징집한 훈련은 잔인했다. 청소년들에게 마약을 먹여 담력을 기른다는 명목으로 고향으로 보내 부모들을 죽이게 한 다음에 죽인 부모의 피를 마시게 했다. 청소년들을 킬링 머신으로 만들었다. 이웃 마을로 가서 해산한 여인의 아이를 가져오게 한다. 부모와 사람을 죽인 청소년 군인들은 다시는 고향에 갈 수 없다. 이들은 인근 콩고, 차드, 르완다, 우간다로 요원의 불길처럼 번지며 동일한 일을 자행했다.

변화하는 수단이 다가오고 있다. 수단이 변화하면 북 아프리카, 서부 아프리카에 영향이 크다. 선교 안목에서 전략이 필요하다. 아랍 세계와 긴밀한 관계를 형성하고 있는 수단을 전략적으로 접근하는 지혜가 필요하다. 서방 세계도 자원 때문에 수단과 연결 고리를 갖는다. 이슬람 선교의 교두보 역할을 할 수단에 대한 선교 전략이 필요하다. 수단에는 지난 200년간 영국이 아프리카 선교를 위해 인적 물적 자원을 투자하고, 힘의 선교를 했다. 센터 중심의 선교를 하다가 서구선교가 철수하고 공허한 빈집으로 되었다. 명목상 기독교들만 있다. 당시에 수단 내지 선교회(SIM)가 수단에서 출범했다.

한국선교는 서구선교를 보며 반복 시행착오를 줄여야 한다. 긴 안목을 가지고 선교 전략을 세워야 한다. 한때 기독교 국가가 이슬람화 되었다. 동족끼리 총을 겨누며 80만 명이 내전으로 죽었다. 역사를 통해 배우고 선교가 선교되도록 해야 한다. 수단이 아프리카 선교의 중대한 역할을 할 때가 온다. 준비해야 한다.

문명의 충돌인가?
종교 갈등의 여론몰이인가?

세계적인 미래학자 앨빈 토플러가 한국을 방문했다. 서울 쉐라톤워커힐호텔에서 기자 회견을 통해 말했다.

"911 미국 테러 사건은 문명의 충돌이 아니다. 세계 경제는 극복할 수 있을 것이다."

미래에 대해 걱정스런 전망을 하지 않았기에 다행스럽다. 하지만 무언가 불확실한 미래에 대한 불안감이 있다.

2001년 9월 11일에 뉴욕 맨해튼에 있었던 세계무역센터와 수도 워싱턴 D.C.의 국방성 건물이 동시 다발적으로 공격을 받았다. 어처구니없는 충격적인 사건을 접했다. 문명의 충돌인가? 종교 갈등의 여론몰이인가? 갈림길에서 생각을 하게 되었다. 주모자로 꼽힌 오사마 빈 라덴(Osama Bin Laden)과 그가 이끄는 테러 집단은 이 사건을 수년 전부터 치밀하게 준비했다고 한다. 사전에 공격할 것을 선포까지 하면서 테러를 자행했다. 이 사건의 근본적인 이유를 생각해야 한다.

첫째는 무조건 이스라엘을 지지하는 미국 외교 정책에 대한 보복이다. 미국은 매년 엄청난 규모의 예산을 이스라엘에게 지원한다. 문제는 국회 예산안이 통과될 때 단 한 번의 반대 의견이 없다. 이유가 무엇일까? 많은 사람들이 유대인들의 로비에서 그 원인을 찾지만 답은 정확한 것이 아니다. 그것은 빙산의 일각일 뿐이다. 문제는 1948년 5월 14일, 팔레스타인 땅에 이스라엘 정부를 세운데서 부터 출발한다. 미국 교회들은 이스라엘 민족이 나라를 찾았다는 것을 성경 예언의 성취라고 보고 있다. 미국 교회 세대주의자들의 보편적인 생각이다. 이것은 아랍권 무슬림들에게 깊은 분노와 상처로 남아 있다. 이스라엘 민족이 독립한 때를 성경에 나타난 이스라엘의 회복으로 볼 수 없다. 성경을 대단히 오해하고 있다.

둘째는 예루살렘에 있는 알아끄사 사원에 대한 문제이다. 이스라엘의 수도 예루살렘에 무슬림들에 의해 세워진 알아끄사 사원이 있다. 무슬림들은 이 사원이 조상 이스마엘과 관련되어 있다고 주장한다. 아브라함의 몸종에게서 태어난 이스마엘이 어머니 하갈과 함께 쫓겨났다. 아랍권 무슬림들에겐 이 사건이 여간 큰 열등의식이 아닐 수 없다. 그 열등의식이 무슬림들에게 전달되었다. 전통적으로 무슬림들은 무하마드가 알아끄사 사원에서 승천했다고 믿는다. 그곳에 유대인들이 나라를 건국하여 살고 있다. 전 세계 무슬림들은 심기가 보통 불편한 것이 아니다. 무슬림들에겐 이스라엘이 차지하고 있는 알아끄사 사원을 무슬림의 성지로 회복하는 것이 초미의 관심사다.

셋째는 중세 십자군 전쟁이다. 십자군 전쟁은 중세 기독교회가 이스라엘 성지를 무슬림들로부터 탈환하고자 하는 목적으로 일어났던 전쟁이다. 이 전쟁은 무슬림들에게는 아직까지 상흔으로 남아 있다. 가나안 땅이 유대인들의 손에 주어져야 한다고 주장하는 미국 교회(기독교 세대주의자)야말로 아랍권 무슬림들의 관점에서 볼 때 증오의 대상이다.

이슬람 근본주의자들과 무슬림들은 생각의 틀이 하나로 고정될 수밖에 없다. 오사마 빈 라덴 같은 이슬람 근본주의자들이 미국을 파괴하므로 이들이 전 세계의 국제 경찰 역할 기능을 못하게 하는 일이다. 안중근 의사를 우리 편에서는 민족을 살리는 영웅으로 본다. 일본에서 볼 땐 관점이 다르다. 전 이슬람권에서 사역하는 자들이 긴장하고 있는 것은 이것이 선교에 장애물이다. 균형 잡힌 시각으로 문제를 보아야 한다. 종교 간의 충돌로 치닫지 않도록 기도해야 한다.

미국의 팽창과 이슬람 블록 재개편

2002년 3월 20일 미국이 이라크를 공격하여 전쟁 발발, 23일 만에 24년 사담 후세인 철권통치가 막을 내렸다. 이라크는 물론 중동은 국제 질서에서 예상했던 해일(海溢)이 일고 있다. 지각 변동으로 이란도 서서히 내부 질서가 심상치 않게 움직이고 있다. 팔레스타인은 협상보다는 대결 구도로 나가고 있다. 시리아와 터키는 반미 감정을 노골화 했다. 중동 이슬람 블록들의 생존을 위한 재개편 시대의 서곡이다. 이 블록들이 협상 테이블로 나와 공존을 모색치 않고 지하드(성전) 개념으로 치닫고 있다. 이러다가는 이슬람 블록이 태풍의 눈으로 떠올라 럭비공이 어느 방향으로 튈지 아무도 예상하지 못한다. 미래학자들은 이슬람 블록이 향후 2-3년에 문명 충돌의 최악 시대를 맞을 것이라고 예견했다.

미국이 1890년부터 1차 세계 대전까지는 '후원 정부(Promotional state)'이었던 것이 1920년대는 '협력 정부(Cooperative state)'가 되었다. 1930년대 세계 경제 공황으로부터 2차 세계 기간에는 '규제 정부(Regulatory state)'로 변했다. 이 흐름이 동서 냉전 시대까지 잘 내려오다가 1974년 소련 공산주의 이데올로기가 무너지면서 미국은 힘의 경쟁자를 잃어 국제 경찰(International police)로 변신했다. 오늘의 미국은 전방위적인 '미국화 정부(Americanization state)'라고 표현한다. 미국화 정부란 전 세계를 한 손에 거머쥐겠다는 말이다.

영국 BBC World의 한 기자가 뉴욕 미 엔터프라이즈 연구소(American Enterprise institute: 일명 AEI)에 방문하여 선임 연구원과 인터뷰를 했다. 인터뷰 질문 요지는 세 가지였다. AEI 목적이 무엇인가? 새 미국화 프로젝트(New american century project)란 무엇인가? 다음 공격 대상 국가는 어느 나라인가? 첫째, AEI 목적은 전 세계 정치, 경제, 사회, 군사, 문화를 연구하는 기관이다. 둘째, 새 미국화 프로젝트란 새 보수화(New conservatives) 운동이다. 마지막으로 공격 대상 국가는 북한과 이란이다. 북한을 공격할 경우 최소한 남한의 수십만 명은 희생당할 것이다. 미국도 일부 피해를 입는다. 문제는 이 연구소 핵심 브레인들이 누구냐 하는데 세인들의 관심이 집중되고 있다. 유대인들이나 현 부시 정부 핵심 요원들이 정기적으로 연구소 모임에 참석하여 정부를 움직이고 있다.

공식 통계로 이슬람 선교사들이 2만 명은 있다. 10년 전, 무슬림들은 제 2의 메카를 두 나라로 선정했다. 첫째는 영국의 런던이고, 둘째는 미국의 뉴욕이다. 얼마나 아이러니 한가? 유대인들이 많이 살고 있는 뉴욕을 제 2의 메카로 삼고 이슬람화하겠다는 무슬림들의 이념은 도대체 어디에서 왔는가?

한국도 이슬람 안전지대가 아니다. 몇 년 전부터 경기도 용인에 부지를 구입하고 이슬람 대학을 꿈꾸었던 것이 현실로 다가왔다. 정식 대학 인가를 받고 학생들을 모집했다. 이슬람이 서서히 뿌리를 내리고 있다. 서울 번화가인 강남 지역엔 이슬람문화원을 세워 '타종교의 이해'라는 구실로 포교 활동을 하고 있다. 10만 명 무슬림들이 한국에 있다. 그들은 이슬람 장학금을 받고 중동 여러 나라에서 학위를 받고 들어왔다. 이슬람학회를 만들어 911 사태 이후 이슬람에 대한 많은 간행물, 책들을 만들어 내고 있다. 한남동 이슬람 사원을 중심으로 대학 이슬람 동아리회, 아랍어과, 이란어과, 터키어과를 중심으로 검은 손을 펼치고 있다. 여느 종교와는 달리 이슬람은 우리가 전하지 않으면 달려오는 현실을 깊이 인식하고 한국교회는 집안 단속부터 잘 해야 한다.

이란 지진과 이슬람 선교의 기회

복음의 불모지 이슬람권에 지각 변동이 일고 있다. 911 사태 이후 아프가니스탄과 이라크 전쟁에 이은 이란의 대지진은 이슬람권을 뒤흔드시는 하나님의 손길인 듯하다. 이란 동남부 고대 유적 도시 밤(Bam)시의 지진은 구랍 26일에 일어났다. 사망자 수만도 3만 7천 명으로 잠정 집계되었다. 처참한 현장에서 영국 BBC 취재진은 지진 발생 8일 만에 구사일생으로 구출된 97세 할머니를 영상에 담아 "마지막 잎새"로 보도했다. 인구 10만 정도밖에 안 되는 작은 도시가 완전 폐허가 된 것이다.

세계 지진 활동은 환태평양 지진대가 가장 빈번히 발생하는데 그 빈도는 전 세계 지진의 15%에 이른다고 지질학자들은 말한다. 규모 7도 이상 대지진은 14만 명의 사망자를 낸 일본 칸토 대 지진(1923. 9. 1)과 후쿠오카의 지진(1948. 6. 28)이 세인들을 공포로 몰았다. 대략 지진은 네 가지로 나눈다. 천발지진(淺發地震), 미소지진(Micro earthquake), 구조지진(Tectonic earthquake), 국발지진(Local earthquake)이다. 지진 중에 국발지진이 가장 무서운데 이 지진은 갑자기 일어나는 경우가 거의 없고 작은 지진을 시작으로 대지진이 일어난다. 이란 밤(Bam) 지역 지진도 갑자기 일어났던 것이 아니고, 작은 지진이 계속하여 일어나다가 큰 지진이 되었다.

역사의 아이러니를 소개한다. 이란과 이라크 전쟁이 한창 진행 중이던 1982년에 미국이 이런 발표를 했다.

"이스라엘, 이란에 무기 수출"

당시 이란 공격을 주도한 이라크 후세인은 이란의 팔레비 왕을 축출하고 정권을 장악한 아야툴라 호메이니와 전쟁을 했다. 이스라엘이 시아파 원리주의자인 호메이니에게 무기를 제공했다는 것은 이해할 수 없다. 이스라엘 쪽에서 볼 때 호메이니보다 후세인을 더 위험한 인물로 판단해 이란을 은밀하게 지원했다. 이스라엘과 이란의 역사적 관계는 뗄 수 없다.

이란의 전신은 페르시아 제국이고, 바사 제국이다. 아수르 북쪽 절반을 빼앗긴 유다는 BC 605년과 597년에 바벨론의 침공을 받아 이스라엘 백성들은 바벨론 유수생활하고 BC 586년에 완전히 멸망한다. 이스라엘 민족은 이런 역사적 아픔을 가진 나라다. 자기 민족들이 호메이니에 의해 살해되었음에도 불구하고 이란에 무기를 공급한다. 조상들이 바벨론(이라크)에게 침공 받아 멸망했던 2500년 전 앙갚음을 했다.

이란은 성경의 유적지들이 많다. 바벨론 총리를 지내다가 다리오 왕에게 신임을 얻었던 다니엘의 무덤이 있다. 하마드(Hamadi)에는 여름 궁이 있다. 에스더와 모르드개의 무덤이 있고 예수께서 탄생했을 때 별 따라 베들레헴까지 왔던 동방박사들이 페르시아의 천문학자였다는 설도 있다. 기독교가 공인된 후(AD 313년), 아리우스 일파들이 에베소 종교회의에서 이단으로 정죄되어 네스토리안(경교)이 이란에서 꽃피웠다. 중국 당나라 시대에는 그리스도를 경존, 기독교를 경교, 교회를 경사, 선교사를 경승이라고 했다. 경주 불국사에서 돌 십자가와 성모자상이 발견되고 해남 대흥사에서도

발견된 경교 흔적이 신라와 백제에까지 들어왔다고 주장한
다. 동양사 학자(史)들은 칭기즈칸 부인이 독실한 경교 신자
였다고 한다. 그녀는 가는 곳마다 병영에 교회를 세웠다는
고증도 있다.

과거 찬란했던 페르시아 제국이 국제무대에서 고립되었
다. 이란인들은 화려했던 팔레비 왕 시절을 그리워한다. 정
치 경제가 어려워 인접 국가로 난민들이 모여 들어 유엔에서
도 골치 거리다. 이 시대에 복음이 들어가기 어려운 이슬람
권 나라 중 하나가 이란이다. 지진은 꽁꽁 얼어붙은 이란 땅
을 깨우시는 하나님의 섭리였다. 911 사태 이후 이슬람권들
이 격동의 한 복판에 서 있다. 누군가에게 도움을 구하지 않
으면 안 된다. 지진으로 피해 입은 이웃들이 도움을 기다리
고 있다. 위기는 복음의 수용력이 많다. 기회를 선용하는 것
은 지혜다. 세계 언론들은 이 시대를 "전쟁과 테러, 지진의
시대"로 정의했다. 한국교회는 역사의 시계탑을 주목해서 보
아야 할 때다.

조기 은퇴한 목사님이 이런 말을 남겼다.

"'급변하는 사회 속에서 한국교회가 무엇을 준비해야 할
지 말씀해 주십시오.'라는 질문에 향후 20-30대가 교회의 중
심이 되면 이들이 보는 교회관은 너무나 부정적입니다. 배
전체가 기울어지는 마당에 자기가 머무는 선실(船室)만 잘
꾸며서 무슨 소용이 있습니까? 유구한 역사와 훌륭한 인물을
많이 배출한 영국 교회가 갑자기 무너진 것이 아닙니다. 무
엇을 준비해야 할까요? 성경 말씀을 들고 마음을 비우고 회

개하면 성령께서 들려주시는 음성이 있습니다. 그 음성을 들어야 합니다. 귀를 막지 말고 들어야 합니다. 들을 수 있는 귀가 열리면 거기에 길이 보입니다."

"민족과 민족을, 나라가 나라를 대적하여 일어나겠고 곳곳에 기근과 지진이 있으리니"(마 24:7)

한국교회는 교회의 본질을 놓치지 말아야 한다. 위기가 기회다.

이라크 전쟁이 보복인가? 석유 때문인가?

전 세계는 이슬람대 미국의 문명 충돌로 인해 전쟁하는 기분이다. 촉각을 다투며 D-Day를 정한 미국과 나토(NATO) 연합국의 의견 대립이 마치 스타워즈를 방불케 한다.

조선일보 학술 탐사 팀들이 이라크를 방문한 소감을 이렇게 피력했다.

"이라크는 전쟁 준비보다는 복구의 여력이 없다."

이라크는 1932년 오토만 제국의 일부에서 떨어져 나온 뒤 1958년에 공화국으로 출발했다. 이후 거듭된 쿠데타로 인한 정정(政情) 불안은 1968년 사담 후세인이 속한 바트 당(아랍 사회주의 정당)의 쿠데타가 성공하여 1979년에 그는 대통령에 올랐다. 이라크 전체 면적은 43만 7000㎢로, 한반도의 두 배이다. 이라크는 이란, 요르단, 쿠웨이트, 사우디아라비아, 시리아, 터키 등 6개국과 국경을 맞대고 있다. 인구는 2,400만 명(2002년 8월 추산)이다. 석유 매장량은 1억 1,200만 배럴로 사우디에 이어 두 번째이다. 유엔의 경제 봉쇄로 인해 2001년 국내총생산(GDP) 규모는 590억 달러로 전년에 비해 5.7% 마이너스 성장을 했다. 1000명당 5세 미만의 유아 사망률도 57명으로 높아서 가난한 나라가 되었다. 이라크 국내총생산(GDP · 2001년 590억 달러)에서 석유 산업의 비중은 60%. 한해 경화(硬貨·hard currency) 수입의 95%가 석유에서 나온다. 2001년 GDP는 전년 대비 마이너스 5.7%의 성장을 했다. 1989년의 3분의 1 수준이다. 이라크의 외채는 1400억 달러. 이는 유엔의 경제 제재 이전에 계획 경제의 실패, 8년간 벌린 이란과 이라크 전쟁, 걸프전 패배 등이 빚은 결과이다.

이라크의 국가 재건 비용은 낮게 잡아도 500억-1000억 달러로 전후(戰後) 이라크는 외채 상환을 포함해 2000억 달러가 필요하다. 미국 해리티지(Heritage Foundation) 재단의 에어리얼 코언(Cohen) 박사는 '후세인 이후' 이라크 정부가 막대한 석유매장량을 토대로 시장 경제를 지향하고 석유 산업을 민영화할 경우 희망이 있다고 말했다. 2005년에 사임한 아미르 무함마드 라샤드(Rashard) 석유장관과 이라크 관리들은 석유 매장량이 2700억-3000억 배럴이라고 말한다. 이는 사우디아라비아 수준과 맞먹는 양이다. 이라크는 1990년 쿠웨이트 침공 이전 1일 350만 배럴을 생산했다. 2010년까지는 600만 배럴, 2020년까지는 700만 배럴을 생산할 것으로 예측된다.

사우디아라비아는 이란 이라크 전쟁 때와 이라크가 유엔의 경제 제재를 받는 기간에 이라크의 생산 공백을 메우면서 1000억 달러의 순이익을 거두었다. 전문가들은 사우디가 후세인 이후의 이라크에 석유수출국기구(OPEC)가 정한 자국 할당량 중 일부를 이라크에 양보할 것으로는 보지 않는다.

이라크로서는 OPEC 밖에서 원유 생산을 추진할 수밖에 없는 상황이지만 자금이 필요한 이라크나 배럴당 25-30달러 선보다 낮은 유가를 원하는 미국과 서방 세계 모두가 원하는 바일 수 있다. 2002년 11월 미국 국제 전략문제센터(CSIS)가 추정한 시나리오에서 4-6주 만에 전쟁이 끝날 경우(가능성 40-60%) 올해 3분기부터 유가가 20달러를 약간 웃도는 선에서 안정된다고 본 것도 이런 맥락이다.

서방이나 미국이 단순히 이라크에 보복한 것으로만 생각할 수 없다. 이면에 이권과 석유가 전혀 무관하다고 볼 수 없다. 지금 전 세계가 전쟁을 반대하고 있지만 전쟁으로 마무리하려는 의도는 또 하나의 은막에 쌓인 무엇이 있다. 터키와 인접해 있는 이라크는 진퇴양난에서 무언가 결단을 내리고 국익과 국민을 살리는 해법이 나오지 않는 한 결국 전쟁으로 인해 또 한 번 진통을 치러야 하는 귀로에 서 있다. 이런 와중에서 이라크에 소수 그리스도인들은 조국과 민족을 위해 눈물로 구국의 기도하는 모습을 보며 전쟁 아닌 평화로 중동 땅이 회복되길 희구해 본다.

제4장
선교의 전략(Strategy)

마테오리치(Matteo Ricci) 중국 선교 전략[25]

마테오리치(중국명: 이마두)는 이탈리아 예수회 선교사로 중국에서 최초로 선교한 인물이다. 중국 선교를 위해 서양 학술을 중국어로 번역하였다. 대표적인 저서 「천주실의」, 「교우론」은 한국 천주교 설립에 결정적인 영향을 미쳤다. 마테오리치는 중국 선교를 위해 독서층의 신임을 얻어야 한다고 믿고 서양 학술을 중국어로 번역하였다. 유명한 유클리드 기하학, 천문학, 지리학, 곤흥만국전도를 통해 세계산해여지전도가 나왔다.

마테오리치의 중국 선교 전략이 놀랍다.

---

25) 히라카와 스케히로 저(노명희 역), 「마테오리치」 (동서 문명 교류의 인문학 서사시), 동아시아, 2002. pp. 103-109, 252-257. 마테오리치는 1552년에 출생해서 1610년에 세상을 떠났다. 예수회 신부로 중국 선교사로 활동했다.

"중국인은 계급에 따라 상사에게 복종하고 그 상하 관계는 궁극적으로 황제에게 이르고 있다. 계급이 낮은 사람을 개종시키는 것은 별 효과가 없다. 선교의 핵심은 중국 황제가 황궁에 신부를 부르고 싶다는 마음이 들게 하는 것이다. 이유는 황제가 신부에게 설교 허가를 내주고 황제가 복음을 듣는다면 불교 종파를 하찮게 여기는 중국인들은 그리스도교 가르침에 기울어질 것이다."26)

황제를 전도하기 위해 선교 전략을 세웠다. 마테오리치는 지성인 선교 전략을 가지고 있었다. 그의 명성은 날로 더했다. 서국기법(西國記法, Memorial locale)을 개발하여 문관들의 과거 시험27)을 기억술로 암송하는 기법을 만들었다. 많은 과거 시험을 준비하는 사람들을 만났다. 서국기법을 가르쳐 주었다. 예상 문제까지 유추해 냈다.

16세기 개신교는 마르틴 루터의 종교개혁 이후 칼빈이 제네바에서 가톨릭과 논쟁하고 있을 때, 예수회 신부들은 중국 선교를 시작했다. 프랑스 위그노 대학살이 일어났을 때 가톨릭은 선교를 했다. 한국선교는 예수회 신부들의 선교 전략을 배워야 한다. 마테오리치 선교 전략을 배워야 한다.

마테오리치는 1585년 11월 24일자 편지에서 이렇게 피력한다.

"저는 중국인이 되었습니다. 이제 복장이나 얼굴 모습도

---

26) 상계서, pp.103-104
27) 과거 시험은 필수 과목이 사서(대학, 논어, 맹자, 중용), 교양 과목 오경이다. 원래 육경이었다. 주역, 서경, 시경, 춘추, 예기, 악기이다. 악기는 불타버렸기에 흔히 오경(五經)이라 부른다.

인사법도 겉모습도 완전 중국 사람입니다. 올해에는 말하는 법과 쓰는 법에도 많이 익숙해 졌습니다."[28]

토착화, 상황화 된 선교 전략을 보며 한국선교는 선교 전략을 점검해야 한다.

"저는 현지인이 되었습니다."

이런 고백이 있길 고대한다.

중국 선교 밑그림이 필요하다

13억 인구를 가진 중국은 경제 대국의 길목에 서 있다. 세계 공장, 중국 경제의 속국이 될 것인가? 세계 시장의 중국이 리딩 그룹이 될 것인가? 세인들의 화두다. 세계 비즈니스 전쟁의 최대 격전지인 중국에서 한국은 어떻게 살아남을 것인지 세인들의 관심이다. 중국은 다양성과 유연성의 나라다. 우리는 지리적으로 무거운 중국을 머리에 이고 있다. 차이나 드림, 차이나 쇼크, 마치 우산 장사와 짚신 장사를 둔 어머니 마음이 한국 경제의 현실이다.

중국은 2001년 11월10일 카타르 수도 도하에서 WTO에 가입하면서 시장 경제에 뛰어 들었다. 당시 스꽝성(石廣性) 중국 대외무역 합작부장은 기자 회견을 통해 이렇게 피력했다.

"15년은 긴 시간이었다. 만약 우리가 수월하게 가입했다면 지금 같은 시장화, 현대화를 이루지 못했을 것이다. 이제

28) 상게서, PP.203-204

는 성장 엔진을 유지한 채 경제 체제를 글로벌 스탠더드에 맞추는 것이 시급하다."

서방 외신들은 중대한 노름을 하고 있다고 말했다. 4년이 지난 중국은 제 3차 산업 추가 개방 조치를 내놓았다. 유통과 서비스업까지 개방했다. 시대가 변했다. 종래 중국 상품은 저가였다. 3차 개방 조치에서 중국 기업들이 저가 상품만을 만들지 않겠다는 의도를 읽어야 한다. 중국 경제가 빛의 속도처럼 변하고 있다.

일련의 세계의 시장 경제 흐름을 보면 선교와 무관하지 않다. 선교 재개편이 요구된다. 서구선교의 주도에서 제 3세계 선교의 주도로 재개편이 요구된다. 서구선교사들이 철수하는 곳에 제 3세계 선교사들이 자리를 잡아가고 있다. 서구선교 상황화 전략에서 토착화된 제 3세계 상황화 전략이 나와야 한다. 한국선교가 매진하며 숙고해야 할 과제가 있다면 한국에 복음을 전해 준 서구선교사들의 사역(허, 실, 공)에 대한 역사적 고찰이 필요하다. 과거 서구선교의 행적을 고찰하는 것은 앞으로 나갈 선교의 방향 설정이 되기 때문이다.

실크로드 길목에 중국 가정 교회 선교사들이 밀려오고 있다. 열악한 지역에 가족을 데리고 왔다. 선교비도 넉넉지 못하고 갖은 고생을 했다. 한국의 초임 선교사들과는 다르다. 군인으로 말하면 노장들이다.

통 큰 등소평(鄧小平)의 백년대계 중국 국가 정책이 이를 잘 뒷받침해 준다. 등소평의 국가 정책은 이렇다. 제 1차 원바오 정책 1979-1990(20년) GDP 800$-1,000$, 제2차 샤오

캉 정책 2000-2020년까지 GDP 3,000$, 제3차 따통 정책
2020년 이후 복지 국가가 목표이다. 이런 청사진이 100년을
내다보며 계획되었다. 중국 경제의 총설계사 등소평의 3단계
국가 발전론은 국가 주역이 바뀌어도 밑그림은 바뀌지 않는
다. 단지 색깔 입히기만 한다. 일관성 있는 국가 경영론이
저변에 흐르는 민족 속에서 중국 가정 교회의 선교 전략도
무관치 않다.

    한국선교는 선교 단체와 교단 전략이 제각기 다르다. 장
기적인 안목으로 전체 그림을 그리지 못한다. 자기 선교 단
체, 교단의 눈앞의 성과에 집착해 있다. 실적 위주다. 한국선
교는 중국 선교에서 배워야 한다. 겉치레 없는 중국을 보며
내용 있는 한국선교가 되어야 한다. 선교는 통계의 허구 앞
에 휘청하지 않았으면 한다. 한국선교는 중국과 선교 밑그림
을 함께 그려야 한다.

RPM 위기와 한국선교

    자동차 분당 회전수를 RPM이라 한다. 정상적 자동차가
분당 1,000-5,000번 회전한다. 적정 횟수를 잘 지킨 자동차
는 엔진 소리 하나만 들어 봐도 건강한 차인지 알 수 있다.
OECD(경제 협력기구) 조사에 의하면 한국은 세계에서 가장
열심히 일하는 국민이다. 칭찬의 배후에는 비극이 있다. 열
심히 일하는 것도 중요하지만 방향이 중요하다. 여유를 가지

고 완급 조절이 필요한데 너무 빨리 달린다. 통계에 의하면 한국 남성의 40대 사망률이 세계 1위다. 힘 있게 일하고 가정과 국가를 책임질 40대가 쓰러진다.

한국 축구를 세계 축구로 끌어 올린 거스 히딩크 감독이 한국 축구에 대해 이렇게 피력했다.

"한국 선수들은 전반전엔 열심히 뛰지만 후반전엔 뛸 힘이 없다. 정작 골문 앞에서는 힘이 없다."

유럽 축구나 남미 축구를 보면 얼핏 보아선 노는 것 같지만 결정적인 타이밍이 오면 성난 사자가 먹이를 발견하고 쏜살같이 질주하듯 폭풍처럼 몰아쳐 골을 넣는다. 슈팅수는 낮아도 명중률은 높다. 이것이 격(格) 있는 축구다. 열심히 선교하는 것도 중요하지만 완급 조절이 필요하다. 한국선교는 RPM 기준을 지키며 달리지 못했다. 완급 조절이 없이 급하게 달렸다. 그래서 청년 한국선교가 되어야 하는데 몸은 노년기가 되었다. 영육 간에 건강, 사역, 가정, 자녀 교육이 탈진 상태이다.

한국선교사들이 파송된 사역지마다 사역은 열심히 하는데 영적 누수 현상이 심하다. 선교사들 간에 열심 충돌로 인해 관계가 깨어지곤 한다. 연합보다는 독자적이다. 어깨동무하는 사역보다 혼자서 한다. 100미터 선수들이 많고 계주 경기를 해 보지 못했다. 단거리 선수가 많고 마라톤 선수는 없다. 혼자만의 노하우는 많으나 나눔이 없다. 한국선교는 분당 회전 속도를 줄여야 한다.

디지털 시대와 아날로그 시대, 선교

아날로그 시대에서 디지털 시대 도래가 10년 안팎이다. 아날로그와 디지털의 차이점은 속도이다. 아날로그는 느리고 디지털은 빠르다. 아날로그는 감성이 있으나 디지털은 감성이 없다. 아날로그는 서론과 과정이 있으나 디지털은 결론만이 있다. 아날로그는 인내심이 필요하지만 디지털은 급하다. 아날로그는 시간과 공간의 의미를 찾고 살지만 디지털은 시간과 공간의 제약을 받지 않는다. 아날로그는 발을 필요로 하나 디지털은 머리만 있으면 된다. 아날로그는 제한된 공간에서 살지만 디지털은 공간 제한을 받지 않는다.

바울은 아날로그 선교를 했다. AD 45년경 1차 선교를 떠났다.(행 13:1-3) 수리아 안디옥에서 바울과 바나바는 해로를 따라 육로를 거쳐 소아시아 지역을 횡단했다. 앗탈리아 항구에서 비시디아 안디옥을 가려면 험한 토로스(Toros) 산을 넘어야했다. 마가 요한은 이 산을 넘지 못하고 예루살렘으로 갔다. 시간과 공간(Time and space)을 이해 못하는 사도행전은 의미가 없다. 디지털 시대의 선교는 바울의 선교 심정을 이해하지 못한다. 바울이 형제를 만나는 기쁨과 바울의 고통과 바울의 영혼 구령의 희열을 이해하지 못한다.

선교는 아날로그 선교가 필요하다. 시대가 속도를 요구하지만 영혼 구령만은 시간이 필요하고 인내가 필요하다. 선교를 위해서는 만나야 하고, 시간을 같이 보내야 한다. 발로 가서 얼굴을 맞대야 한다. 메일로 가능하지도 않다. 화상으로 감동받지도 않을 뿐더러 회심도 불가능하다. 그리움은 등 뒤에 있다. 보지 않고 얻은 수확은 오래가지 못한다. 직접 심지 않고 얻은 수확은 기쁨이 없다. 쉽게 얻는 열매는 기쁨이 없다. 디지털 선교 전략은 가슴을 열지 못한다.

맥도 선교와 실크로드 선교

역사와 문화는 강 따라 길 따라 형성되었다. 강은 문명을 발생시켰다. 길은 경제를 발전시켰다. 문명과 경제는 동전의 양면이다. 문명이 형성된 곳에는 경제가 발전되었다. 경제가 발전하는 곳에 역사, 문화, 문명이 세계를 제패했다.

인도차이나는 인도와 중국의 복합체이다. 실크로드는 중국과 중앙아시아의 복합체이다. 실크로드는 중국 당나라(AD 7세기) 때 비단을 싣고 중앙아시아(키르키즈스탄, 타지키스탄, 아프가니스탄, 카자흐스탄, 우즈베키스탄, 투르크메니스탄, 이란, 터키, 아랍권)로 가져갔다. 인도차이나는 중국 역사와 문화가 인도 지역(캄보디아, 미얀마, 라오스, 베트남)으로 흘러갔다. 맥도와 실크로드는 강 따라 길 따라 역사와 문화를 싣고 공동점이 흐르고 있다.

첫째, 중국의 영향권에 있다. 인도차이나와 실크로드는 무거운 중국을 역사적으로 지리적으로 머리에 이고 있다. 자의든 타의든 중국의 영향권 안에 있다. 영향은 중요하다. 영향은 역사를 만들고 역사는 민족을 지배한다. 민족과 역사는 뗄 수 없다. 인도차이나 지역은 문화 종교적으로는 불교 영향을 받았다. 역사적으로는 중국 사관을 가지고 있다. 인도차이나 어느 지역에 가도 중국인이 상권(商權)을 잡고 있다. 실크로드 지역 민족들은 한 때는(주후 7세기) 불교의 영향을 받았다.

둘째, 공산주의 이데올로기 영향에 있다. 공산주의 이데올로기는 무신론이다. 신이 존재하지 않는다. 텅 빈 집과 같고, 획일적인 사고이다. 자본주의의 경제 개념을 모른다. 사회주의 개념은 소유가 없다. 74년간 공산주의가 지배하면서 주인 없는 사람들이 되었다. 거미줄 쳐진 집을 어떻게 청소하느냐가 선교의 관건이다. 흰 종이 위에 무엇을 그리느냐에 따라 그림이 달라진다.

셋째, 유사 문화권에 있다. 인도차이나, 실크로드 지역 민족들은 한국과 유사한 문화권 민족이다. 중앙아시아 민족의 정체성은 몽고 계통의 민족이다. 한국 민족과 유사한 언어와 문화를 가지고 있어서 정서가 통한다. 인도차이나 민족도 중국 문화의 영향을 받았다. 아시아 민족으로 언어와 문화적으로 유사한 민족이다. 종교와 역사가 유사하다. 혈통과 생활 습관이 유사하다. 선교에 있어서 문화적 유사성이 중요하다. 서구의 힘의 선교가 퇴진하면서 한국선교사들이 복음 회복 차원에서 실크로드와 인도차이나 지역에 자리 잡게 되었다. 중요한 점은 전략적으로 선교해야 한다는 것이다. 이것은 시대적인 요청이며 하나님의 섭리이다. 복음의 수용력이 있다.

넷째, 아시아 선교 시대가 도래한다. "Back to Jerusalem" 중국 교회의 외침은 시대적 하나님의 손길이다. 역사를 주님이 움직이신다. AMA(아시아선교협의회, 1973년 창립), 에든버러 선교(1907년) 100년의 의미(2007년)가 자못 크다. 중국 교회, 한국교회, 제 3세계 지도자들이 라운드 테이블에 앉아 세계 선교를 되짚어 보아야 한다. 한국교회의 역할이 크다. 아시아 선교의 시대가 도래하고 있다. 한국교회는 등받이 선교를 준비해야 한다.

한국교회가 세계 선교에 좋은 생각의 씨앗을 뿌리면 행동의 열매를 얻고, 행동의 씨앗을 뿌리면 습관의 열매를 얻는다. 습관의 씨앗은 성품을 얻고, 성품은 운명을 결정한다. 좋은 생각의 씨앗을 행동의 열매로 거두면 제 3세계 선교사들은 좋은 습관과 성품을 가지고 하나님 나라의 운명을 결정하는 천국 복음을 전할 것이다. 한국선교는 맥도와 실크로드 선교 지역을 선교 최적지로 알고 전략적으로 선교해야 한다.

SMILES(웃음) 전략 사역

스마일은 사역이다. 웃음이 주는 영향력은 크다. 하나님의 손과 마음을 찾는 사역이다. 만나서 격려하고 상담해 주는 사역이다. 중보 기도해 주는 사역이고, 인적 물적 자원을 연결해 주는 사역이다. 필드 리더를 세우는 사역이며, 전략

을 세우는 사역이다. 스마일 전략이 일치를 이룰 때 균형 잡
힌 사역을 이룰 수 있다.

첫째는 Seeking(찾음) 사역이다. 하나님의 손과 마음을
찾는 일은 선교의 최우선 순위이다. 하나님의 손과 마음을
아는 일이 인간이 하나님께 향할 수 있는 우선순위이다. 인
간의 하나님을 향한 마음이 성경 전체의 주제이다. 어디에
마음이 있느냐에 따라 삶의 방향이 달라진다. 어디에 손이
가 있느냐에 따라서 행동이 달라진다. 손과 마음이 어느 방
향으로 향하느냐에 따라 인생이 결정된다. 선교의 첫 단추는
하나님의 손과 마음이 어디에 가 있는지를 찾는 일이다.

둘째는 Meeting(만남) 사역이다. 인생은 누굴 만나느냐
에 따라 결정된다. 행복과 불행이 갈라진다. 만남의 영향력
이 이처럼 크다. 리더십은 영향력이다. 만남 속에서 상담과
치료가 된다. 만남 속에서 잃었던 힘을 회복한다. 만남 속에
서 방향을 결정한다. 만남 속에서 새 힘을 얻는다. 만남 속
에서 길이 열린다. 사역은 만남에서 출발한다.

셋째는 Intercession prayer(중보기도) 사역이다. 남을
위해 기도하는 일은 특권이다. 남을 위한 중보 기도는 위대
하다. 민족과 한 나라를 위한 중보 기도는 더 위대하다. 기
도에는 힘이 있다. 중보 기도는 역사한다. 중보 기도는 하나
님과 직통한다. 중보 기도는 희생이 따른다. 중보 기도는 시
간을 필요로 한다. 중보 기도는 자신에게 유익이다. 리더의
기도 사역은 필수과목이다.

넷째는 Linking(연결) 사역이다. 험한 세상에 다리가 되는 일은 기쁨이다. 척박한 이슬람 땅에 복음의 다리가 된다는 것은 감동이다. 생명 없는 영혼들에게 그리스도를 통한 다리가 되는 것은 가치가 있다. 연결이 있어야 사건이 일어난다. 사역 중에 영적 인적 물적 자원을 연결해 주는 일은 중요하다. 연결하는 사역이 필요하다.

다섯째는 Equipping(맡김) 사역이다. 다른 사람에게 맡기는 것은 신뢰를 기초한다. 맡기는 일은 건강한 사람이 하는 일이다. 맡길 때 힘은 배가 된다. 필드 리더의 필요를 마련해 준다. 사역을 맡긴다. 전쟁터에서 함께 전쟁하는 일이다. 맡김의 진가가 여기에 있다.

여섯째는 Strategy(전략) 사역이다. 전략은 성공과 직결되어 있다. 전략은 효율성이다. 전략은 낭비를 없앤다. 전략은 정확성이다. 선교 전략은 승패를 가름한다. 아무리 군인이 많을지라도 전략 없는 전쟁은 낭비이다. 선교 전략은 하나님 나라의 효율성이다. 전략 없는 선교는 청지기적 지혜가 아니다.

지역 대표(Regional Director)가 해야 할 지침(Job description)이다. 웃음은 이런 면에서 가치가 있다. 한국선교는 주님의 손과 마음이 되어 웃음 짓게 해드려야 한다.

고령 사회, 변화의 코드를 읽어라

현대 직업 동향은 과거와 다르다. OECD 조사에 의하면 IT 산업 사회는 전문화 시대다. 과거의 전통적인 대학 전공 유형은 다양화, 세분화, 전문화되었다. 대학 전공에 웰빙 식품학과, 얼굴경영학과, 부동산 경영학과, 족부외과 등이 있다. 직업 동향이 평생 직업으로, 평생 교육으로 변화되었다. 현대인의 사고가 좋은 직장보다는 평생 직업을 가지고 안정적으로 사는 전문업을 택하고 있다.

고령화라는 용어는 서구에서 사용했다. 한 나라 인구 중 65세 이상이 7%가 되면 고령화라고 부르고, 17%이면 고령화 사회라고 부르고, 25%이면 고령 국가라고 부른다.

선교도 고령화 사회에서 시대의 변화 코드를 읽어야 한다. 다양한 전공을 가진 고령 사회 인재들을 선교 자원으로 동력화해야 한다. 65세 은퇴를 앞둔 고급 인력을 선교 자원으로 동력화하는 대안이 나와야 한다. 이들은 직장에서 가정에서 사회에서 건강한 위치에 있었다. 신체적으로도 얼마든지 일할 수 있다. 기업에서 해외 주재원으로 일한 인력들은 인재들이다. 젊은 날 세계를 누볐던 사람들이다. 외국어도 유창하고, 실무 경험도 있다. 자녀 교육에도 문제가 없다. 경제적으로 안정이 되었다. 남은 과제는 헌신만 남았다.

이들에게 동기 부여가 필요하다. 동기 부여는 전체 숲을 가르치며 나무들을 바라볼 수 있게 하는 작업이다. 전체 숲은 하나님 나라에 대한 헌신이다. 나무들은 전문 직업을 가

지고 어느 분야에서 헌신할 소프트웨어이다. 고령 사회에서
는 선교를 획일적인 데서 다양성으로 변화의 코드를 읽어야
한다. 젊은 세대는 선교 동기를 부여해서 동력화해야 한다.
고령 사회의 은퇴를 앞둔 고급 인재들을 선교 동력화하여 가
동하는 작업이 필요하다. 서구선교 단체들은 이미 시작했다.
성경번역선교회에서 일하는 비행기 조종사, 인터서브 선교회
의 전문인 의료 선교사, 외교관을 선교 홍보 대사로 사용해
야 한다.

한국선교는 변화의 코드를 읽지 못하고 있다. 선교가 전
문화되고 다양화 되고 있다. 가동할 수 있는 인재 자원을 사
장시키지 말고 사용할 수 있는 청지기 선교 전략이 개발되어
야 한다. 실버 선교사들을 활용하라. 고령 사회의 중요한 선
교 자원이다.

낙타 전도법29)

이집트의 시내 산에 오르려면 낙타가 등장한다. 한국 순
례 객이 많기에 이집트인들은 장사를 한다.

---

29) 데이비드 게리슨(Kevin Greeson) 이득수 역, 교회 개척 운동
   (Midlothian; WIGTake Resouces, 2004), p. 99
   무슬림을 향한 성공적인 그룹 상황화 전도 전략(낙타 전도법 소개와 성
   공사례)을 방글라데시 무슬림 지역으로 중심으로 놀랍게 개종하는 집단
   들이 일어나고 있다.

"굿 낙타(낙타 좋습니다!)"

한참 오르다 보면 힘이 든다. 어디서 나타났는지 "굿 낙타!" 서너 차례 유혹을 받게 되면 결국 낙타를 탄다. 장사하는 이집트인들의 유혹 전략이 일말의 센스가 있다. 힘들고 어려울 때 곁에서 "굿 낙타!" 유혹 전략을 선교에 접목할 수 없을까? 낙타 전도법이다. 이슬람과 낙타는 밀접한 관계가 있다. 이슬람 신앙과 낙타는 복음 접근의 열쇠가 된다. 여기 코란 수라 구절을 주목해서 관찰해 본다.

"코란 수라 알 임란 3:42-55절을 사용해서 평화를 받으려는 사람을 찾기"

무슬림들은 알라에게 100가지 이름이 있었다고 믿는다. 인간은 99가지 이름만 알고 있다. 나머지 100번째 알라의 호칭은 오직 낙타만이 안다는 전설이 있다. 무슬림들은 낙타가 알고 있는 100번째 호칭을 알기를 원한다. 바로 모든 이름 위에 뛰어난 예수 그리스도시다.

1. 낙타 전도법

낙타 전도 방법의 목적과 목표를 이해하는 것이 중요하다. 낙타 전도법이 무슬림으로 하여금 그리스도 안의 구원에 이르게 할 수 없다. 목적은 무슬림 중에 평화를 받으려는 사람을 찾기 위한 것이다. 이 전략은 무슬림 사회와 관계를 형성하는 데에 도움을 준다. 그 이후 개종자가 되려는 무슬림들을 발견한 이후 성경으로 인도한다.

코란 구절 수라 알 임란 3:42-55절을 사용해서 예수를 선지자 수준에서 구원자 수준 가까이 올리려 한다. 수라 알 임란 3:42-55절을 자세히 읽고 나면 이사(예수님)가 단순한 선지자가 아니고, 코란 구절을 통해서 이사는 선지자 이상의 존재임을 분명히 알게 된다.

2. 코란 수라 알 임란 3:42-55에서 예수님을 구원자로 격상시키기 위해서 언급해야 할 세 가지 요소

예수님은 거룩하다.
예수님은 죽음을 극복할 능력이 있다.
예수님은 구원의 길을 알고 계신다.

코란 수라 알 임란 3;42-55절을 읽고 위에 언급한 세 가지 요소와 그 이외의 영적 진리, 새로 발견한 사실을 찾아 아래 코란 구절 옆에 기록해 보라.

2.1. 또 천사가 말하길 "마리아여 하나님이 너를 선택 하사 정결케 했으며 너를 모든 여성들 위에 두셨도다.

2.2. 마리아여 경건한 자세로 너의 주님께 엎드려 경배 하고 허리를 굽혀 예배하는 자들과 함께 할지어다.

2.3. 이것은 우리(하나님)가 그대에게 제시한 보이지 않 는 것 가운데 복음의 일부이거늘 누가 마리아를 보호할 것 인가를 결정하기 위해 그들이 화살을 던졌을 때 그대는 그 들과 함께 있지 아니하였으며 그들이 그것에 관해 논쟁할 때도 그대는 그들과 함께 있지 아니하였도다."

2.4. 천사들이 말하기를 "마리아여 하나님께서 너희에

게 복음을 주시니 마리아의 아들로써 그의 이름은 메시아 예수이니라. 그는 현세와 내세에서 영광이 있으며 하나님 가까이 있는 자들 가운데 한 분이니라.

2.5. 그는 요람과 성장해서 사람들에게 말을 할 것이며 의로운 자들 가운데 있게 되리라."

2.6. 그녀가 가로되 어떤 사람도 저를 스치지 아니하였도다. 그가 말하기를 그렇게 되리라. 그분의 뜻이라면 창조하시리라. 그분이 어떤 일을 하고자 할 때 이렇게 말씀하시나니 있어라 그러면 있느니라.

2.7. 그분은 성서와 지혜와 구약과 신약을 그에게 가르치시니

2.8. 그를 이스라엘 자손에 선지자로 보내리라. "나는 너희 주님으로부터 예증을 가지고 왔도다. 내가 너희를 위하여 진흙으로 새의 형상을 만들어 숨을 불어 넣으면 하나님의 허락으로 새가 될 것이라. 하나님이 허락하실 때 나는 장님과 문둥이를 낫게 하며 하나님의 허락이 있을 때 죽은 자를 살게 하며 너희가 무엇을 먹으며 너희가 무엇을 집안에 축적하는가를 너희에게 알려 주리라. 너희에게 신앙이 있을 때 너희를 위한 예증이 있도다.

2.9. 내 이전에 율법(구약)이 있음을 확증하고 너희에게 금지되었던 몇 가지를 허용하기 위해 내가 너희에게 왔으며 너희 주님으로부터 예증을 너희에게 가져왔으니 하나님을 두려워하고 나에게 순종할 것이니라.

2.10. 하나님은 나의 주님이자 너희들의 주님이시니 그분을 경배할지어다. 그것이 올바른 길이니라.

2.11. 예수가 그들의 불신을 알고 소리쳐 가로되 "누가 하나님의 전에서 나를 따를 것인가?" 그들이 대답하여 가로되 "저희는 하나님을 따르는 자들이며 하나님을 믿고 저희가 무슬림임을 증언하나이다."라고 한다.

2.12. 주여 당신이 제시한 것을 믿사오며 당신이 보낸

선지자(예수)를 따르나이다. 저희들을 증언자 가운데 있게
하여 주소서.

　　2.13. 그들이 음모를 하나님은 그들에 대한 방책을 세
우셨다. 하나님은 가장 영특한 계획자이시도다.[30]

　　2.13. 하나님이 말씀하사 예수야 내가 너를 불러 내게
로 승천케 하며 불신자들로부터 세제하며 너를 따르는 자
부활의 그날까지 불신자들 위에 있게 하리라. 그런 다음 너
희는 내게로 돌아오나니 너희들이 달리 한 것에 대해 가름
을 하여 주리라.

　　사도 바울이 오늘날 무슬림을 위한 선교사라면 그의 전
략은 어떠했을까? 그는 낙타 전도법을 사용했을까? 바울의
습관은 새로운 지역에 갈 때마다 직접 회당에 들어가서 그들
에게 그들의 경전에 나오는 그리스도를 소개해 주었다.

　　"그들이 암비볼리와 아볼로니아로 다녀가 데살로니가에
이르니 거기 유대인의 회당이 있는지라. 바울이 자기의 관례
대로 그들에게로 들어가서 세 안식일에 성경을 가지고 강론
하며"(행 17:1-2)

부메랑(Boomerang)과 선교

　　"부메랑(Boomerang)"이란 호주 원주민들이 사용하는 무

---

30) Bill A. Musk, Touching the Soul of Islam: Sharing the Gospel in
Muslim Cultures, (MARC: Crowborough), 1995. p 70

기인데 "ㄱ" 모양으로 구부러진 나무 막대기로 던져서 목표물에 맞지 않을 경우 다시 돌아오는 무기이다. 던지면 다시 돌아오는 부메랑은 가벼우면서 얇고 균형이 잘 잡혀 있다. 길이가 30-75cm, 무게는 약 340g이다. 부메랑의 의미는 '던진 사람에게 다시 돌아온다', '행위자에게 다시 돌아온다.'(욕설, 음모, 공격)는 뜻이다.

이스라엘에 한 왕이 있었다. 그 왕은 갈멜 산 사건에서 엘리야와 대결하여 무참히 참패했던 겁 없는 아합 왕이다.[31] 이스라엘 왕으로서 자신의 왕궁 확장을 위해 평범한 시골 농부 포도원을 통째로 삼키려고 계획한다.(왕상 21:16-18) 자기 아내 이세벨까지 합세하여 나봇이 "하나님과 왕을 저주하는(왕상 21:13)" 위증을 꾸민다. 나봇을 "돌에 맞아 죽게 했다.(왕상 21:15)" 이것으로 하나님과 이스라엘 역사 앞에 범죄 했다. 아합은 "나봇의 포도원을 먹을 것인가?", "하나님이 살아 계심을 두고 맹세하노니 내 말이 없으면 수년 동안 비도 이슬도 있지 아니 하니라."(왕상 17:1)

하나님께서는 선지자 엘리야를 보내서 "개들이 나봇의 피를 핥은 곳에서 개들이 네 피 곧 네 몸의 피도 핥으리라.(왕상 21:19)", "개들이 이스르엘 성읍 곁에서 이세벨을 먹을지라"(23절)고 선언하셨다. 아합 왕과 왕후 이세벨이 나봇 포도원을 "먹으려고" 했지만 오히려 개들이 "아합의 피를 핥고", "이세벨의 살을 뜯어 먹을 것"이라고 말씀하셨다. 아합

---

31) 아합의 궁: 아합 왕의 겨울 별장인 이스르엘 궁전을 가르친다. 아합은 수도 사마리아에 화려한 상아 궁전을 두고 있었다. 이처럼 부러울 것 없는 왕이 한 가난한 농부 나봇의 포도원을 탐낸 것이다.

왕이 자기 백성 농부의 포도원을 "먹으려고 하다가 먹히는" 부메랑(Boomerang) 비극을 초래했다.

선교 현장에서도 부메랑 현상들이 많다. 현지인들이 선교사를 돌려보내고 현지 재산을 통째로 삼키는 일들이 있다. 선교사가 현지에서 재산을 모아 선교 본부로 재산권 등록을 하지 않고 선교부를 탈퇴하는 비극도 있다. 선교비를 개인 재산으로 모아 은행에 예치해 두었다가 발견되는 비극도 있다. 아이들 교육을 위해 사역비까지도 교육비에 사용하는 비극도 있다. 선배가 일구어 놓은 현지 선교 재산을 임의적으로 팔아 버린 비극도 있다. 후원교회가 현지에서 공적으로 사준 집을 선교지에서 철수할 때 임의적으로 팔아 챙기는 비극도 있다.

부메랑 원리를 기억하라. 던진 사람에게 다시 돌아온다. 행위자에게 다시 돌아온다.(욕설, 음모, 공격) 아합 왕의 나봇 포도원 사건은 교훈이다. 선교지에서 부메랑 원리의 비극에 빠지지 않아야 한다. 구부러진 나무 막대기는 목표물에 맞지 않을 경우 다시 돌아온다. 행위자에게 다시 돌아온다. 부메랑의 비극이 선교 현지에서 없어야 한다.

블루 오션 전략32)과 선교

2005년 하버드 비즈니스 대학(Harvard Business School) 출판부에서 「블루오션 전략」(Blue Ocean Strategy)이란 책을 내어 세간의 베스트셀러가 되었다. 공동저자 두 사람은 프랑스 INSEAD 대학의 경영 전략 교수들이다. 한국인 김위찬과 프랑스인 르네 마보안(Renee Mauborgne)이다.

산업화 이래로 기업들이 끊임없이 경쟁에 임해 왔다. 대부분 기업들은 시장 점유율을 넓히기 위해 싸우고 있다. 차별화를 위해 투쟁하고 경쟁 우위를 확보하기 위해 머리를 싸맨다. 이 책은 전략적인 성공을 거두는 필수 조건들에 대하여 새로운 방법론을 제안한다.

저자들은 100년 이상 지속된 30여 분야의 산업에서 150여 건의 전략적 이동(Strategic Move)을 연구하였다. 포드 자동차 모델 T부터 애플의 iPod에 이르기까지 전략적 이동을 발견하였다. 그것은 경쟁을 무의미하게 만들었고 블루오션이라는 무한한 잠재력을 가진 경쟁 없는 시장 공간인 블루 오션을 창조하였다.

블루오션을 지키는 세 계명이 있다. 첫째는 블루오션으로의 진입로를 좁혀라. 방역 서비스 업체 세스코의 경우는 단순한 아이디어 같지만 쉽게 모방하기 어려운 노하우로 독보적인 위치를 차지하고 있다. 경쟁자가 쉽게 진입하지 못하

---

32) W. Chan Kim, Renee Mauborgne, Blue ocean strategy: How to create Uncontested space and make the competition irrelevant, Harvard business school boston, massachusetts, 2005, pp.4-12.

도록 기술이나 특허, 노하우를 갖추어야 한다. 둘째는 움직이는 블루오션을 구축하라. 블루오션 진입에 성공한 경우 경쟁자들이 언젠가는 좁은 진입로를 뚫고 들어올 것이기 때문에 경쟁이 일어나기 전에 새로운 블루오션 영역으로 발 빠르게 찾아 움직여야 한다. 셋째는 충성도 높은 마니아를 만들어라. 한국선교는 "레드오션(Red ocean)"에서 기업들이 피 튀기는 경쟁이 벌리듯이 같은 사역지에서 같은 사역으로 피 튀기는 사역 경쟁을 했다.

한국 AAP의 연구 설문 조사에 의하면, 한국선교사들이 전반적으로 교회개척 사역을 하는 것으로 나타나고 있다. 외국 사역자들과 비교할 때, 교회 개척에 더 나은 자질을 가지고 있다. 연구 조사가 도출한 몇 가지 결론을 소개하면 다음과 같다.

첫째, 한국선교사들은 전반적으로 문화에 대한 적응력이 매우 뛰어나며, 근면, 성실, 열정, 헌신 도에 있어 강점이 있다. 이런 현지 적응력과 희생정신으로 교회 개척 사역에 있어서 다른 국가나 지역 선교사들보다 비교 우위가 있다.

둘째 문제는 교회 개척 사역에 있어서 현지에 대한 충분한 연구가 없이 곧장 사역을 시작하여, 현지 문화에 적합한 토착 교회를 세우지 못하고, 한국의 소속교단이나 파송 교회 정도로 교회 개척 사역이 진행되고 있다.

외국 사역자들에 비해 비교 우위인 교회 개척, 신학교, 제자훈련을 동일한 지역에서 동일하게 하다 보니 부작용이 많았다. 현지 토착 교회를 세우지 못하고 교단이나 파송 교회 정도로 교회 개척 사역을 했다. 한마디로 검증되지 않은 사역을 했다. 부작용으로 현지인 수평 이동 현상을 자아냈다. 현지인 사례비가 이슈가 되었다. 현지인과 사역자, 사역자와 사역자들 간에 골이 깊어졌다.

기업에서 레드오션은 경쟁이 심하듯, 선교지에서도 레드오션은 과다 경쟁으로 아군끼리 싸우다가 본질적인 일을 놓친다. 지금이라도 창조적 선교(Creation mission), 블루오션을 개발하여 서로가 협력하는 장이 이루어져야 한다. 외국 선교사들, 현지 교회 지도자들, 한국 사역자들이 한 테이블에 앉아서 선교가 선교되도록 고민해야 할 시점에 왔다. 한국선교의 블루오션 선교 전략이 필요하다.

선교, 신용 평가(信用評價, Credit) 제도

신용 평가 제도란 기업이 대출을 받거나 회사채의 어음을 발행할 때 원리금을 갚을 수 있는 여부를 등급으로 매겨 금융 기관이나 투자가들이 판단을 내릴 수 있도록 하는 제도를 말한다. 차입자의 신용 상태, 재무 상태를 조직으로 등급을 매기는 것을 말한다. 평가 요소들은 기업의 영업력, 경영자 자질, 기술 개발 상황, 재무 구조 등이다. 궁극적으로 기업의 부채 상환 능력을 평가하는 제도이다.

한국은 1985년부터 신용평가 제도가 도입되었다. 최근

한 기업에 대해 한개 신용 평가 회사만 등급을 매기는 단수 평가 제도가 객관성이 떨어진다고 해서 복수(複數) 신용 평가 제도를 도입하고 있다. 신용도에 대해 두 곳 이상 평가를 받도록 함으로써 평가 등급의 객관성을 높이자는 것이다. 별개의 신용 평가 회사로부터 신용 평가를 받아 서로 비교할 수 있도록 하면 불성실한 평가나 착오를 줄이고 신용 평가 제도의 공정성과 신뢰성을 높일 수 있도록 하는 일이다.

신용(信用, Credit)이란 용어는 기원 전 이집트 시대부터 문헌에 등장하는 유서 깊은 용어이다. 개인과 개인 간의 상거래가 현물의 직접적 교환으로만 이루어졌던 시대에는 거래 규모에 한도가 있어서 들고 다닐 수 있는 물건의 양으로 판가름이 났다. 현대는 경제 규모가 커짐에 따라 외상 제도의 발명으로 경제 규모가 비약적으로 커졌다. 기업 간 상거래가 현금 거래보다 외상 거래의 비중이 커짐으로 신용 등급 제도를 도입하게 되어 기업 신용 평가가 탄생하게 되었다.

한국의 타문화권 선교가 1980년을 기점으로 상승곡선을 탔다. 서구선교가 철수한 지역에 회복 선교(回復宣敎)를 시작했다. 동서 냉전 시대가 막을 내리고 1974년 공산주의 이념 붕괴 지역에 한국선교가 시작되었다. 한국선교 열전(熱戰)이었다. 좌우 돌아볼 겨를 없이 뛰었다. 서구선교가 상상 못할 사역을 했다. 선교의 꽃인 교회 개척을 수없이 했다.

실크로드 선교를 회고해 본다. 공(功)도 많았지만 과(過)도 컸다. 선교의 기본 정석을 많이 비켜 갔다. 과다경쟁이 심했다. 언어를 배울 수 있는 기회를 놓쳤다. 사역의 중복

투자가 많았다. 현지인들과 함께 마주 앉아 차분히 사역을
풀어 갈 마음의 여유가 없었다. 선교가 실적 위주였다. 인적,
물적 낭비가 많았다. 공산주의의 이념이 붕괴 지역에서 사역
의 틀과 모델이 없었다. 각개 전투 선교였다. 도움의 손길이
많아 나누어 주기에 급급했다. 장래를 보고 인재 양성을 하
지 못했다. 현지인들이 선교사 밑에서 시간을 두고 배우지
못해 건강하게 자라지 못했다.

누군가 말했다.

"성공은 모방할 수 있지만 실패는 모방할 수 없다."

한국선교의 과실(過失)을 인정하고 선교의 기초로 돌아가
야 한다. 객관적으로 공신력이 있는 선교 전문 기관을 통해
선교의 신용 평가(信用評價, Credit)를 받아야 한다. 세계는
고객들이 안방에서 기업의 신용 상태, 재무 상태 등 조직적
으로 등급을 매기는 시대다. 기업의 영업력, 경영자의 자질,
기술 개발 상황, 재무 구조에 채점을 한다. 기업의 부채 상
환 능력을 평가한다. 그렇다면 한국교회도 선교 행정 책임자
의 경영 자질, 기술 개발 상황, 재무 구조에 대해 신용 평가
하는 일은 당연하다.

선교는 수리보다 정비가 낫다. 평가를 받는 것은 발전을
기대하는 일이다. 한국선교는 지적받는 것을 부끄러워하지
않아야 한다. 실패는 성공의 어머니이다. 역사를 아는 사람
은 실패를 반복하지 않는다. 서구 제국주의 선교가 미친 선
교지의 악영향을 알았다. 선교 신용 평가 제도를 도입하여
선교가 선교될 수 있도록 해야 한다. 물은 결코 수면 위를

넘지 못한다. 선교는 초대 사도들의 선교 기초를 떠나서는
안 된다. 사도적 방법으로(The Apostolic way) 선교를 해야
한다. 사도 바울이 했던 선교를 해야 한다.(행 19-20장)

선교지! 영적 로드 맵을 우선하라

선교 회의를 마치고 말레이시아 두 번째 도시인 페낭
(Panang)을 방문했다. 쿠알라룸푸르에서 육로로 4시간 정도
떨어져 있고 인구는 400만 명 정도이다. 200여간 영국 식민
지로 있어서 인지 고풍스런 건물이나 길들이 시원스럽게 뻗
어 있다. 원래는 섬이었다.

1970년대 중동 건설 붐이 한창이었던 시절에 현대건설에
서 4킬로가 넘는 다리를 놓아서 페낭은 섬이 아니다. 어느
나라나 경제 부국으로 가는 정석이 있다면 사회 간접 자본
투자가 경제 인프라다. 말레이시아는 사회 간접 자본 투자가
활발한 나라다. 동남아시아 관문도시(Gateway)로서 앞서가
는 나라다. 공항에서부터 시원스럽게 뚫린 도로가 야자수와
함께 아름답기 그지없다. 동남아시아에서 싱가포르, 일본, 대
만, 한국을 제외하면 경제 중흥 국이 말레이시아다. 에이펙
정상회담에서 수차례 다루어진 현안은 아시아 몇 나라를 제
외한 저 개발 국가들에 대한 재정 지원 정책이다.

이슬람이 급부상하는 나라, 자원이 풍성한 나라, 이슬람
을 표방하는 나라가 말레이시아다. 몇 가지 중요한 나라 정

책을 보면 다음과 같다.

첫째는 동남아시아와 중동의 관문 도시로서 역할이다.
둘째는 이슬람 교육 투자가 활발하다.
셋째는 자원이 엄청나다.
넷째는 농업 정책이다.

첫째와 둘째는 이슬람과의 역학 관계다. 중동과 긴밀한 협력으로 이슬람 전파를 위해 교육에 가장 많이 투자한다. 말레이시아 이슬람 대학은 중동과 아프리카, 아시아 지역에서 엘리트들이 모여든다. 셋째와 넷째는 세기에 당면한 문제를 해결하는데 열쇠를 쥐고 있다. 21세기 당면한 현안은 고갈된 자원 해결 방안이다. 중동의 석유도 바닥이 났다. 쿠웨이트는 많은 양의 석유를 빼어 지반이 가라앉자 물을 집어넣는다. 이란에 대한 한국의 전략도 배후엔 석유 이권과 전혀 무관하지 않다. 말레이시아는 석유 매장량이나 천연 자원과 농업 개발의 처녀지와 같다.

말레이시아 선교를 생각하며 한 선교사와 몇 가지 선교 원리들을 나누었다. 그는 영국에서 교회사도 공부하고 언어도 제법 잘한다. 나름대로 선교를 원리대로 해보려고 노력했다. 대화 중 몇 가지 제안을 하였다. 첫 팀은 가능한 사역에 뛰어 들지 마라. 선교가 어려우면 기초로 돌아가라. 칼은 칼집에 꽂혀 있을 때 빛난다. 프로 선수는 몸놀림이 유연하다. 영적 로드 맵을 잘 만들어라.

선교지를 방문하다 보면 선교사들이 지쳐 있는 모습을 본다. 핵심은 하나다. 일을 너무 많이 벌여 놓았다. 지도자 양육, 현지 교회 개척, 센터 운영, 한인교회까지 한다. 기업이나 제조업체들도 아웃 소싱 하여 자체 브랜드 제품만 생산한다. 포드 자동차가 1920년에는 자동차 생산라인부터 타이어 생산까지 했다. 브라질 고무나무까지 심어 엔진부터 타이어 생산 제조까지 책임졌다. 85년이 지난 오늘은 가능한 한 아웃 소싱 하여 엔진만 자체 브랜드 생산이고, 다른 부분들은 조립 생산한다. 고객 만족을 위한 기업들의 대 변혁이 일어났다.

선교지마다 하나님 나라의 왕국을 쌓는 것이 아니고, 자기 왕국을 쌓으려는 선교사들을 보면 마음이 아프다. 동남아시아 국가들은 이슬람 블록의 새로운 질서에 들어서야만 한다. 한국선교가 200년 영국 식민지 나라에서 탈 서구화 된 나라를 같은 문화, 같은 피부색의 민족이 새롭게 선교를 시도한다면 선교 자원 면에서 많은 효과가 있을 것 같다. 동남아시아인들이 선교의 장에 들어올 수 있도록 말이다.

아시바 선교

신학교 동창을 오랜만에 선교 현장에서 만났다. 구소련이 무너지자마자 선교지에 달려간 친구다. 오랜만이다. 중년의 티가 나고 자녀들도 많이 자랐다. 친구들의 근황을 물어 보며 밤늦도록 이야기를 나눴다. 지난 시간을 회고해 보니 신학교를 졸업한지 20여 년이 지났다. 당시, 합동신학원과 교단이 분열을 했다. 상흔이 있던 시절에 입학을 했다. 학교 분위기는 쓰나미 해일로 스쳐간 기분이었다. 교수도, 학교도, 학생들도 불안했다. 몇몇 친구들은 학교에 실망하여 휴학도 했다. 어떤 친구들은 합동신학원이나 다른 신학교로 갔다. 친구들은 삼삼오오 짝을 지어 스터디 그룹도 만들어 공부했다. 기도 그룹도 만들어 열심히 기도했다. 도시락 부대도 있었다. 도시락을 싸가지고 학교 뒷동산에 와서 나누며 교제하던 친구였다.

세월이 흘러 중년이 되었다. 목회하는 친구들은 중형 교회 목회를 넘어서서 교단 총회나 노회에서 중견들로 활약하고 있다. 자랑스러운 것은 모교에서 가르치는 교수만도 5명이나 된다. 국내외에서 학위를 받은 친구들이 10여 명이 넘는다. 선교사들도 10여 명 된다. 지난 시간을 생각하면 교육이란 교실 안에서만 이뤄지지 않는 다는 것을 실감한다. 교실 밖의 공부도 중요하다. 스스로 공부한 공부가 남는다. 열심히 공부한 공부가 남는다.

대화 중 "아시바 선교"[33]에 대한 이야기가 나왔다. 이민 목회 하시던 선배 목사님이 한국교회사 특강을 하시면서 미국에서 온 초기 미국 선교사 이야기를 했다.

---

33) 아시바는 건축 용어이다. 한국 건축 용어는 거의 일본 건축 영향을 받았기에 일본 건축 용어가 건축사회에서는 그대로 통용된다. 아시바는 한국 표준말로 말하자면 구조물이다. 건물을 짓는데 겉에 모형을 만들어 놓고 철근과 시멘트를 넣어 원형이 되면 아시바(구조물)는 뜯어낸다.

"한국선교가 짧은 100년 선교에서 자치, 자립, 자영할 수 있었던 것은 선교사들이 일찍부터 아시바 선교를 시도했기 때문이다."

선임 선교사가 되었다. 교회 개척도 해 보았다. 사람도 키워 보았다. 실패도 해 보았다. 인간관계의 아픔으로 불면의 밤을 지내기도 했다. 선교의 철이 들었다. 생각해 보니 선배 목사님 강의가 명강의였다.

풀러 신학교 교수였던 로널드 맥가브란은 교회 성장 원리를 이렇게 피력했다.

"동질 집단의 사람이 동질 집단을 개종시키는 것이 가장 효과적이다."

미전도 종족에 대한 선교 포커스와 맥가브란의 교회 성장 이론인 동질 집단의 원리(Homogeneous Unit Principle)가 핵심 원리로 자리 잡았다. 어떻게 하면 회심자들이 무슬림 미전도 종족 사회 가운데에서 축출되지 않을 수 있을까. 하나의 집단적인 예수 공동체를 이룰 수 있는가에 다다르게 되었다. 무슬림 내부로부터의 회심 가능성에 대하여 진지하게 논의가 진행되고 있다. 문화 인류학의 발달로 문화에 대한 이해가 깊어졌다. 이슬람의 문화적 이해와 성경적인 복음 전도의 대안들이 활발하게 토의되었다.[34] 문화적 상대주의(Cultural Relativism)에 대한 새로운 개념과 상황화가 등장했다. 이슬람을 하나의 독특한 세계관으로 형성된 문화로 이

---

34) David J. Bosch, *Transforming Mission*(Paradigm Shifts in Theology of Mission), Oribis Books, p.9.(이병길, 장훈태 역), 변화하고 있는 선교, 기독교문서서회, 2000.

해하게 되었다. 무슬림 복음 전도에 대한 새로운 방법론과
철학적 기반을 던져 주었다.

1974년에 찰스 크래프트(Charles Kraft)는 이슬람을 하
나의 문화로 이해하는 것에 기초하여 '무슬림 교회'(Muslim
Church)35)라는 용어를 소개했다. 1977년에 이르러서는, 존
와일더(John Wilder)가 무슬림 상황 가운데에서 '그리스도께
로 대중 운동(A people movement to Christ)'을 이론화하였
다. 초대 유대 그리스도인들과 현대의 메시아파 유대교의 발
흥에 기초한 연구를 통하여 두 가지의 가능한 시나리오를 제
기했다. 첫 번째는 '이슬람 내부에 머물러 있는 상태에서 일
어나는 그리스도께 향한 대중 운동'(A people movement to
Christ which remains within Islam)이다. '이슬람 내 예수
운동'(Jesus Movement within Islam)이다. 두 번째는 '무슬
림 문화 지향적인 새로운 교회를 이루고자 하는 대중 운동'(A
People movement constituting a new church of Muslim
cultured orientation)이다. 찰스 크래프트는, NIV 성경 번역
에 실제로 적용된 '동적 등가'(Dynamic Equivalence)라는 개
념을 성경 번역을 위한 하나의 과학적인 도구로서 소개하였
다. 동적인 등가로서 '무슬림 사회 내의 교회'(Churches in
Muslim Society)의 아이디어로 발전시켰다.36) 문화를 몇 가
지 신학적인 전제들과 그 양식과 종교적인 구조에 대한 '중

---

35) Sham Schlorff, "The Transitional Model for Mission in Resistant
    Muslim Socity: A Critique and An Alternative(1)," Seedbed,
    vol.(No.3)1998,pp10-12.(재인용)
36)상계서, p25.

립적 매개체'(Neutral Vehicle)로 간주하였다. 그는 그 가능성에 대해 이렇게 말했다.

"내가 믿기로는, 소위 무슬림 종교 구조라고 부르는 구조 가운데에 크리스천 신앙(Christian Allegiance)을 결합시키는 작업은 완전히 성경적이라고 할 수 있다."

무슬림 공동체인 동질 집단 속에 자민족이 선교하는 것이 가장 효과적이다. 이 선교 이론은 공론화(共論化)되었다. 선교사는 현지의 주인이 아니다. 손님이 아무리 주인이라고 해도 현지인들은 자기들이 주인이라고 한다. 주님도 하늘 보좌를 버리시고 종으로 이 땅에 오셨을 때 자기 땅에 오셨음에도 불구하고 주인으로 대접받지 못했다. 건물이 완성되고 아시바가 초라하게 부착되어 있으면 꼴불견이다. 손님은 식사 후 빨리 돌아가는 뒷 모습이 아름답다.

선교사가 개척하여 교회를 세우고 사람을 세웠지만, 언젠가 현지인에게 영광의 꽃다발을 건네주고 돌아가야 한다. 한국선교도 선교사 왕국을 세워 현지인들이 눈살을 찌푸리는 지역이 이곳저곳에서 나타난다. 아시바는 빨리 철거할수록 건물은 아름답다.

아웃소싱(Outsourcing) 선교 연구소

기업에서는 CEO가 두 날개를 가지고 경영한다. 최고 재무책임자(The Company's Chief Financial Officer)와 최고

인적자원 책임자(The Chief Human-resources Officer)다.
두 날개는 기업의 신 개념이다. 지난 세기 CEO의 실패는 인
간 실패가 아니라 시스템 실패로 지적한다.

훌륭한 리더는 세 가지를 갖추어야 한다. 첫째는 인격,
둘째는 비전, 셋째는 시스템 관리능력이다. 인격과 비전은 동
전의 양면과 같다. 훌륭한 리더가 인격과 비전이 있어도 시스
템 관리 부족으로 조직과 단체들이 공룡처럼 서 있다가도 쓰
러졌다. 해법은 있다. 리더 자신이 은사가 부족하면 탁월한
시스템 관리자를 채용하면 된다. 과거에는 단체나 기업들이
한 지도 체제로 일했다. 설립자나 기업주는 영구 체제였다.

역사를 보면 단체나 기업 리더가 30년 이상 영향력을 행
사하지 못했다. 공산주의 이데올로기도 74년 만에 무너졌다.
사담 후세인의 철권통치가 24년 만에 막을 내렸다. 역사는
재조명이 필요하다. 과거를 보고 현재를 알고 미래를 조명하
는 학문이다.

전통적으로 지난 세기의 탁월한 단체나 기업들은 자체
연구소를 소유했다. 1869년 독일 지멘스(Simens) 연구소를
필두로 1952년 위대한 연구소 시대가 있었다. 미국 워싱턴
정가를 중심으로 해리티지(Heritage) 연구소, 뉴욕 AEI 연구
소 등은 정치, 사회, 문화, 종교, 군사, 의학 분야에 있어 많
은 석학들이 밤새워 인류에 기여했다. 동서 냉전이 끝난 지
금 전통적인 연구소들이 IBM 연구소를 끝으로 자체 연구소
시대의 막을 내렸다. 브랜드 시대가 되었다. 고객이 브랜드
만 신뢰하면 공급업자와 제조업체는 시장 지배력을 가질 수

있기 때문이다.

　제2차 세계 대전 이후 지난 50년간 산업 발전에 기여한 벨연구소가 발명한 발명품 중 절반 이상은 전화 산업 이외 분야에 적용되었다. 벨연구소의 혁신적인 발명품이 용도를 찾지 못해 원하는 회사에 공짜로 주었다. 일본 소니(Sony)가 벨연구소에서 개발한 발명품을 가지고 가전제품 산업에 뛰어들어 황금알을 낳았다.

　오늘의 연구소 책임자들에게 19세기 발명품은 진부해졌다. 일부에서는 자체 연구소 폐지론까지 거론된다. 핵심은 점점 파트너십 연구소, 조인트 벤처 연구소, 전략적 제휴 연구소, 소수집단 참여 연구소, 기술협정 연구소들이 등장하고 있다.

　한국선교도 전략적으로 하고 있는지 짚어 보아야 한다. 여기 블록별 나라별 선교 전문 연구소가 등장해야 한다. 국내 몇몇 전문 선교 연구소들이 있지만 영세성을 면치 못하고 있다. 아웃소싱하며 공유하는 전략적 선교 연구소가 필요하다.

　최근 미국에서는 기업들로 구성된 용역 단체들이 생겼다. 주정부와 협력하여 거리 청소부, 개인 감옥을 운영하는 아웃 소싱 시스템을 도입했다. 국영화에서 민영화가 되었다. 비영리 부분에서도 마찬가지다. 산부인과 의사와 출산 센터 (Birthing center) 공동으로 산모 실을 운영하여 직업 여성들의 편의를 돕고 있다.

　선교 단체나 교단 선교부도 가능한 한 본부 행정력은 축소하여 아웃소싱 체제로 변화되어야 한다. 향후 한국선교의 발전을 위해 아웃소싱 선교 전문 단체가 있기를 기대한다.

본부 업무만 담당하는 헌신된 용역 기관이 생겨 선교 업무를
효과적으로 담당해 주는 단체도 필요하다. 효율적인 인사,
재무를 담당하는 선교 평가 기관도 있어야 한다. 선교 본부
도 현지 지부나 지역 책임자들에게 사역과 인사권을 과감히
이양하고 본부는 최종 결정권만 갖는 시스템으로 나아가야
한다. 선교 연구소들도 우리만 노하우가 있다고 자기들만 소
유하지 말고 한국교회와 공유하며 아웃소싱 선교 시대로 가
야 한다.

역치(閾値) 원리와 선교

무거운 새벽을 밀어 올리던 굵은 빗소리가 그치고 환한
새 아침이 밝았다. 늦가을 지중해 하늘은 청명하기 그지없
다. 올해는 우기가 빨리 온 느낌이 든다. 이른 아침 바닷가
를 거니노라면 수없는 조류들이 하늘을 수놓는다. 나라마다
조류들이 다양하게 서식하지만 이곳에는 까마귀들이 유난히
많다. 조국에서는 아침에 까마귀가 울면 흉조(凶兆)라 하지
만, 가까운 일본선 길조(吉鳥)라 한다. 문화 차이다. 지중
해 까마귀는 연안에 서식하는데 바다와 육지를 제집 드나들
듯이 날아든다.

늦가을 집 뜰 안에는 아름드리 호두나무가 있다. 풍작이
어서 호두가 주저리주저리 열렸다. 주인 없는 호두는 동네
아이들의 간식이다. 까마귀들을 바라보는데 무언가를 물고

열심히 아스팔트 위를 나르는 모습이다. 가만히 보니 호두를 까먹는다. 신기하고 놀라워 유심히 지켜보니 호두알을 까먹는 지혜가 보통이 아니다. 호두를 입에 물고 멀리 공중에서 땅바닥에 힘껏 내친다. 딱딱한 호두는 좀처럼 깨지질 않는다. 한 번, 두 번, 세 번 반복을 계속한다. 어느 순간 땅바닥에 던져진 호두알은 금이 가고 맛있는 호두알이 까마귀 입속으로 들어간다. 호두 맛을 안 까마귀들은 벌떼처럼 몰려와 맛있는 호두 식사하기에 분주하다. 까마귀의 지혜를 보며 불현듯 스치는 생각이 있다. 땅바닥에 수없이 내동댕이쳐진 호두알과 까마귀들의 집요한 반복 행위가 섬광처럼 머리에 스친다.

오순절 성령 강림 이후 복음은 마치 연못 위에 이는 물결처럼 요원의 불길처럼 펴져 갔다. 그리스도 왕국은 땅 끝까지 들어가고 있다. 인간들은 거역할 수 없는 하나님의 능력 앞에 무릎을 꿇게 되었다. 어떤 장애물이 복음의 진로 앞에 놓인다 해도 복음은 보다 더 강력한 방법으로 세상을 변혁시켰다. 놓쳐서는 안 될 중대한 걸음이 하나 있다. 중단 없는 선교를 시도해야 한다.

역치 원리를 기억하라. 역치란 생물체가 자극에 대한 반응을 일으키는 데 필요한 최소한도의 자극의 강도를 표시하는 수치를 말하는데 반복하여 마지막 강도에서 최종 자극이 일어나는 것이다. 까마귀들이 한 번 더 호두를 땅바닥에 내려칠 때 호두 껍데기가 깨지는 것처럼 말이다. 호두 맛을 안 이상 수고로움을 번거롭게 생각지 않는다.

한국선교도 1세대가 이룬 터 위에 선교 2세대들이 지속적으로 사역의 연계성을 가지고 해야 한다. 역치 원리를 이용해야 한다. 작은 장애물 때문에 실망하지 말고 인내하며 씨를 뿌려야 한다. 이슬람 선교는 3대를 기다려야 한다. 중단 없는 역치 원리를 기억해야 한다.

한국선교는 실적 위주의 선교를 미화(美化)하고 포장했음을 인정해야 한다. 선교를 미화해서는 안 된다. 실패한 것은 실패로 인정하고 선교가 선교되어야 한다. 선배가 개척자로서 실패했으면 후배들에게 실패가 반복되지 않도록 아픈 유산을 정직하게 남겨 주어야 한다. 역치 원리를 기억하며 단기간의 열매에 우왕좌왕하지 말아야 한다.

이 가을 분주했던 지난여름을 정리하며 한걸음씩 한 가지 사역에 전문가가 되어 호두 맛을 아는 까마귀처럼, 깊은 땅에 흐르는 시원한 생수를 발견하듯이 선교지에서 진미를 맛보는 선교사가 되었으면 한다. 한 시인이 고백한 것처럼 말이다.

> 한 송이의 국화꽃을 피우기 위해
> 봄부터 소쩍새는 그렇게 울었나 보다.
> 한 송이 국화꽃을 피우기 위해
> 천둥은 먹구름 속에서 또 그렇게 울었나 보다.
> 그립고 아쉬움에 가슴 조이던
> 머언 먼 젊음의 뒤안길에서
> 인제는 돌아와 거울 앞에 선 내 누님같이 생긴 꽃이여

한 영혼을 주님께 드리기 위해 한 선교사는 꽃다운 젊음을 다 바쳐 선교지에서 그렇게 보냈나 보다. 이런 고백들이

선교지마다 불길처럼 일어나길 희구해 본다. 역치 선교 원리
를 잊지 마라.

트림 탭(Trim-tab) 선교

트림 탭(Trim-tab)이란 배나 비행기의 방향을 잡는 큰
방향타를 돌리는 작은 방향타이다. 패러다임 전환을 한 버크
민스터(Buckminster Fuller) 묘비에 "그저 트림 탭에 불과한
한 사람 여기 잠들어 있다."란 말을 새겨 넣게 했다.

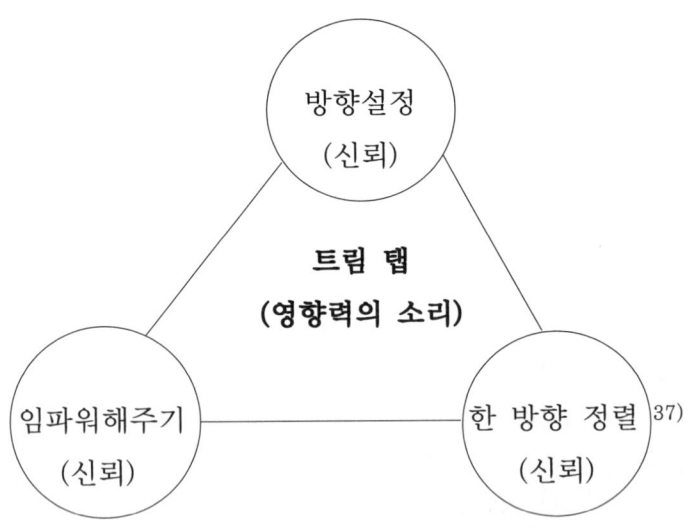

역사의 강력한 힘을 발휘했던 사람들은 트림 탭 리더였
다. 마하트마 간디, 마틴 루터 킹 목사, 넬슨 만델라 등이다.

37) 스티븐 코비 저(김경섭 역), 「8번째 법칙」, 김영사, 2006. p.187.

트림 탭은 리더십의 정신이고 중심이다. 방향설정을 해준다. 임 파워를 준다. 한 방향으로 정렬케 한다. 그리스 영향력 철학 3가지가 있다. 에토스, 파토스, 로고스이다. 에토스는 기본적으로 윤리성과 개인적 신뢰성이다.(SQ) 다른 사람의 성실성과 역량에 대해 갖는 신뢰의 크기를 의미한다. 파토스는 공감이다.(EQ) 감정의 측면이다. 다른 사람이 어떻게 느끼고 어떤 욕구를 갖고 있고 세상을 어떻게 보고, 어떻게 소통하려고 노력하는지 이해하는 일이다. 로고스는 기본적으로 논리를 의미한다.(IQ) 사고의 영향력, 설득력과 관계가 있다.

한국선교는 트림 탭 선교 리더가 요구된다. 트림 탭 리더는 공식적 지위에 관계없이 영향력의 원을 관심의 원까지 확대해 간다. 선교 사역, 가정, 인관관계, 삶의 영역까지 임 파워를 준다. 방향설정을 하는데 도움을 준다. 한 방향 정렬을 하는데 도움을 준다. 에토스, 파토스, 로고스의 도덕적 권위에 영향력을 미칠 수 있다. 트림 탭 리더가 하는 일이다.

한국선교에 트림 탭 리더가 없다면 침몰 당할 위험에 있다. 개인적으로 우수한 콘텐츠를 가지고 있어도 소용없다. 한국선교의 방향을 잡는 큰 방향타를 돌리는 작은 방향타 트림 탭(Trim-tab)이 요구된다.

완급 조절 선교

1997년 외환위기를 맞았다. 국민이 고통의 밤을 지냈다.

경제 전문가들은 두 가지 문제를 지적했다. 첫째는 88 올림 픽 이후 한국 경제는 자만했고, 둘째는 경제협력기구(OEDC) 에 성급하게 가입했다. 한국은 매사에 샴페인을 빨리 터뜨리 는 경향이 있다.

세계 속의 중국인은 다르다. 중국인은 서두르다가 일을 그르치지 않는다. WTO 가입이 결정되는 순간이나, 유인 우 주선 발사에 성공했을 때도, 세계 글로벌 500대 기업 순위가 발표되었을 때도 미래를 대비하며 완급 조절을 했다. 이 자 세는 중국이 경제 추가적 성장 가능성을 보여 주는 잣대가 된다. 제 3차 산업 출범의 기저가 된다.

선교도 예외가 아니다. 1980년 민족 복음화 때 10만 파 송 선교사를 결의했다. 직능별, 직장별, 학교별 장·단기 선 교사 파송을 위한 결의였다. 나도 그때 여의도 광장에서 헌 신했다. 문제는 중국인들처럼 완급 조절에 약하다. 세계 선 교의 선두 주자가 되자고 외친다. 주님이 지금까지 한국교회 를 사용하심이 감사한 일이다. 핵심은 선교 주자가 중요한 것이 아니라, 얼마나 전략적 선교를 하고 있느냐 하는 것이 관건이다. 군인이 많다고 전쟁을 잘 하는 것이 아니다. 전쟁 의 승리는 얼마나 전술에 능하냐 하는데 에서 결정된다.

완급 조절이란 조용히 지난 사역을 점검하는 일이다. 완 급 조절이란 주위를 바라보는 선교 시야(視野)이다. 완급 조 절이란 속도를 낮추는 것이다. 한국선교는 제한 속도를 훨씬 초과했다. 영적 신호등을 많이 무시했다. 경찰이 잡으려고 했다면 많은 스티커를 받아야 마땅하다. 완급 조절이 필요하

다. 원래 좋은 차는 브레이크가 유연한 법이다. 부드럽다는
것은 좋은 차이다. 승차감도 좋다. 한국선교가 유연성 있는
완급 선교를 시작할 때다.

위기관리와 선교사

올 겨울은 우리를 슬프게 한 일이 많았다. 세계 곳곳에
전운이 감도는 가운데 핵과 폭력의 소식이 이어지고 광기 어
린 참사의 소식은 좁은 어깨를 세차게 흔들었다. 숨 가쁜 속
도와 대량 살상의 뉴스에 깊은 상처를 입었다. 곧 경칩이 되
면 개구리도 다시 돌아오겠지만 이 봄에 개구리를 보며 누군
들 잠시 숙연하지 않으랴. 가뭇없이 사라진 후 끝내 산목숨
으로 돌아오지 못한 개구리 소년들…. 조국엔 왜 이렇듯 억
울하고 기막힌 죽음의 비보가 많은가?

대구 지하철 참사도 마찬가지다. 지하철을 타고 활기찬
일상을 시작하던 사람들이 순식간에 검은 재가 되어 버렸다.
세계의 눈이 경악으로 쏠렸다. 신문들은 큰 활자로 이 참상
을 보도했다. 언론은 서둘러 성금을 모금하고 있지만 남은
가족들은 슬픔에 심장이 떨려 그 편리한 지하철을 타지 못할
것이다.

시인 라이너 마리아 릴케는 남자 아이로 태어났으면서도
먼저 죽은 누이의 이름인 마리아라는 여자 이름을 달고 평생
을 살았다. 그의 어머니의 죽은 딸에 대한 슬픔과 그리움 때

문이었다.

경기도 양주에서 발견된 350년 전의 소년 미라를 보는 심정도 그래서 뭉클했다. 아버지의 도포로 감싸고 어머니의 속저고리로 감싼 소년은 350년이 지난 후까지도 고스란히 그 자태를 보존하고 있었다. 시간도 범접치 못한 애절한 사랑이 거기 있었다. 메마른 세상에 봄을 기다리고 희망을 말하는데 누가 이런 고난 중에 위로의 시 한 편을 쓸 수는 없을까. 아우슈비츠 이후 서정시는 없다고 했지만 생명이 낙엽처럼 헐값으로 흩어지는 일이 다반사인 시대를 보며 문학에 문외한인 나는 언어가 떠오르지 않아 가슴이 자꾸 내려앉는다.

선교 현장을 생각하지 않을 수 없다. 대구 지하철 참사에서 매스컴이 지적한 중요한 핵심은 그 흔한 비상 구 하나 없었다. 세계는 테러와 전쟁이고, 인질과 폭력이 난무해 어디 하나 안전한 지역이 없다. 모두들 불안하여 어디론가 달려간다. 유일신을 섬기지만 기독교와 가까우면서 복음을 변질시킨 이슬람 블록은 강퍅함이 그지없다.

먼 곳 이야기를 그만두고라도 중동과 중앙아시아 지역에는 이런 일들이 비일비재하다. 예멘에서 의료 선교사 세 명의 피살 사건은 예측된 사건이었다. 한국선교사들은 변변한 위기 대처를 위한 생명 보험 하나 없이 생명을 하늘에 담보하고 사역하고 있다. 대단한 사람들이다. 준비 없는 용감한 사람들이다. 서구선교 단체들은 위기관리에 대처하는 비상조치, 태스크 포스(Task Force) 팀이 있다. 위기 시 민첩한 지시와 행동으로 선교사들을 보호한다. 대구 지하철 참사와 같은 위기 상황을 맞을 지도 모른다는 불길한 예감마저 든다. 소 잃고 외양간 고치는 비극이 없도록 위기관리에 대한 해법 이 나와야 한다.

"국민이 대통령이다"라는 슬로건을 걸고 출범한 정부이기 에 감히 한 마디 하고 싶다. 누가 누구를 다스릴 필요가 있겠 는가? 물고기는 물속에 살고, 새들은 숲 속에 살고, 사람은 땅 위에서 마음 놓고 사는 그런 세상을 기다린다. 생명을 가 장 소중하게 여기는 평화스러운 대한민국이 되었으면 한다.

실크로드 종착역인 흑해 연안은 찬바람과 백설이 마지막 기승을 부린다. 조국은 봄이 오는 길목에 있다니 아픔을 당 한 가족들이 주님의 가장 따스한 품속에 슬픔을 묻고 그 힘 으로 불끈 일어나기를 기도한다. 누군가 말하기를, 많이 운 사람이 가장 행복한 사람이 된다지 않는가?

은총(恩寵) 선교

근대 철학 사상의 핵심은 이성(理性)에 기초를 두고 있 다. 근대 철학의 첨예한 싸움은 은총과 이성을 어디에 둘 것 인지에 대한 싸움이었다. 두 축의 강조점을 어디에 두느냐에 따라 기독교 세계관과 합리주의 철학이 나누어졌다. 근대 철 학은 하나님의 은총으로부터의 도피다. 은총을 어디에 두느 냐에 따라 행복과 불행이 나누어진다. 근대 철학자들은 이성 을 은총 위에 두었다. 이성이 은총 위에 있을 때의 불행은 물질관이 바르지 못하다. 인간을 억압한다. 이성적 사회가 된다. 합리주의자가 사회 표준이다. 근대 철학 사상이 하나님 나라에 위배되는 면에서 지성사에 큰 영향을 미쳤다.

제2차 세계 대전이 일어났다. 미국과 독일은 핵개발이 초미 관심사였다. 유대인 출신 아인슈타인은 독일의 원자탄 개발을 저지하기 위해서 미국의 원자탄 개발을 독려했다. 미국이 핵개발에 성공했다. 미국과 일본 간에 전쟁이 일어났다. 처음 개발한 핵무기가 일본 히로시마에 투하되었다. 상상을 초월한 인간 과학 총화가 위력을 발휘했다. 무고한 인명 피해를 냈다. 전쟁의 비극을 맛보았다. 미국은 전쟁에서 승리했다.

세계 지성사는 제2차 세계대전을 지켜보며 인간 이성이 도덕적 표준이 될 수 없다는 데 인식을 같이했다. 이성을 통해 비이성적인 행위를 보았다. 인간의 가치관이 파괴되었다. 반향(反響)으로 독자적 이성이 출발했다. 전후파(前後派) 지성인들이 회의(懷疑)를 느낀 후 이성 해체주의 현상이 일어나 이성주의가 막을 내렸다. 1960년대 미국의 히피주의가 방황하는 지성사의 대표적인 예다. 이성 위에 자신의 욕망이 올랐다. 도덕적 판단을 자신이 한다. 포스트모더니즘(Post-modernism)이 생겼다. 자기가 신이고 진리라 주장하며, 절대적 가치를 상대화시켰다. 은총 도피 시대의 산물이 포스트모더니즘과 종교다원주의이다. 종교다원주의는 여섯 가지 이론을 펼친다.

첫째로 역사적인 종교들은 다양한 삶의 자리에서 형성된

"구원의 길"이다. 모든 종교인들은 각각 다른 길을 거쳐 구원을 받는다. 사랑을 자발적으로 실천하여 기독교는 하나님 나라, 불교인은 불국, 대동 세계 실현에 힘쓴다.

둘째로 예수 그리스도만이 유일한 구원이라고 하는 것은 옳지 않다. 기독교라는 하나의 종교가 다양한 문화와 종교 전통을 가진 인류를 위한 유일한 답을 가지고 있다고 말하는 것은 근거가 없다. 하나님의 은혜는 모든 종교와 문화 속에 차별 없이 관대하게 역사하고 있다. 특정 종교가 인류의 하나 됨의 구심점을 제공할 수 없다.

셋째로 각 종교의 배후에는 궁극적 신적 실재(Ultimate Divine Reality)가 있다. 모든 종교는 같은 신적 실재에 바탕을 두고 있다. 동등한 가치의 종교 경험을 가지고 있다. 기독교, 불교, 이슬람교, 도교, 힌두교 등은 인간의 문화 조건 하에 신적 실재를 그린 서로 다른 그림이다. 선교는 더 이상 비기독교 신자를 기독교로 회심시키려 하지 않아야 한다.

넷째로 각 종교는 자기의 고유한 것을 유지하면서 타종교를 인정해야 한다. 기독교는 기독교답게, 불교는 불교답게, 이슬람교는 이슬람교답게 각각의 고유한 색깔과 독특한 향기를 발해야 한다. 자기가 귀의(歸依)한 종교에 헌신하면서 종교 간의 대화와 협동하여 세계 평화를 유지해야 한다.

다섯째로 다른 종교를 자기가 믿는 종교의 잣대로 평가하는 것은 잘못이다. 특정 종교가 시공간을 초월한 영원불멸의 진리 체계를 독점할 수 없다. 진리 담론(談論)은 역사, 문화, 사회의 영향을 받으면서 형성되었다. 특정 종교가 다른 종교보다 우월하다고 주장하는 것은 잘못이다.

여섯째로 인간이 궁극의 신적 실재에 대한 완전한 인식을 갖는 것은 불가능하다. 신적 실재를 인정하나 제한된 이성으로 그것을 완전히 하는 것은 어렵다. 종교의 가치는 경험에 있고 경험은 다양하다. 인간 역사에 절대적인 것은 없다. 성경에 담겨 있는 계시는 진리를 보여 주기에 불충분하다. 기독교의 계시는 다른 종교가 가진 계시와 동등한 차원에 있다.

현대 지성과 함께 신세대 선교사들은 도덕적 가치관보다 은총 론에 대해 사고가 희박하다. 합리주의 이성적 사고가 우위다. 하나님의 창조 목적에 따른 지순한 하나님의 사랑을 강조하지 않는다. 분명한 것은 하나님의 은총을 떠난 어떤 선교 회심도 불완전하다. 반쪽이다. 지금은 인간 이성을 은총 아래 두고 선교가 선교될 수 있도록 진 북향(True north)을 해야 한다. 방향타(Trim-tab)를 정확히 잡아야 한다. 신학적 선교 정립이 필요하다. 역사관이 요구 된다. 은총의 줄을 잡아야 한다. 보편타당성 도덕은 존재하지 않는다. 은총적(恩寵的) 선교가 필요하다.

정면 돌파(Breakthrough)³⁸⁾ 선교

미식축구의 매력은 계속되는 전진(Keep on running)이다. 후퇴는 없다. 후퇴는 실패다. 후퇴는 포기를 의미한다. 미식축구 게임은 공격 중 150 야드를 나가지 못할 때 최후로 정면 돌파(Breakthrough)를 해야 한다. 정면 돌파하는 선수들을 보고 관객들은 흥분한다. 미식축구의 매력이다. 미식축구는 미국 정신이며 미국인의 사고이다. 미식축구는 미국 정신사의 흐름이다. 후퇴는 없다. 정면 돌파다.

공산주의 이데올로기가 무너진 뒤 NGO 사역은 중앙아시아 선교 전략에 있어서 최적의 사역이었다. 시간이 흐르면서 중앙아시아 신생 독립 국가들은 자리매김이 되었다. 그들은 외국 사역자들이 NGO 사역을 통해 복음 전파하는 전략을 알아차렸다. 그래서 이에 대해 서서히 제동을 걸기 시작했다. 현재 중앙아시아 여러 나라들이 NGO사역에 대한 재고를 고려하고 있다. 국제기아대책기구(Food for the Hungry International)의 부총재인 데로우 밀러 박사는 선교의 의미에 대해 이렇게 말했다.

"한 지역을 복음화 시키는 전략보다는 한 민족과 국가 전체를 복음 화하는 총체적인 선교에 있음을 명심해야 한다."

한 지역에 지엽적인 사역 전략을 가지고 복음화 시키기

---

38)Ralph D. Winter, *Radical Breakthrough: Combatting the 2nd Largest Obstacle in Missions*, Missionary Frontiers Bulletin, March-April 1994, p. 3.

보다는 민족과 국가 전체를 복음 화하는 총체적인 선교 전략
이 요구된다.

정면 돌파하며 나가는 직접 선교 전략이 요구된다. 복음
을 포장하여 가치를 희석시키는 사역을 지양해야 한다. 힘들
지만 정면으로 승부하는 야성적인 선교 전략이 요구된다. 한
개인 사역자가 추진하는 제자 사역을 통한 선교 사역도 중요
하지만, 그 민족 전체를 변화시킬 수 있는 거시적 안목의 비
전을 가지고 총체적인 선교로서의 동역을 강조한다. 윌리엄
캐리의 사역의 패턴은 이러한 비전을 가진 총체적인 사역이
었다. 모든 학자들이 그를 평하기를 그는 행정가요, 문화인
류학자요, 건축가요, 사회사업가요, 언어학자요, 과학자요,
엔지니어라고 했다. 그가 인도 전체에 미친 영향은 사회의
전반적인 부분에 걸쳐 일어났다. 그 민족을 복음화하는 총체
적인 목적을 가지고 사역을 전개해 갔다.

데이비드 보쉬(David Bosch.)는 'Transforming Mission
(1991)'에서 시대적 위기에 직면한 현대 교회는 새로운 선교
모델을 열정적으로 제시하여야 한다고 하였다. 그는 '시험의
시기'(time of testing)라고 현대를 명칭하면서 교회의 선교
에 대한 패러다임의 전환을 요구하였다. 과거의 교회의 사회
참여에 대한 무지와 게으름이 선교 현지에서 선교 사역에 상
당한 위협을 느끼게 한다.[39]

후기 계몽 시대(Post-Enlightment)의 선교 패러다임은

---

39)Stanley H. Skreslet, "Netwarking, Civil Socity, and the N.G.O: A
new model for Ecumenical Mission" in Missiology Vol 26, No,3(July),
pp307-308.(재인용)

많은 수정을 요하도록 공격을 받고 있다. 첫째로 당시 선교사들은 식민지 정책을 돕는 자로, 서구의 문화를 전달하거나 이식하는 자로서의 역할이었다. 서구선교의 전성기에는 서구교회의 자성이 없었다. 이것이 서구선교의 실패를 가져오게 하였다. 현재의 교회를 위협하고 있다. 둘째는 60년대와 70년대의 개발 모델과 교회 개척(Plantatio Ecclesiae)과 자민족 중심의 선교 사역이 19세기와 20세기까지 계속되고 있다. 한국선교는 서구선교를 검증 없이 이런 사역을 답습하고 있지는 않는지 고민해야 한다.

한국선교의 난기류(亂氣流) 현상이 있다. 영혼 구령과 복음 전파를 위한 정면 돌파 선교보다는 영혼 구령에 빗겨가는 선교를 하고 있다. 회심과 복음 전파보다는 문화와 사회 개혁에 관심이 더 많다. 기독교 세계관에 입각한 선교를 하지 못하고 있다. 선교의 기초는 악의 이파리를 수천 개 자르는 것보다 뿌리를 잘라 내는 것이 낫다. 선교 패러다임의 변화가 필요하다. 획기적인 개선이 요구된다. 선교적인 관점에서 세상을 보는 렌즈를 바로 잡아야 한다.

변화하는 국제 정세와
실크로드 지역 선교의 중요성

카스피 해 송유관 협정을 한 지도 벌써 8년이 지났다. 1999년 11월 18일 터키, 그루지아, 아제르바이잔은 아제르바이잔 수도 바쿠에서 터키 세이한(Seyhan) 항구에 이르는 1,730km 공사비 24억 달러에 달하는 파이프라인 협정에 서명했다. 공산주의 이데올로기 속에서 잠자던 보고(寶庫)들이 서서히 세계 시장으로 진출하게 되었다. 이 보고 중 하나인 이란과 중앙아시아에 인접해 있는 카스피 해에 매장된 엄청난 양의 원유 수송 문제를 놓고 이들은 수년 동안 각축을 벌였다. 송유관 방향을 어디로 할 것인지가 세인들의 관심이었다. 미국이 주도한 바쿠-세이한 노선이 최종적으로 확정되었다. 러시아와 이란은 제외되었다.

냉엄한 국제 경쟁 사회에서 국익이 달려 있는 비즈니스 건은 몇 가지 안(案)이 있었다. 첫째는 바쿠, 그로즈니, 노보로시스크를 경유하여 흑해에 이르는 북향 노선이다. 둘째는 나히체반과 터키의 동 지중해 항구인 세이한을 경유하는 노선이다. 셋째는 바쿠와 그루지아를 경유하여 터키에 이르는 노선이다. 이란을 거쳐 아라비아 해나 페르시아 만으로 빠지는 노선 등이었다. 이 세 가지 안(案) 중 둘째 안이 성사(成事)되었다. 이 송유관(松油管)이 이처럼 중요한 이유가 무엇인지 점검해 보면 부활하는 실크로드 지역 나라들과 밀접한 연계성이 있다.

세계 경제의 쟁점은 자원, 원유와 가스의 안정적 확보이다. 그 동안은 페르시아 걸프 지역 국가들이 에너지 산업에서 주도권을 갖고 있었다. 이 지역의 산유국들은 세계 경제에 막대한 영향을 미쳐왔다. 그동안 세계 시장은 원유 공급선의 다양화를 추구해 왔다. 1990년대 초 소비에트 연방이

해체되자 막대한 양이 매장되어 있는 카스피 해 연안의 원유 공급에 세계의 관심이 집중되었다.

구소련 시절 에너지 하부 구조는 단일 국민 경제 차원에서 가능하도록 계획되었다. 중앙아시아에서 생산되는 자원의 상당 부분은 러시아로 운반되었다. 가스관, 송유관, 철도, 정유 공장 등 중앙아시아의 석유 산업 구조는 세계 다른 지역과는 연결되어 있지 않고 모두 러시아 중앙으로 수송되었다. 러시아는 원유와 가스를 사용해 이 나라들을 통제하였다.

구소련의 연방 해체 이후 독립한 카스피 해 연안 국가들 -아제르바이잔, 투르크메니스탄, 카자흐스탄은 러시아에 대한 경제적 의존도를 줄이기 위해서라도 다른 수송로를 건설하는 것이 최대 관건이었다. 이 건설을 위해 외국 기업과의 협력이 불가피하게 되었다. 러시아는 이 지역에서 생산된 원유를 러시아 영토 내의 수송로를 통해 외부 세계로 수출하기를 원했다. 터키, 이란, 미국, 영국 등의 주변 국가 및 강대국들은 자국에 유리하도록 원유 수송에 영향력을 행사하였다.

어느 날 갑자기 카스피 해 송유관 건설에 미국이 적극적으로 개입했다. 이유는 경제적인 이유보다 군사 전략적인 차원에서 해석하는 것이 옳을 듯하다. 예로 AIOC(Azerbijan International Operating Consortium)를 이끌고 있는 BP-Amco(석유회사)는 바쿠-세이한 노선을 경제적인 측면에서 볼 때 큰 매력이 없다. 이유는 엄청난 투자비에 비례해서 실제 원유 생산량은 투자자들의 관심을 받을 만큼 많지 않다. 상업적인 수지 타산이 맞지 않기 때문이다. 핵심은 미국이

이 라인을 강력하게 지지함으로 러시아와 이란을 카스피 해 지역에서 배제함이다. 속내는 미국이 위치를 견고히 하고 에너지 공급원의 다원화(多元化)를 통한 원유의 안정적인 공급 라인을 확보하려는 의도이다.

카스피 해 주변 국가들의 반응은 민감했다. 파이프라인 통과에서 제외된 러시아와 이란은 미국이 카스피 해 지역에서 자신들을 고립시키고자 한다며 분노했다. 미국이 이란을 고립시키고자 하는 의도는 사실로 보인다. 미국의 Optimarket Inc. of Texas가 1998년 11월 중순 미국 재무성에 카자흐스탄의 원유 대신에 걸프 만을 통해 이란의 원유를 수입할 것을 제안했다. 이란 재무성은 단호히 거절했다. 파이프라인 노선에서도 미국이 이란을 제외하여 고립시키고자 했다.

전문가들은 이란을 통과하여 페르시아 만이나 아라비아 해로 파이프라인을 설치해야 건설비가 가장 적게 든다고 한다. 아시아에서의 원유 공급이 늘어날 것을 예상하면 이 라인이 가장 효과적임이 사실이다. 러시아는 이 파이프라인의 예산이 너무 비싸다는 이유로 이 프로젝트에서 한 걸음 물러섰다. 러시아의 내심(內心)은 미국이 주도하는 바쿠-세이한 노선을 거절하고, 자신들이 흑해 항구인 노보로시스크를 통해 지중해로 반출하는 노선을 병행 추진하여 카스피 해 지역에서의 통제권을 유지하려는 것이었다.

이 협정으로 인해 러시아는 카스피 해 지역에서의 통제권이 약화되었다. 러시아는 계속해서 카스피 해와 카자흐스탄 원유가 기존의 러시아 영토를 통과하는 파이프라인을 통

해서 수송되기를 원하고 있다. 러시아는 1997년 이후 바쿠-
그로즈니-노보로시스크를 통과하는 파이프라인을 통해 원유
를 공급받았다. 현재는 체첸 분쟁으로 인해 다게스탄을 통하
여 철로로 대신하고 있다. 러시아가 체첸을 공격하는 이유
중의 하나가 송유관 때문이다.

이 공사가 일부 완공되었다. "기름은 전쟁의 불씨이다."
나라와 나라 사이에 국익이 달려 있다. 어느 누가 양보할 수
있겠는가? 선교와 전혀 무관하지 않다. 매우 밀접한 관계가
있다. 우선 서구와의 경제적인 협력 관계가 더욱 공고해진
아제르바이잔, 투르크메니스탄 등은 국가의 경제적인 개방화
가 더욱 가속화될 것으로 전망한다. 아제르바이잔의 경우는
기독교에 대한 탄압을 공식적으로는 반대하지 않을 것으로
예상된다. 최근 키르키즈스탄 종교법 통과는 실크로드 지역
사역자들에게 검은 먹구름이다. 지혜로운 선교 전략이 필요
하다. 그 동안 강력한 경찰국가를 형성하여 폐쇄적인 대외
정책을 펼쳤던 투르크메니스탄의 경우는 약간은 복음의 수용
성이 있을 것으로 보인다.

주님께서 아제르바이잔, 투르크메니스탄을 비롯한 실크
로드 지역에 새 일을 행하실 것을 기대한다. 프로젝트나 개
인 이름이 어느 지역에서 드높게 날리는 시대는 지났다. 우
리가 필요한 것은 무엇보다도 전략을 세워야 하고 이를 위해
총력을 기울여야 한다. 주님께서는 10/40창의 휘어져 추수할
들판을 바라보고 계신다. 추수할 일군을 부르고 계신다. 황
무해 보이고 추수할 것 없는 땅으로 보이지만 순종하고 나아

갈 때 주님께서는 기쁨으로 단을 거두게 하시리라 믿는다.

"……나는 너희에게 이르노니 너희 눈을 들어 밭을 보라. 휘어져 추수하게 되었도다.……추수할 것은 많되 일꾼이 적으니 그러므로 추수하는 주인에게 청하여 추수할 일꾼들을 보내어 주소서 하라."(요 4:35, 눅 10:2)

터키를 잡지 못하면
이슬람 세력을 뚫지 못 한다

터키 에베소에서 기독 실업인 대회(CBMC)를 했다. 200여 명의 회원들이 세계 각국에서 모였다. 주제는 '새로운 실크로드를 위하여'였다. 대회 강사는 이동원 목사, 황성주 박사, 이희돈 박사였다. 아침 주제 강사였던 이희돈 박사는 "세계 무역과 실크로드"라는 강의를 했다. 그의 소박한 간증은 나에게 잔잔한 충격을 주었다.

청년 시절에 그는 믿음으로 스페인 유학을 갔다. 학업을 마치고 미국행 비자를 기적적으로 받았다. 무일푼으로 미국에 정착하여 노점상부터 세계무역센터 수석 부총재까지 올랐다. 그가 911 세계무역센터 폭파 당일 출근길에 생사의 기로에서 살아 난 사건은 영화의 한 장면이었다. 그의 꿈은 정상에 머물지 않고 있다. 복음의 무역선을 꿈꾸고 있다. 청소년들을 태우고 세계를 누비며 복음을 전하는 꿈을 꾸고 있다. 남은 미완성의 작업을 실현하기 위해 기도하고 있다. 아드라뭇데노(행27:1-3)인 선교 무역선을 만들고 있다. 당시 바울이 지중해를 지나 소아시아로 갈 때 탔던 곡물선이다. 이 곡물선은 이집트 알렉산드리아에서 출발해 지중해를 거쳐 고린도 지역 아드리아 해협을 지나 로마까지 가는 배였다. 곡물선에는 종종 죄수를 싣고 갔다. 곡물선이 복음을 싣고 갔다. 곡물 선에 생명을 싣고 갔다. 곡물선이 오늘 날로 말하면 무역선이다. 아드라뭇데노 배는 에게 해 지역인 아시아에서 만들어졌다.

이희돈 박사는 911, 생사의 갈림길을 경험하고 선교 무역선을 구상했다. 바울 당시 아시아에서 만들었던 아드라뭇데노 배를 구상했다. 선교 무역선 배가 완성이 되면 터키 이스탄불에서 출항하려고 한다고 했다. 감격적이고 놀라운 일이다. 당시나 지금이나 아시아 종착역이 터키 이스탄불이다. 아랍 대상과 중국 비단 장수들이 드나들었던 땅에 복음선 출항의 꿈을 꾸고 있다. 가슴 벅차다. "아드라뭇데노-아이들이 선교해!"[40] 선교는 어른들이 하는 것이 아니고 아이들, 청년들이 한다. 젊은이들이 한다. 무역과 복음이 함께 어우러질 복음의 곡물 선을 기다린다. 오대양 육대주에 복음을 들고 가는 아드라뭇데노 배가 출항 할 날을 손꼽아 기다린다.

"터키를 잡지 못하면 이슬람 세력을 뚫지 못한다."

섬광처럼 빛나는 한 마디는 매료시키기에 충분했다. 터키는 철옹성 같은 이슬람권이 유럽과 아시아 길목에 서 있

---

40) 아드라뭇데노 배 이름을 이희돈 박사는 이렇게 피력했다. "아드라뭇데노-아이들이 선교해!" 선교는 어른들이 하는 것이 아니고 아이들이 한다. 청년 대학생들이 한다,

다. 나는 길을 여는 자가 되련다.

"성문으로 나아가라 나아가라. 백성이 올 길을 닦으라. 큰 길을 수축하고 수축하라. 돌을 제하라 만민을 위하여 기치를 들라."(사 62:10)

길은 문명을 보급하는 통로이다. 길은 언어를 통일한다. 길은 물류를 움직인다. 길은 세계를 움직인다. 로마가 가는 곳에 길을 만들었다. 각종 도시 국가를 통제하는 방법이 길에 있었다. 역사와 문명의 보급 통로가 21세기에 복음의 길(Gospel read)이 되기를 희구한다. 아드라뭇데노 배가 출항하는 날을 기대한다.

내러티브를 통한 무슬림 복음 접근

이슬람 사회에서 회자되는 얘기가 있다. 거짓 영이 식상하게 회자된다. 이슬람 문화 속에서 거짓 영은 민속 이슬람(Folk Islam)으로 수피즘(Sufism)이라고 한다. 민속 이슬람은 이상적인 이슬람과 맥은 같지만 신앙 접근 방법은 다르다. 민속 이슬람은 수피주의자들의 영향으로 이슬람 순결과 정화 운동으로 출범한다. 이상적 이슬람은 샤리아 법(원리주의)에 의해 출발한다. 흥미로운 사실은 전 세계 이상적 이슬람은 30%이고 민속 이슬람이 70%이다. 전자는 수면 위의 이슬람이라면, 후자는 수면 밑의 이슬람이다. 전자가 빙산의 일각이라면 후자는 빙산이다.

무슬림 사회 속에서 복음 전파가 어려운 이유는 접근 방법이 잘못되었다. 전통적으로 기독교 선교사들이 무슬림 사회에 들어가 복음 전파하는 것이 불가능한 것처럼 되어 있다. 전한다 해도 극소수 개종자들이다. 개종자 중 다시 무슬림 사회로 들어가는 이들이 부지기수이다. 소수 개종자들 중 사회에서의 냉대와 핍박으로 이슬람 사회에서 영향력이 있는 삶을 살지 못한다. 이슬람 선교에 대해 수년간 고민 하던 중 "성경을 무슬림들에게 어떻게 들려줄까?"라는 세미나가 있었다. 그때 섬광처럼 스치는 생각이 있었다. 무슬림들에게 접근하는 방법이 달라야 한다. 무슬림의 눈높이로 다가가야 한다. 이들이 아는 이야기를 들려주어야 한다. 대답은 간단했다. 무슬림들에게 복음을 전하기 위한 접근 방식 몇 가지를 소개한다.

첫째, 성경을 이야기(Narrative)로 들려주라.
코란과 성경의 차이점이 있다면 코란은 시적(詩的)이고 성경은 이야기이다. 두 가지에 강조점이 있다. 전자는 시적 이야기를 후자는 내러티브식 이야기를 들려주어야 한다. 시적이라 함은 운율과 감정이 들어가야 한다. 이야기에는 시간과 공간이 들어가야 한다. 핵심에 운율과 감정을 넣어 하나님 말씀을 당시 사건적 시간과 공간에 집어넣어 이야기로 들려준다면 놀라운 반응이 일어날 것이다.

무슬림들에게 구약 성경 이야기는 거부 반응이 없다. 성경과 코란이 동일하다. 아브라함 이야기, 모세 이야기, 야곱 이야기, 요셉 이야기, 다윗 이야기, 다니엘 이야기 등은 솜에 물젖듯이 무슬림들이 여과 없이 받는다.

둘째. 코란 속에 예수님을 이야기로 들려주라.

코란 속에 예수님 공생애 행적 이야기가 여러 곳에 나온다. 공생애 사역 이야기, 병자를 고친 이야기, 기적을 행한 이야기가 나온다. 코란 속에 예수님을 시간과 공간에 넣어 이야기로 전해 보라. 전통적으로 무슬림은 예수님을 좋은 선지자의 한 사람으로 알고 있다. 잘못된 선입견을 벗겨 좋은 선지자가 아닌 인류 구세주로서 예수님을 알기까지 시간이 필요하다.

어느 날 한 청년을 만났다. 그는 부유한 가정의 자녀였다. 청소년 시절에 정신 질환을 앓았다. 좋은 가정, 넉넉한 가정인데도 대학 진학을 못했다. 늘 보면 수심에 찬 얼굴이었고 평안과 기쁨이 없었다. 가끔씩 정신과 의사의 치료를 받고 약을 복용하기도 했다. 그에게 내러티브식으로 누가복음 15장의 탕자 비유 이야기를 들려주었다. 중동 문화에서 유산(Heritage)은 중요하다. 유산에 앵글을 잡았다. 이 젊은 이도 둘째 아들이고 아버지 유산을 기대하고 있었다. 문제에 대해 시간과 공간을 넣어 사건을 전개했다. '아버지가 살아있을 때 너에게 유산을 줄 수 있다고 생각하는가?', '생각해 보지 않았다.' 결론 적용은 여운을 남긴 채 이야기를 마쳤다.

이런 접근을 통해 무슬림 사회에 복음 전파가 이루어진다면 폭발적인 역사가 일어 날 것이다. 라마단 금식이면 복음과 율법에 대한 바울 사도의 말씀을 접근하면 무슬림들에게 효과적이다. 희생 제사인 고르반 명절이면 아브람이 이삭을 바치는 사건과 어린 양 희생 제사를 비교하여 설명한다면 복음 제시가 효과적이다.

셋째. 원 자료를 풍성하게 이야기하라.

성경은 평면으로 기록해 놓았다. 평면 내용을 입체화시켜야 한다. 성경은 픽션이 아니다. 논픽션이다. 논픽션은 재현이 필요하다. 재현하는데 두 가지가 필요하다. 높이와 깊이이다. 높이는 지성이 들어가야 한다. 지성은 이성에 호소하는 작업이다. 역사, 문화, 배경, 지리를 연구해야 한다. 넓이는 감정이다. 플롯(Plot)이다. 넓이에는 하나님과 저자의 의도가 함께 담겨져야 한다. 두 가지 작업이 조화를 이룰 때 원 자료가 모자이크가 되어 풍성하게 드러난다.

넷째. 불행한 과거를 이야기하지 마라.

무슬림들이 기독교에 대해 아픈 상처가 있다면 십자군 전쟁이다. '십자군 전쟁'이라면 '기독교', '기독교'라고 하면 '십자군 전쟁'을 생각한다. 이런 아픈 상처에 기독교와 무슬림과의 관계가 있다. 이 상처를 화해하지 않고 복음의 접근이 불가능하다. 십자군 전쟁은 정의의 이름으로 예루살렘 탈환을 외쳤지만 동기가 순수하지 못했다. 소아시아 무슬림들에게 깊은 상처를 남겼다. 기독교가 잘못했다. 화해 작업이 필요하다.

대학원 공부 시절에 한 수업을 생생하게 기억한다. 이슬람의 역사 첫 수업을 들어갔다. 첫 시간 수업에 교수는 나에게 종교가 무엇이냐고 질문했다. 기독교라고 했다. 십자군 전쟁에 대해 어떻게 생각하는지 말해 보라고 했다. 당황했다. 순간 지혜를 주셨다. 십자군 전쟁은 기독교인들이 잘못했다. 그러나 그것이 기독교의 전부가 아니라고 대답했다.

역사는 재조명이 필요하다. 조명함에는 반성도 포함되어 있다. 반성이 없는 역사는 발전이 없다. 무슬림들에게 불행한 과거를 이야기하지 마라. 기독교의 잘못을 인정하고 화해하라. 용서를 구하라.

다섯째. 교리적 논쟁을 피하라.

무슬림들이 기독교인들에게 "성경은 변질되었다."라고 한다. 기독교인은 "변질이 되었다면 언제 되었느냐?"라고 질문하면 대답하지 못한다. 한 가지 기억하라. 무슬림들이 대답하지 못하도록 유도하는 것이 지혜가 아니고 성경이 변질되지 않았다는 것만 설명하는 것이 중요하다. 논쟁은 논쟁을 낳고 다툼은 상처를 낳는다. 접근 방법이 잘못되었다. 쌍방 대화의 진전이 없다. 사역자들이 무슬림들을 향해 접근하는데 지혜가 요구된다. 논쟁을 피하고 복음을 이야기로 터치하는 방법이 필요하다. 이야기는 이성을 터치하는 것이 아니고 감정을 터치한다. 이야기는 논쟁하는 것이 아니고 마음의 문을 연다. 이야기는 다툼을 일으키는 것이 아니고 복음의 위력이 일어난다. 이야기는 머리로 들려주는 것이 아니고 변화시킨다. 의지적인 논쟁보다 감정적인 이야기로 풀어나가라. 내 생각으로 무슬림을 변화시키려고 하지 말고 성경을 통해 주님을 만나게 하라. 주님이 역사하신다.

무슬림들에게 은유적 복음 전달

이야기 형태를 은유(Metaphor)라 한다. 은유란 헬라어로 '메타포(Metaphor)'이다. 메타(Meta)는 '건너편에 와서'란 의미이다. '페레인(Perein)'은 '운반하다'라는 의미이다. 두 합성어가 모여 '건너편으로 운반하다.'라는 의미를 낳았다. 서로 무관한 사물을 운반하여 새로운 것을 창조하는 기능이다. 메타포는 의미를 전달하는 기관차이다. 통찰력을 이 장소에서 저 장소로 운반해 준다. 메타포는 영원히 살아 움직인다.

이야기는 재미있다. 어릴 적에 읽은 성경 동화는 잊혀지지 않는다. 설교는 잊혀지는데 동화는 뇌리에 생생하다. 이야기의 위력이 여기에 있다. 성경은 70%가 이야기로 되어 있다. 이야기를 무슬림들에게 살아 있게 들려 줄 수 없을까? 내러티브 설교와 말씀 전달에 고민을 하게 되었다. 복음서에 기록된 예수님 사건을 이야기로 전할 수 없을까? 코란 속에 예수님을 이야기로 전할 수 없을까?

전통적으로 이슬람은 기독교에 대한 편견이 있다. 종교가 종교로 접근할 때 거부 반응이 있다. 코란과 성경에 나타난 예수님을 증거 하는 방법이 있다면 성경의 예수님, 코란 속의 예수님을 그대로 전달하는 방법이 필요하다. 이야기 복음 전파이다. 이야기 복음은 강요가 없다. 설교가 아니다. 사건을 이야기로 전해 준다. 결정은 스스로 한다.

무슬림 사회에 성경을 이야기로 전달하는 비결이 필요하다. 사람의 생각은 의견 차이가 있지만 복음을 복음으로 전할 때 감동이 있다. 말씀이 능력으로 이슬람 사회에 나타나기를 기도한다. 이슬람 지역에서 사역하는 사역자들이 한 번쯤 고민했으면 한다. 복음을 무슬림들에게 강요하지 말고 복음을 복음으로 전하는 기술이 필요하다. 복음 자체에 힘과 능력이 있다. 복음 자체에 역사가 있다. 이슬람 선교에는 전투적인 자세보다 수용적인 자세를 가져야 한다. 무슬림의 눈높이로 다가가 복음이 복음 되게 하라. 은유적 복음 전달 방법이 필요하다. 성경 사건을 그대로 운반하여 사실대로 이야기하는 작업이 필요하다. 상황 화 작업은 이런 것이다.

브라질 프로 축구와 선교 전략

축구가 체육과 스포츠라는 개념에서 전술(戰術) 개념으로 바뀌면서 프로 축구가 생겼다. 그 후 전술이 얼마나 효율적이냐가 프로 축구의 성패를 결정짓는 요인이 되었다. 몇 해 전, 중동 레바논에서 아시안 컵 축구 대회가 열렸다. 한국 축구는 월드컵 평가전으로 생각하고 구슬 땀을 흘리며 경기에 임했다. 기후 탓인지 훈련 부족 탓인지 경기 자체가 너무

졸전이었다. 힘겹게 4강에 진출했다가 그만 사우디아라비아에게 허무하게 무너졌다.

일본 축구는 경기 면이나 조직력, 팀워크에서 우리보다 월등했다. 내용 있는 축구를 했다. 경기를 지켜보며 일본 축구는 아시아 축구가 아닌 것을 알았다. 세계 축구라는데 격세지감을 느꼈다. 한국 축구는 세계 축구 흐름에 어느 정도 이해하고 있는지 생각해 보아야 한다.

축구가 체육 활동으로 그쳤던 것이 전술의 이름으로 옷 입혀진 것은 1925년 잉글랜드의 명문 아스날 구단의 허스트 챕만 씨에 의해서였다. 그는 세 명의 수비수와 두 명의 수비형 미드필드, 두 명의 공격형 링커와 세 명의 공격수로 이뤄진 이른바 "W-M 시스템"을 창안했다. 이것으로 1950년대까지 세계 축구의 흐름을 주도했다. 이 포메이션은 1958년 브라질 축구가 전혀 다른 새로운 방법으로 월드컵 우승을 거머쥐면서 쇠퇴하게 되었다. 브라질이 사용한 4-2-4 시스템은 공수의 간격을 좁히고 두터운 공격진을 앞세워 대량 득점을 만들어 내면서 현대 축구 전술의 큰 틀을 다졌다. 1962년에는 미드필드를 보강하는 4-3-3 시스템으로 바꾸어 브라질의 월드컵 2연패의 밑거름이 되었다.

1974년 네덜란드가 브라질 축구에 충격을 받고 전술을 개혁적으로 바꿔 특정포지션에 구애받지 않고 강인한 체력과 현란한 개인기를 이용한 전술로 1994년 미국 월드컵에 출전해 세계를 놀라게 했다. 이것을 지켜본 브라질은 대대적인 전술을 보강하여 자기들에게만 맞는 새로운 축구 전술을 개발했다.

축구하면 독일이다. 독일 축구는 철저한 조직력과 팀웍을 이용한 실용주의(實用主義) 축구를 한다. 독일 축구가 브라질 축구에게 밀리고 있다. 핵심은 여기에 있다. 독일의 실용주의 축구가 자기들만의 전술이 최고처럼 착각하여 연구개발을 하지 않았다. 브라질 축구는 부단한 전술 훈련과 개발을 하여 자기 선수들의 특성에 맞추어 변신했다. 브라질은 특정 포지션이 없이 기회만 있으면 언제 어디서든 누구나 쏘아대는 전술을 개발한 것이다.

실례가 일본 축구이다. 일본 청소년들이 브라질 축구를 배우기 위해 1,000여명이 넘게 유학 축구 수업을 하고 있다. 그 실증이 지난번 아시안 컵 대회에 출전한 현역 국가 대표 선수들이다. 많은 것을 시사해 준다. 일본은 세계 축구의 흐름을 간파하여 조기 축구 유학을 보냈다.

축구 전술을 보며 한국선교에 주는 교훈이 크다. 한국선교는 어디로 가고 있는가? 선교의 돛을 바로 잡고 있는가? 선교 전선은 이상이 없는가? 세계 선교사(史)에 전무후무한 일이다. IMF 한파 중에도 선교의 열기는 식어지지 않고 계속 전진했다. 한국선교가 선교사의 숫자만 자랑하고 전술이 없다면 독일 실용주의 축구가 브라질 축구인 "특정 포메이션이 없는 축구"에 밀려 허덕이듯이 한국선교도 그런 신세가 될 것이다. 군인이 전술이 없다는 것은 오합지졸의 군대와 같다. 그런 군대는 아무리 최신형 무기와 군인을 가지고 있어도 적들은 겁내지 않는다.

지금까지 선배들이 쌓아온 선교의 좋은 전통과 노하우들을 전략적으로 검증하고 개혁하여 선교가 선교될 수 있도록 힘을 경주해야 한다. 람보(Rambo)형 선교사를 정리해야 한다. 연합하고 팀워크를 구축하여 선교의 질을 높여야 한다. 이 일에 감당해야 할 남은 과업이 있다. 선교는 전술(Strategy)이다.

제5장
좋은 선교사를 넘어 위대한 선교사로

선교는 현장이다

선교는 현장이다. 선교사는 현장에 있어야 한다. 생명을 만나는 일은 현장에서 일어난다. 오직 예수만이 살 길이다. 한 영혼을 향해 불타는 심정으로 나가면 영혼을 만난다. 선교를 머리로만 생각하고 안 나가고 탁상공론만 하고 있으면 영혼을 못 만난다. 현장에 안 나가면 영혼이 없다. 영혼을 만나서 말하면 있고 말 안 하면 없다. 선교의 본질은 쉽다. 선교의 본질은 복잡하지 않다. 선교는 이론으로 풀 수 없다. 이슬람 선교를 포기하지 마라. 하나님은 이슬람 땅에서도 일하고 계신다. 역사는 하나님이 움직이고 계신다. 주님의 주권(主權)을 인정하라. 하나님의 통치(統治)를 인정하라.

선교 현장에 있으면 복음 전파에 대한 이론(Theory)들이 많다. 책상 앞에서 논하는 이론들이 많다. 모두다 생각이 논리적이다. 새로운 선교 이론을 접한다. 으악새가 새인가? 몽고반점이 중국집인가? 피 튀기며 논쟁한다. 으악새가 새이면 어떻고, 가을 날 억새풀이면 어떤가? 몽고반점이 중국집이면 어떻고, 어린아이 몽고반점이면 어떤가? 영혼 사랑은 이론이 아니다. 이론이 아닌 행동이다. 생명을 만나는 일은 현장에서 이루어진다. 영혼을 만나는 일은 이론으로는 안 된다.

이스라엘 백성들은 광야에서 약 40년간(행 13:18) 방황했다. 가나안 정복에도 두 가지 의견이 있었다. 우리는 메뚜기 떼인가? 저들은 우리의 밥인가? 관점이 달랐다. 여호수아와 갈렙의 관점은 하나님의 관점이었다. 열 명의 정탐꾼은 관점이 세상 적이었다. 당연히 달랐다. 다를 수밖에 없었다. 통곡은 보지 않았던 사람들에게 주어진 짐이다. 승리는 확신하는 사람들에게 주어진 보이지 않는 믿음이다.(히 11:1) 이스라엘 백성의 다른 점에 문제 제기를 하지 말고 관점에 문제를 깨달으라.

이슬람 선교를 이론적으로 논하지 말고 현장으로 나가야 한다. 현장에서 영혼들을 만나면 틈새가 보인다. 영혼의 곤고함이 보인다. 무엇을 원하는지 알게 된다. 그들의 필요를 알 수 있다. 관심을 가질 때 영혼이 보인다. 이슬람 선교에 대해 안개 속을 헤매는 선교사들이 있다면 현장으로 달려 나가라. 복잡한 선교 이론으로 풀 수 없는 일들이 생긴다. 하나님이 역사하신다. 목마른 영혼들을 만나게 하신다. 말씀을 기다리는 영혼들이 있다. 전도왕이었던 김기동 목사는 이런 말을 했다.

"사람을 고구마로 보면 평등하다."

조금 잘 생긴 고구마, 조금 못 생긴 고구마는 있지만 고구마는 고구마다. 조금 배운 사람, 조금 배우지 못한 사람이 있지만 역시 고구마들이다. 영혼은 빈부귀천, 남녀노소, 동서남북을 막론하고 평등하다.

사역하다 보면 현장으로 나가지 않고 이론만 강하고 책상 앞에서 논하는 사역자들이 있다. 수영장에서 수영복만 입고 물가만 빙빙 도는 모습과 같다. 물속에 뛰어 들어 가지 않는다. 결론은 간단하다. 수영복을 입었다고 수영 선수가 아니다. 수영복을 입었으면 겁이 나더라도 물속에 뛰어들어 가봐야 물 깊이, 물속 현장을 알 수 있다. 물속 현장에 들어 가지 않고 수영을 논하는 것은 힘이 없다. 이슬람 선교 현장에 와서 무슬림들과 직접 만나 복음을 전하지 않고 무슬림들이 어떻다고 말하는 것은 현장을 잃어버린 사람들이 하는 말이다.

복음을 나눌 때 자신의 영혼이 산다. 이슬람 사역자들의 중병(重病)은 복음을 나누지 않고 세월이 지나면서 자신도 죽고 주위 영혼도 죽는다는 것이다. 사단은 영혼 구령에 대한 열정을 식도록 만든다. 이슬람 지역 사역자들의 진을 빼는 작전을 하는지 모른다. 일어나라 빛을 발하라(사 55:8) 구원을 선포하라. 영혼을 만나라. 선교는 현장이다. 선교는 현장에 있어야 한다. 생명을 만나는 일은 현장에서 일어난다. 오직 예수만이 살 길이다.

선교사, 전도 현장을 놓치지 않아야 한다

한 사람의 가치관, 인생관, 세계관, 고정관념을 바꾼다는 것이 쉽지 않다. 전도는 미련한 일처럼 보인다. 인식 전환이 필요하다. 하나님의 구원 역사는 미련한 방법인 전도를 통하여 구원하시기로 작정하셨다. 하나님의 구원 계획은 변하지 않았다. 지금도 영혼 구원은 미련한 전도를 통하여 이루어지고 있다. 평범한 진리를 놓치면 본질적인 일에 힘을 잃는다.

"십자가의 도가 멸망하는 자들에게는 미련한 것이요 구원을 받는 우리에게는 하나님의 능력이라."(고전 1:18)

선교의 지혜가 전도하는 데서 난다.

"성령이 빌립더러 이르시되 이 수레로 가까이 나아가라 하시거늘 빌립이 달려가서 선지자 이사야의 글 읽는 것을 듣고 말하되 읽는 것을 깨닫느냐. 대답하되 지도하는 사람이 없으니 어찌 깨달을 수 있느냐 하고 빌립을 청하여 수레에 올라 같이 앉으라 하니라."(행 8:29-31)

빌립은 성령의 사람이다. 성령이 빌립에게 이르되 즉시 순종했다.(행 8:29) 성령이 빌립에게 이르되 가까이 갔다. 성령의 사람들의 일관성 있는 특징은 민감성이다.

사역하다 보면 분주하다. 본질적인 일과 비본질적인 일에서 우선순위가 없다. 남이 대치할 수 있는 일이 있고 대치할 수 없는 일이 있다. 강의와 설교는 대치할 수 있다. 영혼 구령은 남들이 해 줄 수 없다. 때로 선교지에서 전도의 현장을 놓치는 경우가 있다. 사역을 열심히 하는데 힘이 없다.

많은 사람들을 가르치는데 힘이 없다. 프로젝트는 큰데 자기 힘으로 한다. 선교지에서 전도 현장을 놓은 지 오래되었다. 몸을 추스르고 어디서 힘을 잃었는지 깨달아야 한다. 본질을 회복해야 한다.

선교사는 전도 현장을 갖고 살아야 한다. 전도하는 일이 영성을 유지하는 길이다. 전도 현장에 나가는 일만이 영혼이 사는 길이다. 전도하는 현장은 성령 충만하다. 주님의 구원 역사는 미련한 전도를 통해서 이루시려고 작정하셨다.

"빌립이 입을 열어… 예수를 가르쳐 복음을 전하니"(행 8:35)

힘 있는 선교사는 전도하는 사람이다. 능력 있는 선교사는 전도하는 사람이다. 목회자, 선교사의 실수는 전도 강의에만 관심을 두는 것이다. 자신이 개인 전도를 하지 않는다. 선교사들이 영혼 구령에 대한 강의만 현지인들에게 한다. 자신은 전도 현장이 없다. 사역지의 비극이 여기에서 출발한다.

전도는 주님에게서 배워야 한다. 사역자가 전도 현장을 가질 때 힘이 생긴다. 다른 사람이 할 수 있는 일과 나 만이 해야 할 일이 있다. 선교사는 전도자로서 은혜가 있어야 한다. 복음의 강(江)에 깊이 잠기는 은혜가 영혼 구령에 있다. 선교지에서 잃었던 전도 현장을 찾으라.

거리의 전도자 마펫 선교사

마펫(Samuel Austin Moffett)[41]은 1864년 1월 25일 미국 인디애나 주 메디슨에서 태어났다. 미국 명문대학 하버드 대학을 졸업했다. 그 후 맥코믹 신학교를 1888년에 졸업하고, 1890년 1월 25일에 한국에 도착했다. 29세의 꽃다운 나이에 마펫은 장로교 평양신학교를 세웠다. 그는 선교사이자 신학자로 알려졌으나 본래는 "거리의 전도자, 거리의 사도"였다. 교수 이전에 전도자로 영혼 구령의 열정을 잃지 않았다. 전도 현장을 놓치지 않았다.

1891년 마펫은 게일 선교사와 함께 평양 북부지방 순회 전도 여행을 떠났다. 서상륜의 안내로 평양 의주를 방문했다. 의주에서 12일간 체류하며 복음을 전했다. 의주 사람 10명이 세례를 받았다. 거리의 전도자 마펫은 평양에 도착하여 노방 전도에 나섰다. 만나는 사람마다 외쳤다.

"예수 믿고 구원받아야 합니다."

서투른 한국말로 외치며 돌아다녔다. 사람들은 머리카락이 노랗고 파란 눈을 가진 마펫을 호기심에 찬 눈으로 바라보았다. 어느 날 마펫이 노방 전도하는데 에워싼 패거리들이 시비를 걸더니 주먹질을 했다. 주먹에 맞은 마펫은 외마디 소리를 지르고 길가에 쓰러진 채 의식을 잃었다. 그때 친절

---

41) 길원필 편저, 「내 사랑 코리아」, 도서출판 탁사, 2002. pp.217-223. 장로교 평양신학교를 설립했다. 한국 이름은 마포삼열이었다. 평생을 후진 양성에 힘을 썼다. 선교사이자 교수로 알려졌지만 사실은 전도자였다.

을 베푼 사람이 있었다. 만주 땅에서 로스 목사에게 세례 받고 한국어 성경을 번역 한 백홍준 장로였다. 마펫은 백 장로의 집에 가서 신앙 동지 김성집 성도를 소개 받았다. 그는 27년 전, 대동강 쑥 섬에서 토마스 목사 순교를 목격한 사람이었다. 토마스 선교사가 순교하며 강가에 뿌린 쪽 복음을 혼자 읽고 주님을 믿게 되었다. 평양이 동양의 예루살렘으로 불려짐은 그냥 이루어진 것이 아니다. 한 선교사의 고난의 여정이 있었다. 거리의 전도자의 눈물과 땀이 성시(聖市)가 되었다.

선교사이자 신학자인 마펫은 평양 거리를 거닐며 전도자의 삶을 살았다. 선교 현장에 뜨거움이 없다면 마펫 선교사처럼 전도 현장을 회복하라. 마펫은 신학교 교수 이전에 평범한 전도자였다.

하나님의 부드러움과 강함
(A tender and mighty God)

"상심한 자들을 고치시며 그들의 상처를 싸매시는도다. 그가 별들의 수효를 세시고 그것들을 다 이름대로 부르시는도다.(God heals the brokenhearted and binds up their wounds. He counts the number of the stars; He calls them all by name.)"(시 147:3-4)

하나님은 맘이 상한 자를 고치시고 상처를 싸매신다. 하나님은 별들의 숫자를 계산하시고 별들을 다 이름대로 부르신다. 시편 기자는 하나님의 자비와 능력을 한 문장으로 담아내고 있다. 하나님의 부드러움과 강함을 말이다. 하나님은 우주의 별들의 이름을 질서 있게 부르시지만, 한편으로 한 영혼에 대한 관심과 부드러움으로 상처를 싸매시는 분이다.

시편 기자는 하나님의 부드러움(A tender and mighty God)과 강함을 알았다. 하나님은 우주를 돌보시는 분이다. 하나님은 별들의 수효를 계산하신다. 하나님은 자기 형상으로 지음 받은 인간들을 돌보신다. 하나님은 우주 질서를 운행하지만 인간의 고난과 아픔을 아시고 돌봐 주신다. 하나님은 실망과 낙망한 자를 싸매 주시지만 별들의 수효를 아시고 다 이름대로 부르신다. 하나님의 사역은 돌보시는 사역이다. (히 2:18)

어느 날 별들은 떨어진다. 별들은 하나님의 주요 관심사가 아니다. 우주 물질이 하나님의 관심사가 아니다. 인간이 주요 관심사이다.

"능히 너희를 보호하사 거침이 없게 하시고 너희로 그 영광 앞에 흠이 없이 기쁨으로 서게 하실 이"(유 1:24)

견고하게 깊은 바다를 만드셨던 하나님은 공중에 별들을 두셨고 우리를 돌보신다. 하나님이 우리에 대해 관심이 있으시기에 하나님으로 인해 안심할 수 있다.(Because God cares about us, we can leave our cares with Him.)

말씀을 묵상하며 파도처럼 밀리는 충격이 온다. 인간이 무엇이 관대 이처럼 관심을 갖고 있는가? 사람이 무엇이 관대 이처럼 사랑하시는가? 우리가 무엇이 관대 이처럼 자비를 베푸시는가? 내가 무엇이 관대 이처럼 인내하시며 긍휼을 베푸시는가? 시편 기자는 엄청난 비밀을 깨달았다. 하나님이 세상을 이처럼 사랑하시 독생자를 주셨다.(요 3:16) 하나님이 인간을 이처럼 사랑하셨다. 하나님이 우리 민족을 이처럼 사랑하셔서 세계 선교를 행하셨다. 하나님이 이처럼 사랑하사 선교사로 부르셨다. 감동이다. 감사이다. 은혜이다. 자비이다.

죄인 된 자를 구원하시고 은혜 베푸시는 것을 잊지 않아야 한다. 과거에 주신 은혜를 감사하고 선교 길을 끝까지 가야 한다. 선교지에서 망각은 다시 포로가 되게 하는데 첫 선교 지에 내딛었던 뜨거운 하나님의 사랑을 망각하지 않고 살아야 한다.

영혼 사랑할 시간밖에는 없습니다

"흐드러지게 피었다가 지는 개나리, 진달래 배꽃 목련을 보면서 땅 밑의 일을 생각해 봅니다. 저 한 꽃을 피우기 위해 얼마나 많은 것들이 말없이 썩어졌으며, 또 그것을 빨아들이기 위해 얼마나 치열했던지…. 무엇이든 아름다운 것이란 묵묵한 썩어짐과 치열함 속에서만 얻지는 것인가 봅니다."

스물일곱 꽃다운 젊은 나이에 「영혼 사랑하는 시간밖에는 없습니다」 라며 고이 숨진 고(故) 김종웅 전도사의 팡세를 친구들이 세상에 내놓은 책이다. 저자는 대학에서 전기공학을 전공하고 주식회사 대우에서 근무하다가 복음의 빚 진자의 심정으로 1993년 총신대학 신학대학원을 입학한다. 1994년 2월 어느 추운 겨울날 자취방에서 연탄가스로 아무런 유언도 없이 주님 품으로 갔다.

성탄절에 미국을 방문하고 돌아오던 차에 지루한 비행기에서 부담 없는 책을 하나 읽어야지 생각하며 LA 한 교회 내 서점을 배회하다가 이 책을 손에 잡았다. 책 표지와 함께 제목이 시선을 멈추게 했다. 「영혼 사랑할 시간밖에는 없습니다.」 나의 마음을 무언가 움직이는 메시지였다. 무심코 책을 사들고 서점을 나왔다. 비행기는 이륙하였다. 태평양을 횡단하는 비행기는 오늘 따라 무척이나 요동이 심했다. 기내에서 생각했다. 잠을 청할까? 책을 볼까? 고민하다가 책을 읽다가 잠을 청하지 하고 읽기 시작했다. 12시간을 날아가야 하는 긴 여행길에 시간을 잘 보내려고 책을 든 것이다. LA에서 바쁜 시간을 보내고 비행기에 오른 터라 피곤도 했다.

손에 잡은 책은 어느새 나를 사로잡고 말았다. 형제의 글은 내 맘을 사정없이 강타했다. 무엇보다도 별처럼 꽃처럼 젊은 나이에 주님의 부르심을 받은 것이 가슴 저며 왔다. 뇌리에는 어느새 주님께서 종웅 형제를 일찍 데려가신 것은 그가 할 일을 다 했다는 생각이 들었다. 짧은 시간을 이 땅에서 살았다. 뜨겁고 진지하게 살았다.

그의 고백처럼 "영혼 사랑할 시간밖에는 없습니다."처럼 서둘러 진하게 인생을 산 것 같다. 종웅 형제는 우리에게 큰 소리를 남겨 놓고 갔다. 영혼을 향한 뜨거운 사랑, 선교사가 가져야 할 우선순위가 아닐까? 선교지에서 오래 있게 되면 고목(古木) 나무처럼 뜨거움도, 열정도, 간절한 기도도, 영혼에 대한 안타까움도 식어진다. 첫 텀 시절 한 선배 목사님의 이야기를 가슴에 새기고 있다.

"선교사가 영혼 구령에 대한 열정이 있어지면 돌아와야 돼!"

세월이 흘렀다. 오늘도 영혼 사랑하는 맘이 식어지지 않도록 기도한다. 선교지에서 얼마나 사역을 잘했느냐 보다는 한 영혼을 위해 얼마나 눈물 흘렸느냐가 주님이 보시는 상급의 저울이다.

올 겨울은 유난히도 맹추위가 위세를 떨쳤다. 따뜻한 중동 지역에 있다가 본국에 와서 무척 힘들었다. 그러나 시베리아 러시아 지역에서 사역하는 동역자들을 생각하면 아무것도 아니라는 생각을 한다. 대망의 새해가 밝았다. 동장군이라도 선교 사역을 방해할 수 없다. 본부에서 올해 무엇보다도 재정 프로그램이 완성되어 후원 서비스가 가속화 될 것이고, 선교행전도 종이 질이나 내용 면에서 점점 나아지고 있다. 오늘이 있기까지 이름 없이 수고하는 헌신된 일꾼들이 많이 있다. 영광의 꽃다발을 주님께 돌리며 선교본부 실리콘벨리는 밤 깊은 줄 모르고 일하고 있다.

영원한 것을 얻고자 영원할 수 없는 것을 버리는 자는 바보가 아니다[42]

에콰도르 아우카 인디언들의 손에 죽임을 당한 짐 엘리엇(Jim Elliot)의 고백이다. 하나님이 언제라도 불시의 죽음으로 부실 줄 알면서도 젊은 나이에 자신의 전 존재를 주님께 바친 하나님의 사람이다.

"내가 진실로 진실로 너희에게 이르노니 한 알의 밀이 땅에 떨어져 죽지 아니하면 한 알 그대로 있고 죽으면 많은 열매를 맺느리라. 자기 생명을 사랑하는 자는 잃어버릴 것이요, 이 세상에서 자기 생명을 미워하는 자는 영생하도록 보전하리라."(요 12: 24-25)

"조국의 젊은이들이 아무도 시간 내서 자기들 문제를 들어 줄 사람이 없어 방황하고 있는데 선교사들이 굳이 미국을 두고 먼 선교지로 나오는 까닭은 무엇일까요? 제가 떠나온 이유를 말씀드리지요, 고국의 젊은이들은 자신의 언어로 하나님의 말씀을 공부하고 듣고 이해할 기회가 얼마든지 있는 반면 이들 인디언들은 그런 기회가 전혀 없기 때문이다. 사람들은 십자가 못 박는다는 것이 무슨 뜻인지 인디언들에게 보여 주려면 통나무 두 개를 엇갈리게 놓고 제가 그 위에 누워야 합니다. 철저한 무지한 땅으로 보내신 이유에 대해 조금도 의문이 없습니다."[43]

---

42) 엘리자베스 엘리엇 저(윤종석 역), 「전능자의 그늘」 복 있는 사람, 2003. p. 403.

선교는 성육신이다. 선교는 예수님이다. 선교는 귀한 것을 드리는 일이다. 선교는 희생이 아니고 행복이다. 선교는 한 알의 밀이 죽는 삶이다. 선교는 자기 생명을 미워하는 삶이다. 선교는 먼저 받은 자가 값없이 주는 일이다. 선교는 잠시 시간 내주는 것이 아니다. 선교는 자기 유익을 구하는 일이 아니다. 선교는 젊은 날에 잠시 하는 훈장이 아니다. 선교는 유행처럼 잠시 가는 것이 아니다.

시카고 휘튼 대학 정문에 가면 학교 교훈이 적힌 팻말이 있다. "하나님 나라와 그의 이름을 위하여"(마 6:33) 이 대학교는 1864년에 설립되었는데 기독교 사립대학으로 빅텐(10위)에 들어간다. 종합대학교가 얼마든지 될 수 있는데 자연과학대학으로 철저한 자리매김을 하고 있다. 이 대학 캠퍼스의 본관 이층으로 올라가면 휘튼 출신 선교사 명단들이 있다. 가슴 뭉클하게 하는 것은 이름 앞에 별이 붙어 있다. 선교지에서 순직한 선교사들이다. 짐 엘리엇과 친구들 이름 앞에도 별들이 붙어 있다.

선교는 한 알의 밀이 땅에 떨어지는 데서 시작한다. 나역시 젊은 날 복음 때문에 편안함을 포기했다. 익숙한 우리 문화를 포기하고 그리운 일가친척을 떠났다. 한 번뿐이 없는 젊음을 송두리 채 드렸다. 지금도 이름 모를 무명 선교사들이 꽃다운 젊음을 바쳐 헌신하는 선교지마다 짐 엘리엇의 고백이 동일하게 있길 기도한다.

"영원한 것을 얻고자 영원할 수 없는 것을 버리는 자는 바보가 아니다."

---

43) 상게서, pp 386-387.

성숙한 선교

성숙한 선교는 문화 이해가 필수적이다. 문화를 지도로 비유한다면 세계관은 콘텐츠를 의미한다. 한 나라의 정치, 경제, 문화, 사회의 중심축이 세계관이다. 한 나라를 이해하는데 지도만 보고 이해할 수 없다. 지도 안에 근본 지식인 콘텐츠가 필요한데 그 심층 부분이 세계관이다. 한 개인과 나라의 가치관, 생각을 알려 주는 세계관을 이해하지 못하고 복음 전파, 영혼 구령의 변화는 기대하기 어렵다.

한국선교가 성숙기에 접어든 즈음에 선교 대상자에 대한 세계관을 파악하여 선교 전략을 세우고 콘텐츠에 맞는 메시지를 선포하는 데 힘을 기울여야 한다. 세계 선교 역사에 세계관 변화가 선교사에 의해 주도된 예는 없다. 선교사는 외부자로서 자극을 주어야 한다. 궁극적 변화는 내부자에 의해 일어나야 하는데 선교사 역할이 결정적이다.

초기 한국선교와 세계관 관계를 보면 쉽게 알 수 있다. 초기 한국선교는 외국 선교사들이 세계관 개념이 형성되지 않았을 때에 들어왔다. 이들은 복음 전파에만 전념하여 세계관을 접하지 못했다. 결국 한국선교는 성숙과 민족 복음화를 통해 세계관 변화를 자국인 스스로 책임져야 했다. 초기 한국선교에 온 선교사들은 세계관 개념을 중시하지 않았기 때문에 축소된 목표를 한국교회에 제시했다.[44] 성수주일, 금식

---

[44] 이태웅, 「선교와 세계관」 한국해외선교회 출판부(현대선교 12호), 1999, PP6-7.

기도, 헌금, 새벽 기도 등이었다. 이 축소된 목표로 인해 한
국교회가 사회 책임, 그리스도인의 영향력을 미치는 데 장애
요인이 되었다.

한국선교사들은 이런 축소된 목표를 세웠던 기독교 문화
의 토양에서 선교를 배웠다. 한 지역, 한 나라에 궁극적으로
세계관의 변화를 줄 수 있도록 변화 매개인(Change agent)으
로서 큰 틀에 대한 선교를 배우지 못했다. 성수주일, 금식
기도, 온전한 십일조, 새벽 기도 등에 축소된 목표에 훈련되
어졌다. 이런 소 목표도 중요하지만, 이것만이 선교에 반복
되어서는 안 된다.

세계관은 문화 속에서 형성된다. 세계관 개념 형성의 유
래를 보면 풍습이나 문화의 외적인 표현들이 있다. 세계관
이해가 한 문화의 핵심적인 역할을 하는 틀로 생각해야 한
다. 한 문화의 틀이 되는 신념, 이념들은 그들 다름대로 가
치가 있다. 한 민족의 세계관과 문화는 불가분 관계가 있다.

선교사가 현지 문화를 이해하는 것이 사역의 첫 걸음이
다. 세계관의 올바른 이해가 사역의 성패를 좌우한다. 성숙
한 한국선교를 위해 세계관의 이해 작업을 지속적으로 해야
한다. 문제는 세계관 이해로 선교를 다했다고 생각한다면 본
연의 임무를 수행했다고 볼 수 없다. 궁극적으로 선교 대상
자들이 성경적 세계관을 갖도록 도와야 한다. 변화를 위한
중재자로서 역할을 해야 한다.

성경적인 세계관은 성경이 제시하는 큰 그림을 볼 수 있어
야 한다. 성경 전체를 하나의 커다란 스토리로 전개할 줄 아는

눈이 있어야 한다. 구속사적으로 성경을 큰 틀로 보고, 하나님 나라 관점에서 큰 틀을 보며, 언약 개념으로서 큰 틀을 볼 줄 알아야 한다. 데이비드 웰스(David Wells)는 말했다.

"지난 30년 전에는 성경 본질(Basic)에 대해 논쟁했으나, 오늘은 성경의 기능(Function)에 대해 논의(논쟁)해야 한다."

본질은 충실과 정확무오에 맡기고, 기능은 효과적으로 사용하는데 초점이 맞추어져야 한다. 한국선교는 성경적인 세계관을 가지고 기능을 효과적으로 사용하는데 초점이 맞추어져야 한다. 성숙한 선교는 여기서부터 출발한다.

원숙한 선교(Maturity mission)

터키 이스탄불에서는 한 여름 밤에 음악 콘서트가 성황을 이룬다. 음악 콘서트에는 금세기 명지휘자 로린 마젤(Lorin Maazel, 1930-현재)이 이끄는 독일 실내 관현악단 80여 명이 왔다. 명성과 노련, 완숙한 지휘는 전 세계인의 사랑을 한 몸에 받았다. 연주곡은 전반부 베토벤 황제 피아노 No.5E 마이너 73번이었다. 후반부는 브람스 곡 심포니 98번이었다.

브람스의 심포니 곡보다 베토벤의 고뇌가 찬 황제곡이 듣고 싶어 연주회에 갔다. 베토벤은 1809년, 오스트리아 비엔나가 프랑스 점령 하에 전화(戰火)로 처참하게 폐허된 조국의 암담한 현실을 보며 불후의 명곡을 썼다. 고뇌에 찬 베토벤과 화려한 황제의 모습이 대조를 이룬다. 반복되는 지루한 황제 삶을 오선지(五線紙)에 써 내려갔다. 베토벤의 곡은 언제 들어도 감동을 준다.

명성에 걸맞게 로린 마젤의 지휘는 완벽한 수준이었다. 그의 나이 73세로서 프랑스에서 1930년에 출생해서 미국으로 건너가 이민 2세로 자랐다. 5살 때부터 바이올린 연주를 시작하여 8살 때 공식 연주자로 데뷔하고, 15세부터 정식 오케스라 단원으로 활동했다. 그의 화려한 경력답게 독일 베를린 오케스트라, 비엔나 시립 오케스트라, 뉴욕 필하모니 오케스트라(1996-2008년) 상임 지휘자로 명성을 날렸다.

명지휘자 로린 마젤의 연주를 감상하며 상념에 잠겼다. 원숙한 지휘, 노련한 연주 모습이 인상적이었다. 그의 나이 80세이면 은퇴할 나이이다. 양로원에 가 있어야 할 나이에 지휘봉을 들고 구슬땀을 흘리며 지휘하는 모습이 멋있다. 더글라스 맥아더 장군의 말처럼 "노병은 죽지 않고 사라질 뿐이다."

선교에도 완숙하고 경험 있는 선임 선교사들이 현지에서 지휘봉을 들고 경험과 이론을 겸비한 지도력을 행사할 수 있어야 한다. 서구선교가 서서히 철수한 후 (1970년 이후) 비서구선교, 제 3세계 선교가 일어났다. 한국선교도 타문화권 선교에 상당한 자리매김이 되었다. 전통적인 선교사들이 들어갈 수 없는 지역을 공산주의 이데올로기가 무너진 후 인도차이나 지역이나, 실크로드 지역에 들어가게 되었다. 군인으로 말하면 노련한 지휘관이 부재이다. 음악으로 말하면 명지휘자가 부재이다.

이런 현상으로 서구선교의 실패를 한국선교도 답습하고 있다. 실수를 반복하지 않기 위해서라도 노련한 선임 선교사들이 현지를 지켜야 한다. 선배들이 선교를 지휘하는 현장이 많아져야 건강한 선교를 할 수 있다. 감사한 것은 선교 훈련을 잘 받고 건강하게 사역하는 후배 선교사들이 많다는 점이다. 후배들은 열심히 일하는데 선배들이 뭘 하느냐고 반문한다. 가슴이 답답하다. 그대들이 오늘이 있기까지 긴 밤 지새우며 고통하며 몸부림쳤던 선배들이 있었다. 로린 마젤의 지휘에서 배운다. 원숙한 지휘와 표정 하나 흐트러지지 않는 연주에서 말이다. 백범 김구 선생의 싯귀를 생각해 본다.

"눈 덮인 들녘을 거니노라면 네 걸음걸이 하나 흐트러뜨리지 마라. 네 뒤에 오는 이 이정표 되리라."

아마추어와 프로 낚시꾼의 차이

낚시꾼들이 종종 서로에게 행운을 빌어주는 말이 있다.

"낚싯줄이 계속 팽팽하길 바랍니다.(May you keep a tight line.)"

이 말은 '낚싯줄에 송어가 항상 걸리길 바란다.'는 의미라고 한다. 낚시를 노련하게 하는 사람은 팽팽한 낚시 줄이 별 의미가 없다. 아마추어는 고기 잡는데 정신없지만 프로 낚시꾼은 낚시 자체가 즐겁다. 프로 낚시꾼은 낚시터에 와 물가를 따라 거닐고 고독과 침묵을 즐기며 고기가 있을 만한 곳을 찾는데 더 많은 시간을 보낸다. 아마추어 낚시꾼은 고기 잡는데 분주해 낚시의 본질을 잃어버린다.

예수님도 갈릴리에서 제자들을 부르실 때 사람 낚는 어부로 부르셨지, 고기 잡는 자로 부르지 않으셨다.(Jesus call us to be fishers of men, not catchers.)(마 4:19) 선교에도 프로 선교사들은 영적 물고기가 있는 곳에 가서 그 사이에 다니고, 서식 환경도 연구하고 그들 생활방식도 배운다. 이렇듯 느긋한 방법으로 낚시하며 더 재미있는 결과를 얻게 된다. 이런 중에 복음에 대한 이야기 할 기회를 찾고, 여기저기서 낚싯줄을 던져보고 결과를 주님께 맡긴다.

프로 낚시꾼들은 아마추어와 인사가 다르다.

"당신의 낚싯줄이 계속 물속에 있길 바랍니다.(May you keep your line in the water.)"

훗날 갈릴리 바다에서 고기를 잡던 어부 베드로가 주님의 제자가 되고 고백한 놀라운 고백을 들어 보라.

"너희 속에 있는 소망에 관한 이유를 묻는 자에게는 대답할 것을 항상 준비하되 온유와 두려움으로 하고"(벧전 3:15)

갈릴리에서 고기 잡는 전문가가 주님의 제자 되어 고백하는 말이 놀랍다.

"소망에 관한 이유를 묻는 자에게 항상 준비하라(Always be ready)."

평범한 묵상이지만 의미가 있다. 아마추어 선교사와 프

로 선교사 차이점을 깨닫게 되었다. 초기 선교 시절에는 아마추어 낚시꾼처럼 한 영혼이라도 낚으려고 무슬림 영혼을 향해 동분서주했다. 20여년 세월이 흘러 인생 중년이 되었다. 현지인들을 만나는 방법도 다르다. 무슬림 사회에서 영향력을 행사하며 이들 눈높이로 다가서는 노하우를 배웠다. 베드로처럼 소망에 관한 이유를 묻는 이들에게 항상 말씀이 준비되어 있으면 고기는 모여 든다. 정상에 오른 선교는 고기가 있는 곳에 가는 것이 아니라. 고기들이 찾아오도록 해야 한다. 기회를 주신다.

잊혀져 간 혁명가 백정기, 잊혀진 고귀한 선교사!

한국과 중국이 외교 통상을 맺은 뒤에 처음 중국 상해를 방문했다. 15년 전, 외교 통상 전에 지역 연구를 위해 홍콩과 광주를 거쳐 서북 지역인 신강성을 간 적이 있다. 중국은 빛의 속도처럼 빠르게 변화하고 있다. 푸동(浦東)의 밤 야경은 장관이었다. 급변하는 중국이다.

상해에 가면 두 곳을 방문하고 싶었다. 첫째는 상해임시정부 청사이다. 둘째는 윤봉길 의사의 의거 현장인 루쉰 공원에 자리 잡은 매정(梅亭: 윤봉길 의사 호 매헌(梅軒)의 이름을 딴 정자임)이었다. 상해의 청명한 가을 하늘은 조국과 별 차이가 없었다. 루쉰 공원 매정 현장을 보며 역사는 성공한 사람만 기록된다는 역사의 아이러니를 생각했다.

윤봉길 의사의 의거를 기리는 날이면 윤 의사와 함께 기억해야 할 인물 하나가 있다. 백정기이다. 항일 운동사에서 대표적인 무정부주의자 저격수 백정기이다. 백정기와 윤봉길은 같은 날, 같은 시간, 같은 장소에서 일본군을 노리고 거사를 준비했다. 두 사람은 소속이 달랐다. 1930년대 상해에는 두 갈래 독립 운동 세력이 활동했다. 김구가 이끄는 임시 정부 한인 애국단이 있었고, 다른 하나는 정화암이 이끄는 남화한인연맹이 있었다. 윤봉길과 백정기는 두 단체에서 뽑은 1932년 4월 29일 대표 선수였다.

윤봉길 못지않게 백정기는 거사를 프로 선수답게 준비했다. 한 방에 행사장을 쑥밭으로 만들 폭탄을 준비했다. 식순도 완전히 파악했다. 행사장 지리도 눈 감고 알 정도로 숙지했다. 행사장에 떳떳이 들어갈 수 있는 출입증도 중국인 동지가 구하기로 준비되었다. 백정기는 윤봉길보다 한 발 앞서 거사를 준비했다. 윤봉길은 당일 오전 11시로 잡았다. 행사장에 나올 외교관과 귀빈들을 피해 폭탄을 터뜨리려고 했다. 백정기는 이른 시간을 택했다. 조국을 강탈한 조선민족의 기개를 보여 주는 마당에 외교관을 고려치 않았다. 백정기에게 문제가 생겼다. 만반 준비를 하고 출입증을 기다렸던 중국인 동지가 오지 않았다. 발을 동동 구르며 백방으로 수소문을 했으나 허사였다. 백정기는 절호의 기회를 놓쳤다.

저 멀리 홍커우 공원을 뒤흔든 폭탄소리가 들렸다.

"아, 내 대신 다른 조선인이 일을 성공했구나. 임시 정부

측 한인 애국 단원이 했겠지."

　백정기는 서둘러 몸을 숨겼다. 윤봉길은 거사 후에 "대한 독립만세"를 부르며 현장에서 체포되었다. 일본군은 거사 조정에 백정기가 관련됐을 것이라고 판단하고 백방으로 추격했다. 백정기는 기회를 잃었다. 정화암이 당시를 이렇게 회고한다. 윤봉길은 백정기만큼 치밀하지 못했다. 백정기가 출입증을 구하려고 애쓰고 있을 때 김구와 윤봉길은 도시락 물통을 위장한 폭탄을 들고 들어가 못 들어가면 행사장 근처에서 폭탄을 터뜨리려고 단순한 계획을 했다. 백정기는 프로처럼 준비했다. 만일 백정기가 거사에 성공했다면 매년 4월 29일은 윤봉길 의사 기념이 아닌 백정기 기념일로 바뀌었을 것이다. 역사는 성공한 윤봉길만을 기억한다.

　잊혀간 백정기도 기억할 만한 독립 운동가로 불러야 한다. 역사는 의미 규정을 균형 잡힌 시각으로 해야 한다. 선교에도 무관치 않다. 역사 의미 규정에 균형이 없기에 선교 역사에서 사장된 선교 역사들이 많다. 마치 일본군들이 거사를 프로처럼 준비한 백정기를 알고 수배하듯이 잊혀져 간 선교 역사들을 수배하여 기록해야 한다.

　오지에서 주님만 아는 선교 열전이 많다. 하늘 상급 바라보며 꽃다운 젊음을 바쳐 사역한 이름 모를 선교사들이 많다. 본국은 모르지만 현지인들이 존경하는 선교사들이 많다. 사역을 알리지 않았지만 고귀한 하나님 나라 사역을 훌륭하게 한 선교사들이 많다. 유형적인 프로젝트에 연연하지 않고 사람을 키우며 현지 지도자들을 배출한 선교사들이 많다. 겉

보기에는 하찮은 사역 같지만 하나님만이 인정하는 알찬 사역들이 많다. 열악한 이슬람 지역에서 열매는 없지만 오직 주님만 바라보고 젊음을 바쳐 외길 선교를 한 선교사들이 많다. 선교의 의미 규정을 바로 해야 한다. 선교 역사 바로 세우기를 해야 한다. 선교 바로 보기를 해야 한다. 선교의 관점을 바꾸어야 한다. 하늘나라에 가면 자리가 많이 바뀔 것이다.

탁월한 리더십

한국은 대통령 선거 열기로 꽉 찼다. 국민들의 염원이 있다면 누가 대통령이 되든지 나라를 잘 이끌어 갈 탁월한 리더십이 있는 자를 원한다. 어느 조직이나 단체나 기관이나 교회나 선교도 동일하다. 역사적으로 동서고금을 막론하고 리더십이 중요하지 않는 때는 한 번도 없었다. 오늘에 사는 우리에겐 탁월한 리더십이 더 요구된다. 역사가 아놀드 토인비는 탁월한 리더십을 네 가지로 요약했다.

첫째, 통찰력(Insight) : 보통 사람보다 한걸음 앞서서 사물을 간파하는 힘으로서 분석 과정을 넘어 전체를 볼 수 있는 안목과 사고력이다. 이순신 장군은 단지 121명의 군사와 12척의 배를 가지고 왜군과 싸워 이길 수 있는 생각을 했다. 지형지물을 이용한 것이다. 이것은 배의 숫자보다 중요한 전략이었다. 전쟁에서의 승리란 군인 숫자가 첫째 조건이지만 더 중요한 것은 장소와 전략이다. 통찰력이다.

둘째, 포용력(Tolerance): 타인의 잘못을 싸서 덮어 준다. 아브라함 링컨의 정치 일화가 있다. 링컨이 정치에 입문할 때 의견을 달리하는 새먼 체이스라는 상원의원이 있었다. 그는 링컨을 심하게 모욕하던 사람들 중에 하나였다. 아브라함 링컨이 대통령이 되었을 때, 재무장관에 새먼 체이스를 임명하려고 했다. 이에 대해 참모들은 반대했다. 그 이유를 링컨은 이렇게 말했다.

"저가 나에게 좋은 말을 했든, 나쁜 말을 했든 그것이 중요한 것이 아니다. 누가 그 일에 적임자냐가 중요하다. 그는 정직하고 정의로운 일에 용감하며 결단력이 있다."

셋째, 절제력(Moderate): 자신에게 주어진 권력과 힘을 개인과 분리시켜 사용할 줄 알며, 욕심을 따르지 않는 능력으로 균형과 조화를 이루는 힘을 말한다.

미국의 초대 대통령 조지 워싱턴은 영국과의 독립전쟁을 승리로 이끈 뒤 8년의 재임기간을 마치고 3선에 다시 선임되었다. 이때 의회에서 반대하였다. 워싱턴의 각료들은 거부하는 자들에게 정치적 보복을 제안했다. 그들의 제안에 워싱턴은 다음과 같은 말을 남기고 고향으로 돌아갔다.

"아니, 의회가 우리를 세워주었다. 힘 있을 때 힘으로 말고 그 힘으로 모두가 잘 되게 합시다."

넷째, 지구력(Persistence): 지속적이고 계속하는 힘, 안 되면 끝까지 해 보는 끈기를 말한다.

지구력은 인내심과 같다. 지구력의 본질은 고통을 참아 내는 능력이다. 고통을 참는 것은 고통을 당하면서 참는 훈련이 되어 있어야 한다. 반대로, 고통을 당했지만 참지 못한 경우가 많다면 고통을 피하게 된다.

"아라비아 로렌스"라는 영화에서 젊은 소위 로렌스가 적임자로 추천받고 임관한다. 오지에서 오랫동안 고생을 해온 사병들은 로렌스를 무시한다. 로렌스는 부대원들이 정렬한 곳에 갔다가 무시하는 그들에게 교훈을 주기 위해서 군대용 성냥에 불을 붙인 다음 그것을 손으로 감싼 채 돌아서 간다. 이 모습을 본 사병 중 한 사람이 비웃으면서 자신도 할 수 있다면서 성냥불을 켜서 손에 쥔다. 너무 뜨거워서 소동을 피우는 사병을 돌아보면서 그 때까지 성냥불을 쥔 주먹 안에서 연기가 나고 있는 손을 펴면서 "뜨거운 것은 다 마찬가지다. 다만 참는 것이다."라고 하며 나가 버린다. 너희들과 나의 다른 점은 힘든 것은 마찬가지지만 리더로서 참는 힘이 다르다. 힘들고 괴로운 것은 마찬가지지만 견디고 참아내는 데서 리더는 다르다. 통찰력, 포용력, 절제력, 지구력은 선교사가 가져야 할 탁월한 리더십이다.

느헤미야의 탁월한 지도력
(Nehemiah's Excellence in leadership)[45]

지도자는 크고 작은 단체를 움직이든지 간에 외롭고 힘들다. 과다한 업무, 달성해야 할 목표, 인력 부족, 안팎의 반대와 허다한 갈등, 거듭되는 모략과 비방이 있다. 지도자라면 누구나 겪게 되는 문제들이 있다. 이러한 산적한 문제들을 풀어가는 것이 지도자이다.

오늘의 시대에는 우리가 따를 만한 지도자를 좀처럼 보기가 힘들다. 여기 한 지도자가 있다. 2,500년 전, 유다 총독으로 탁월한 지도력을 발휘했던 사람이다. 확고한 의지, 몸소 섬기는 지도자, 행동하면서 기도하는 지도자 느헤미야였다.

성경은 느헤미야의 이력서를 서문에 소개하는 데 인상적이다. 하가야 아들 느헤미야는 페르시아 왕궁 아닥사스 수산궁에 있었다. 직책은 술 관원이었다.(느 1:1)

"주여 구하오니 귀를 기울이사 종의 기도와 주의 이름을 경외하기를 기뻐하는 종들의 기도를 들으시고 오늘 종이 형통하여 이 사람들 앞에서 은혜를 입게 하옵소서 하였나니 그때에 내가 왕의 술 관원이 되었었느니라."(느 1:11)

페르시아 황제 아닥사스의 술 관원이 된다는 것은 쉬운 일이 아니었다. 최고 권위 층 비밀 정보원이라 할 수 있는 인물이다. 페르시아의 안정과 막강한 왕의 신변 보호라는 중

---

45) 존 화이트 저(이석철 역), 탁월한 지도력, IVP, pp.16-20.

대한 문제가 달려 있다. 그의 임용이 가볍게 이루어진 것이 아님을 알아야 한다. 흔들리지 않는 성격, 날카로운 눈, 비상한 재치, 상식, 솔선수범하는 정신, 왕궁 안의 음모를 알아차리는 예지 때문에 뽑혔을 것이다.

역사의 새벽을 가져 온 사람들은 무언가 다르다.

"두 사람 몫을 일하지 않고 위대하게 쓰임 받은 사람이 하나도 없다."

"네가 자기의 일에 능숙한 사람을 보았느냐. 이러한 사람은 왕 앞에 설 것이요, 천한 자 앞에 서지 아니하리라."(잠 22:29)

느헤미야는 노예처럼 일했다.

"우리가 이같이 공사하는데 무리의 절반은 동틀 때부터 별이 나기까지 창을 잡았으며… 나나 내 형제들이나 종자들이나 나를 따라 파수하는 사람들이나 우리가 다 그 우리의 옷을 벗지 아니하였으며 물을 길으러 갈 때에도 각각 병기를 잡았느니라."(느 4:21,23)

동틀 때부터 별이 나기까지 창을 잡고 일했다. 옷을 벗지 아니했다. 물을 길으러 갈 때에도 기계를 잡았다. 무너진 예루살렘 성벽 복원을 위해 최고 권좌에 있는 느헤미야가 노예처럼 일했다. 감동적이고 눈물겹다. 조국을 사랑하는 마음이 애틋하다.

요한 웨슬레는 마차 바퀴에 용수철이 떨어진 줄 모르고 전도했다. 마포삼열(마펫) 선교사는 신학자 이전에 평양 거리의 전도자였다. 주님은 말씀하셨다.

"밤이 오리니 그 때는 아무도 일할 수 없느니라."(요 9:4)

느헤미야의 탁월한 지도력을 배우고 싶다. 확고한 의지를 가진 지도자 느헤미야, 몸소 섬기는 지도자 느헤미야, 행동하면서 기도하는 지도자 느헤미야가 그립다. 기회만 있으면 다른 길을 찾는 선교사들이 많다. 몸소 섬기는 선교사가 그립다. 현지인은 섬기는데 군림하는 선교사가 많다. 행동은 있으나 재주로 선교하는 선교사들이 많다. 기도는 있으나 행동이 없는 선교사들이 많다. 행동하면서 기도하는 선교사가 그립다. 느헤미야의 탁월한 지도력을 배우고 싶다. 확고한 의지가 있는 선교사, 몸소 섬기는 선교사, 행동하며 기도하는 선교사가 되고 싶다.

청교도 거인들의 신앙과 선교

북 캘리포니아(North California)에는 거인들의 가로수 레드우드(Redwoods)가 있다. 수백 년 된 레드우드는 보통 높이 360피트, 둘레가 60피트가 된다. 33마일 도로가 레드우드로 삼림(森林)을 이룬다. 식물학자들의 의하면 나무의 힘은 뿌리에 있는 것이 아니고, 줄기에 있다고 한다. 레드우드는 줄기가 힘차게 뻗어 있다. 거인들의 가로수들이다. 청교도 신학자들을 만나면 연단된 꿋꿋함, 성숙된 경건함, 하나님의 횃불 등이 북 캘리포니아 레드우드와 같다.

16세기 로마 가톨릭의 부패로 마르틴 루터가 종교개혁을 한 이후 존 칼빈, 울리히 츠빙글리, 리처드 백스터, 존 오웬, 조지 휫필드, 조나단 에드워드, 디엘 무디, 제임스 A. 패커, 존 스토트, 마틴 로이스 존즈 같은 신앙의 거목들은 청교도 후예들이다.(AD 1550-1700) 청교도와 성경, 청교도와 복음, 청교도와 성령, 청교도와 생활, 청교도와 목회(선교)는 한 방향으로 정렬이 되어 있다. 가치 비전 전략이 선명했다. 청교도의 삶을 한 마디로 적으면 이렇다.

"어제 그리스도가 죽으시고, 오늘 부활하시고, 내일 다시 오실 주님을 기다리며 산다."

청교도 신앙의 일곱 가지 특징을 살펴본다. [46)]

첫째, 죄 죽임, 정욕억제훈련(Sin and Temptation)이다. 존 오웬의 죄 죽임 교리가 대표적인 예다.

둘째, 구속하시는 사랑의 주권과 특별성(그리스도의 죽음 안에서 죽음의 종식-The death of death in the death of Christ)이다.

셋째, 규칙적인 묵상(Meditation), 리처드 백스터의 정관식 기도(Contemplation)이다.

넷째, 성직자 목회 임무이다. 백스터의 개혁된 목사(Reformed Paster- 참 목사상)의 임무이다.

다섯째, 본향을 향하는 순례자의 삶이다. 이 땅은 옷을 갈아입는 방, 천국을 준비하는 성도는 의미가 있다.

---

46) J. A. 패커 저(박영호 역). 「청교도 사상」 기독교문서선교회, 1999년, PP. 89-91

여섯째, 교회의 정체성(Identity)이다. 하나님의 일의 완전성, 개혁, 갱신이다.

일곱째, 신학이 겸손을 고무하는데 실패한다면 오만을 조장한다.(신학의 정체성)

신학자의 사명은 교회의 상수도 기사와 하수도 관리자로 부름 받았음을 명심하라. 청교도 거인들을 보며 나 자신이 개혁된 목사인지, 선교사인지 부끄럽다. 패커는 청교도 거성들을 보며 "우린 난쟁이"라고 표현했다. 개혁 정신은 성경에 의한 자기 성찰(Self-Examination)이다. 선교사이기 이전에 내가 개혁된 목사인지 자문해 본다. 청교도 신앙이 회복되길 원한다. 죄 죽임을 날마다 묵상하며 정욕을 억제하는 자기 훈련하길 원한다. 주님의 주권을 인정하길 원한다. 규칙적인 말씀 묵상을 생활화하길 원한다. 성직자 목회 임무로서 개혁된 목사인지 점검하길 원한다. 본향을 향하는 순례자의 삶을 잃지 않는다. 교회의 정체성인 현지 교회 개혁을 요구한다. 신학이 겸손을 고무하는 데 실패하면 오만을 조장한다는 사실을 명심하며 상수도 기사로서 사명을 감당한다.

영향력 있는 교회 윌로우 크릭 교회
(Willow Creek voted most influential)

윌로우크릭 교회는 2006년 7월 16일(주일) 《Daily Herald》

시카고 일간지에 미국에 가장 영향력 있는 10대 교회 중 1위로 선정되어 보도했다. 시카고 교외 사우스 배링턴(South Barrington) 지역에 있는 윌로우크릭 커뮤니티 교회는 빌 하이벨스(Bill Htybels)가 시무한다. 윌로우크릭 커뮤니티 교회는 1975년에 개척되어 현재 독립교단으로 있는데 현재 주일 출석 교인만 2만 명을 상회한다.

빌 하이벨스 목사는 한 기자와의 인터뷰에서 '미국에서 가장 영향력 있는 교회가 되었는데 담임목사로서 어떻게 생각하느냐?' 질문에 대해 간단하게 대답했다.

"그런 생각을 가져 보지 않았다. 단지 성도들에게 영향력 있는 그리스도인으로 살길 가르쳤을 뿐이다."

"100여 명의 교인으로 교회를 시작할 때 이처럼 크고 영향력 있는 교회가 될 줄 알았는가?"

"아니다. 구도자(Doors open)의 심정으로 교회 문을 열고 누구든지 예배에 참석할 수 있도록 했을 뿐이다."

빌 하이벨스 목사의 최종 학력은 시카고 트리니티 대학이다. 자신은 신학교 졸업을 못했다고 한다. 새들백(Saddleback Church)교회(릭 웨렌 목사)와 함께 윌로우크릭 교회는 영향력을 행사는 미국 교회가 되었다.

미국 시카고를 방문할 때마다 북미주 한인 교회, 시카고 지역 한인 교회 목회자들은 일관된 소리로 말한다. 시카고는 침체 지역이고 변화가 없다. 이민 한인 사회가 변화를 싫어하고 교회 성장이 없으며 계속 분열한다. 그래서 모두 이민 목회가 어렵다고 한다.

한 영혼이 주님께 돌아오는 것은 쉽지 않다. 그러나 한 가지를 기억하라. 같은 지역 시카고, 같은 주님의 교회로서 윌로우크릭 교회는 미국에서 가장 영향력 있는 교회가 되었는데 한인 교회는 왜 안 되는 것인가? 해답은 간단하다. 조직과 단체, 교회의 부흥과 발전의 일차적 책임은 리더에게 있다. 지역, 사람, 인적 자원은 부차적인 문제이다.

북미주 성도들의 사고(思考) 가운데 선교를 전도 대용으로 오해하는 사람들도 있다. 한 교회가 열심히 전도하면 자기 교인을 빼앗기는 것으로 오해한다. 다민족을 전도해 보라. 내 민족이 귀한 것을 알게 된다. 다른 민족을 사랑하다 보면 내 민족이 귀하게 여겨진다.

선교지의 위치 선정도 중요하다. 이슬람 지역은 한 영혼이 귀하다. 한 영혼을 전도하기가 힘들기 때문이다. 자기 좌절이 있다. 한 영혼을 얻기가 힘들다는 것은 한 영혼에 대한 귀함을 절감한다는 뜻이다. 그리스도인의 정체성 회복이 여기에 있다. 지역과 인종을 넘으면 선교가 보인다. 추수 지역의 영혼이 귀하면 창의 접근 지역 영혼은 더 귀하다. 귀하게 얻은 영혼의 기쁨을 맛 본 자는 영혼의 귀함을 안다. 고정 관념과 눈높이 선교의 틀에서 벗어나라. 한 영혼이 귀하다. 내 영혼은 더 귀하다. 저 교회가 귀하다. 당신 교회는 더 귀하다. 다른 사역도 귀하다. 나의 사역은 더 귀하다. 다른 사역자도 귀하다. 나는 더 귀하다.

조직 관리에서 2% 리더가 전체를 움직인다고 한다. 한 사람의 영향력이 중요하다. 한 사람 빌 하이벨스 목사, 릭 웨렌 목사 등 지도자 한 사람이 미국에 영향력을 행사한다. 지금은 한 사람에게 초점을 맞추고 사역에 승부를 걸라. 인재 양성에 사역의 초점을 맞추어라.

정상에 빨리 올랐을 때

월로우크릭교회의 릭 워렌 목사(Rick Warren)는 "성공하는 현대인을 위한 리더십 편지"에서 이렇게 피력했다. 자신의 분야에서 최고가 되려고 서두르는 사람들을 쉽게 만날 수 있다. 그들은 어떻게 해서든지 최고 일인자가 되는 것만이 성공이라고 생각하고 될 수 있는 한 빨리 그 자리에 오르려고 한다. 만약 당신이 서둘러서 일인자가 되려고 생각하는 사람 중에 하나라면 당신에게 이런 질문을 하고 싶다.

* 정상에 오른 뒤 당신은 무엇을 할 것인가?
* 당신의 성공을 어떻게 유지하고자 하는가?
* 목표에 도달하면 그것이 당신의 남은 삶에 만족이 있는가?

올림픽에서 금메달을 딴 19세 선수가 벌써 최고 자리를 물려주는 모습을 보라. 어떤 종목에선 겨우 25세 선수가 은퇴하는 모습을 보며 인생에 있어서 성취나 지위보다 더 중요한 것이 있다는 것을 설명해 주지 않는다면 이런 선수들은 정상 이후에 삶을 낙담과 불행으로 지낸다.

벼락 스타와는 달리 60대 영화배우 로버트 듀발(Robert Duvall)은 인터뷰에서 인상적인 말을 남겼다.

"나는 내가 젊었을 때 모든 이의 주위를 끌지 않았던 것에 대해 기쁘게 생각한다. 이제 나는 가장 성숙한 연기를 위해 최선을 다함으로 알려지게 되었다."

바로 이것이 정상에 오른 사람의 말이다.

주 파송교회 담임목사의 은퇴식에 참석했다. 한 교회에서 34년을 목회한 것도 놀랍지만 후임자 목사가 부교역자로 22년을 기다렸다는 것은 더 놀랍다. 누가 보면 무능력하다고 할 수 있다. 그는 명문대학을 나왔다. 생각이 있는 사람이다. 주는 교훈이 컸다. 오랜 시간 정상에 오르기 전에 칼집에 꽂혀 있는 사람으로 보였다.

어느 누구도 최고 자리를 영원히 지킬 수 없다. 될 수 있는 대로 빨리 보다는 정상까지 가는 속도를 조절해야 한다. 하나님께서 여호수아에게 약속의 땅 정복을 주실 때 이렇게 말씀하셨다.

"네 하나님 여호와께서 이 민족들을 네 앞에서 조금씩 쫓아내시리니 너는 그들을 급히 멸하지 말라. 들짐승이 번성하여 너를 해할까 하노라."(신 7:22)

선교지에서 무릇 맘을 지키는 것이 중요하다. 경쟁의식, 조급함, 세상적인 성공 기준에 매료되지 않아야 한다. 인생은 백 미터 단거리 경주가 아니고 마라톤이다. 선교 역시 단거리 선교가 아니라 마라톤이다. 인생의 목적은 먼저 끝나는 것이 아니라 잘 마치는 데 있다. 주님이 주신 정상을 향해 독수리처럼 오르라. 자기 절제, 자기 관리를 하라. 칼집에 꽂혀 있는 자가 되라.

바나바 사역

사람을 야단치면 멀리 가고 칭찬하면 가까이 온다. 에디슨은 발명왕이 되기까지 어머니의 칭찬이 있었다. 사람을 위로하고 격려하고 칭찬하면 큰 사람이 나온다. 사울이 바울로 된 것은 바나바의 역량 때문이다. 조직 단체의 바나바와 같은 사람이 많으면 따뜻한 조직이나 단체가 된다. 자기만 크고 주위 사람들을 키워 주지 않는 사람은 자기도 크지 못하고 주위 사람들도 못 큰다.

"바나바는 착한 사람이요, 성령과 믿음이 충만한 사람이라."(행 11:24)

바나바의 본명은 요셉이었다.

"구브로에서 난 레위족 사람이 있으니 이름은 요셉이라. 사도들이 일컬어 바나바(번역하면 위로의 아들이라-勸慰者)라 하니"(행 4:36)

요셉과 바나바는 아무런 관련이 없는 이름이다. 주위 사람들을 위로하고 격려했기에 사도들이 붙여 준 별명이다. 성품이 착한 사람이 믿음과 성령이 충만하기는 어렵다. 성품은 착하지만 성령과 믿음이 충만하지 못하다. 성령과 믿음은 충만한데 성격이 모난 사람이 많다. 바나바는 성품도 좋고 믿음과 성령이 충만한 사람이었다. 본성적으로 인간은 남의 허물을 지적하는 데는 예리하지만 위로하고 칭찬하는 데는 인색하다.

선교사들이 바울처럼 일하려고 노력하지만 바나바처럼 주위 사람들을 위로하고 격려하는 사람은 드물다. 성공하는 바울을 모델로 하지만 바나바와 같이 그림자처럼 사는 것을 원치 않는다. 바울처럼 유명한 사람은 되려고 하지만 바나바처럼 사람을 키워 주려는 사람은 드물다. 바울처럼 유창한 언어로 스타가 되려고 하는 선교사는 많지만 바나바처럼 조연(助演)으로 사역하려는 사람은 드물다. 바울의 사역처럼 되길 원하지만 바나바처럼 무명으로 남으려는 사람은 드물다.

바나바와 같은 사람이 선교지에 필요하다. 바나바와 같은 위로의 격려자가 필요하다. 바나바처럼 성품이 좋은 사람이 필요하다. 바나바처럼 성령과 믿음이 충만한 사람이 필요하다. 바나바처럼 사람을 세워 주는 사람이 필요하다. 바나바처럼 그림자에서 일하는 사람이 필요하다. 바나바는 앞으로 봐도 바나바, 뒤로 봐도 바나바이다. 선교는 스타가 되는 것이 아니고 현지인을 세워 주고 자신은 촛불처럼 그림자처럼 사라지는 사역이다. 바나바 사역이 선교지에서 그립다.

물 위에서 걸으려면 배에서 나오라! 선교!

익숙한 일을 떠나는 일은 쉽지 않다. 일상적 일에 익숙하면 모험을 싫어한다. 일상적인 일은 편하다. 일상적인 일은 잘할 수 있다. 안전지대를 떠나는 일은 자기 결단이 필요하다. 테두리를 벗어나는 것은 용기가 필요하다. 역사의 새벽을 가져 온 사람들의 일관성 있는 특징은 익숙한 일에서 떠난 사람들이다. 하나님 나라의 한 모퉁이를 담당한 사람들의 일관성 있는 특징은 편안함을 포기한 사람들이다.

"밤 사경에 예수께서 바다 위로 걸어서 제자들에게 오시니 제자들이 그가 바다 위로 걸어오심을 보고 놀라 유령이라 하며 무서워하여 소리 지르거늘 예수께서 즉시 이르시되, 안심하라 나니 두려워하지 말라. 베드로가 대답하여 이르되 주여 만일 주님이시거든 나를 명하사 물 위로 오라 하소서 하니 오라 하시니 베드로가 배에서 내려 물 위로 걸어서 예수께 가되……."(마 14:25-29)

베드로가 첫 번째 해야 할 일은 용기 있게 첫 발을 물 위에 내딛는 일이다. 해변까지 나오는 일은 누구나 할 수 있다. 바다 위로 걸어오시는 주님을 향하여 다른 제자들은 유령이라고 하는 데 베드로는 주님을 향하여 걸어보고 싶다고 했다. 용기 있는 도전이다. 편안함과 안전지대에 익숙한 사람은 이런 말을 할 수 없다. 역사는 용기 있는 사람을 통해서 이루어진다. 해변을 나와 물 위를 걸으라!

데이비드 브레너드 선교사의 말을 인용하고 싶다.

"나는 세계 전체를 위해 사는 것 외에 다른 것으로는 나의 생애를 소비하지 않겠다."

오늘날 선교사들은 50년 전 선교사들에 비하면 편하다. 우간다에서 사역했던 맥케이 선교사는 말했다.

"앞으로 6개월이 못되어 우리 중에 누군가 한 사람이 죽게 될 것 입니다. 우리들 가운데 최소한 한 명이 내가 될지 모르겠습니다. 그러나 내가 분명히 말하고 싶은 것은 이것입니다. 여러분에게 들려지거든 결코 낙심하지 마십시오. 그 대신에 그 빈자리를 채우기 위해서 누구든지 다른 사람을 즉시로 파송하여 주시길 바랍니다."

그 예언대로 그는 원주민에 의해 살해되었다. 이런 생각에 잠길지 모른다. 하나님은 이런 어려움을 막아 버릴 수 없을까?

데이비드 브레너드(David Brainerd)는 다음과 같이 말했다.

"내가 여기 있사오니 나를 보내소서. 나를 지구의 가장 멀리 떨어져 있는 곳으로 보내 주소서 나를 세상의 안락함이나 혹은 세상적인 평안함이라고 불리는 모든 곳으로부터 떠나보내 주소서. 그것이 당신을 섬기는 일이며 당신의 나라를 부흥시키는 곳이라면 그곳에 나를 보내소서."

스타드(C.T. Studd)는 이런 말을 했다.

"만약 예수 그리스도께서 하나님이 되시며 그 분이 나를 위해 돌아가신 일이 사실이라면 내가 그 분을 위해 하는 일 중에 그것이 막중해서 그러한 희생을 치를 수 없다고 말할 만한 것은 조금도 없을 것이다."

죽음이 올지라도 자랑스러운 승리이다. 선교는 맨 정신으로 못한다. 선교는 평범한 일에 익숙한 사람은 못한다. 선교는 베드로처럼 남들이 생각하지 않는 모험이 필요하다. 태어난 문화와 환경에 익숙한 테두리를 벗어나 타 문화에 적응하는 일이 쉽지 않다. 선교는 익숙함을 떠나는 일로부터 시작되고 불편함에 익숙한 사람들에 의해 이루어진다. 선교는 자기 몫을 챙기는 사람에게 주어지지 않고 남에게 주고자 하는 대가를 지불할 줄 알아야 한다. 선교는 바다 위로 걸어오시는 주님을 향하여 물 위에 걷고 싶다고 용기 있게 말할 줄 아는 사람들에 의해 이루어진다. 선교는 계산으로 따져서 이루어지지 않는다. 선교는 자기희생이 따라야 한다. 선교는 눈 덮인 들녘에서 자기 길을 묵묵히 가는 사람들에 의해 이루어진다.

선교사 자녀, 모라토리움 현상

모라토리움(Moratorium)은 경제 용어이다. 특정 형태, 모든 형태의 채무에 대한 일정 기간 동안 상환을 연기시키는 정부 조치를 말한다. 저개발 국가에 경제가 극도로 불리할 때 채무자를 보호함으로써 전반적 파산이나 신용의 파괴를 방지하기 위해서 취해지는 비정상적인 조치이다. 한 국가, 국제기관으로 부터의 차관에 대해 그 상환 기간을 연장시키기 위해 교섭하는 것을 모라토리움 이라고 한다. 일종의 채무 지불 유예라고 부른다. 대개 디폴트가 예상되면 모라토리움을 선언하게 되고 빚을 탕감, 연장하여 채무 조정(Rescheduling)을 하게 된다.

한국선교연구원(KRIM)에서 1999년 1월에 출간한 「한국선교 핸드북」에 따르면 1998년 6월 현재 한국선교사 수는 5,948명이다. 그 중 부부의 수가 2,502쌍으로 집계되었다. 이 사실을 감안하면 실제적인 자녀들의 수가 4,000명 이상은 되리라 예측할 수 있다. 그 중에서 대학 이후의 연령에 해당하는 한국선교사 자녀들의 수는 과연 얼마나 되는 것일까? 조사에서 집계된 선교사 자녀의 수는 2,057명이었다. 그 중에서 대학교 이상의 자녀들의 비율은 10.6%로 나와 있다. 현재 한국선교사 자녀들 중 약 400명 정도가 대학 이상의 연령층이라고 예상할 수 있다. 적지 않은 수인 이들은 지금 어디에 있는가? 주변에서 이들을 별로 찾아 볼 수 없다. 그들의 존재를 별로 의식하지 못하는 것은 아직 적은 숫자이기 때문이라고도 할 수 있겠다.

한편으로 한국 사회 내에 재진입하여 공부하거나 활약하고 있는 숫자가 극히 적기 때문일지도 모른다. 초창기에 파송된 한국선교사의 자녀들 중 많은 수는 다른 대안이 없이 해외에서 대학 교육을 받고 있거나 대학을 마친 후 해외에서 살고 있다. 지금은 달라졌다. 변화되고 있다. 한국에도 좋은 교육 여건이 준비되어 있다. 서구 교육이 좋지만 MK들에게 서구 교육은 반쪽 인생을 만든다. 한국에 진입하기 어렵다.

서구선교 단체의 통계에 의하면 미국의 선교사 자녀 중 25%가 선교사로 일한 적이 있고 17.6%가 현재도 사역 중이라는 조사 결과가 있다. 흥미로운 것은 사역하게 된 배경을 보면 아래와 같다.

첫째, 아버지와의 친밀한 관계,

둘째, 부모의 사역에 동참하기 원함.

셋째, 부모가 현지 문화에 친밀한 관계를 갖고 있다.

넷째, 안식년을 지내며 모국에 대해 좋은 인상을 갖게 되었다.

다섯째, 모국으로 돌아온 후에 파송교회, 선교회가 잘 돌보아 줌으로 나타났다.

다섯째 내용이 의미 있다. 한국 MK 중 400여 명이 넘게 대학 연령층이다. 주변에서 이들을 찾아보면 별로 찾을 수 없다. 선진국으로 진입하여 평범한 삶을 살고 있다. 다중 문화, 다중 언어를 배우고 부모의 대를 잇는 MK들이 적다. 향후 한국교회 인재, 최고의 선교 자원인 MK를 놓쳐선 안 된다. MK 전문 교육가인 백인숙 교수는 말한다.

"다중문화의 스트레스를 안고 살아가는 이들 '제 3의 문화아이(Third Culture Kid)'들을 한국교회가 책임지지 않으면 선교 모라토리움 현상이 일어날 수도 있다."

소 잃고 외양간 고치지 말고 지금부터 MK들의 한국 진입을 위한 대안을 마련해야 한다. 향후 4-5년 후면 한국에

도 부모들의 대(代)를 이어 2세 선교사들이 나올 것이다. 이
들을 위한 지속적인 기도와 관심이 있어야 한국선교의 장래
가 있다.

샹그릴라 신드롬, 젊게 늙고 싶은 선교사

1930년 제임스 힐튼의 「잃어버린 지평선」이라는 소설
이 세간의 화제가 되었다. 소설에 등장한 장소는 현실이 아
니고 가공 장소였다. 평생 늙지 않고 영원한 젊음을 누릴 수
있다는 꿈의 낙원, 샹그릴라가 소설의 무대이다. 영원한 젊
음이란 누구나 소망하지만 이룰 수 없다. 상상의 세계에나
존재할 뿐이다. 현실에서 영원한 젊음은 환상이다. 학자들에
따라 노화 현상은 설명하는 견해가 다르다. 섭취하는 칼로리
양과의 관계로 노화 현상을 설명하는 학자들이 있다. 한편
활성 산소의 역할에 주목하는 학자들도 있다.

노화 연구가 진전되어 수명이 연장된다면 인간은 몇 살
까지 살 수 있을까? 과학자들은 노화를 지연시킬 경우에
140-150세까지 수명을 연장할 수 있다고 말한다. 요점은 산
술적 수명을 연장하는 것이 아니라 건강 수명을 연장하는 것
이다. 고령 사회에서 수명이 긴 것이 중요함이 아니라, 같은
삶을 젊게 늙고 싶은 것이다. 선진국에서는 노화 방지
(Anti-aging) 비즈니스가 성장하고 있다. 미국에서는 노화
방지를 위한 정부 투자가 2003년에 약 430억 달러였다.

선교사도 늙어 간다. 꽃다운 젊은 시절이 계속되지 않는다. 섭취하는 칼로리 양의 관계로 노화 현상이 되든지 활성산소 역할 때문인지 몰라도 선교사도 늙는다. 초라한 선교사 모습을 보여서는 안 된다. 건강한 육체에 건강한 정신이 있다. 건강하지 못하면 건강한 사역을 기대할 수 없다. 중년을 지나는 사역자들은 늙지만 젊게 사는 선교사가 되어야 한다.

신세대 선교사들의 사고로 전환할 필요가 있다. 처음 선교지 생각의 틀로 선교를 보지 마라. 선교 동향도 파악이 필요하다. 정보도 필요하다. 문화 이해도 필요하다. 매일 규칙적인 자기 관리도 필요하다. 정서적 계기를 위해 경건 서적도 필요하지만 일반 전문 서적도 섭취함이 필요하다. 선교는 젊게 사역하는 것이다. 선교는 늙은 모습으로 사역하는 것이 아니다.

샹그릴라 신드롬은 없지만 젊게 늙으려는 맘으로 사역하면 힘 있게 사역할 수 있다.

한국선교사들이 중년을 지나 은퇴를 준비하는 자들도 있다. 젊은 날 선교지에서 몸으로 배워 온 선교 노하우를 사장시키는 우(遇)를 범하지 않아야 한다. 기억력이 쇠잔하기 전에 선교 경험을 산 교재로 삼아야 한다. 이것이 한국선교를 젊게 하는 지름길이다. 향후 10년 안에 한국선교사들이 은퇴를 앞 둔 선교사들을 위해 시들지 않는 젊은 기억력을 되살려 선교 교과서들이 나오길 기대해 본다. 늙지만 젊게 사는 선교사가 되라.

인생은 아침보다 석양이 아름답다

사진작가들이 공통적으로 아침 사진 찍기보다 석양 사진 찍기를 선호한다. 아침 햇살은 광도가 밝기에 싫어하고 저녁은 은은한 광도가 아름답기에 선호한다. 인생을 사진작가들의 표현으로 말한다면 아침 사진보다 저녁 사진이 아름답다. 인생을 아침으로 말한다면 젊음을 표현할 수 있다. 인생을 석양으로 말한다면 중년을 표현할 수 있다. 인생 젊음은 활기, 힘, 추진력, 성공을 말할 수 있다. 인생 중년은 안정감, 성숙, 중후함, 아름다움으로 말할 수 있다.

인생의 젊은 날의 추진력과 힘으로, 성공 추구로 명예, 지위, 물질로 성공했지만 중년에 가정 문제, 건강 문제, 불명예로 인생을 마감하는 사람들도 있다. 인생을 운동 경기로 말하면 출발도 중요하지만 골인지점으로 잘 달리는 것은 더 중요하다. 축구 경기로 말하면 전반 골 득점도 중요하지만 후반전 결승골은 더 중요하다. 인생 전반전에 화려한 삶을 살았던 사람들이 인생 후반전에 초라하게 지내는 사람들이 있다.

선교도 아침 선교보다 석양 선교가 아름답다. 선교도 젊은 날의 선교보다 중년 선교가 행복해야 한다. 선교도 젊은 날의 전반전보다 중년 후반전의 선교가 더 멋있어야 한다. 선교의 젊은 시작도 중요하지만 중년 마무리 선교는 더 중요하다. 젊은 날 화려한 선교보고보다 중년 선교사로 끝까지 잘 달리는 선교는 더 중요하다. 젊은 날의 선교는 속도에 관심이 있지만 중년의 선교는 방향에 더 관심이 있다.

선교는 아침 시작 선교보다 석양 마무리 선교를 더 잘해야 한다. 선교는 열심 선교도 중요하지만 중년의 지혜로운 선교는 더 중요하다. 선교는 목표 선교도 중요하지만 중년의 과정 선교는 더 중요하다. 선교는 성취도 중요하지만 내용은 더 중요하다. 선교는 일 중심도 중요하지만 관계 중심은 더 중요하다. 선교는 열매도 중요하지만 열매 맺도록 도와주는 것이 더 중요하다. 선교는 혼자 열심히 하는 100점 선교도 중요하지만 협력해서 얻는 공동 100점 선교는 더 중요하다.

중년 선교사로 인생을 아름답게 마감하는 선교를 하고 싶다. 중년 선교사로 행복한 선교사로 남고 싶다. 중년 선교사로 후배를 키워 주는 선교사로 남고 싶다. 중년 선교사로 오점을 남기지 않고 마감하는 선교를 하고 싶다. 중년 선교사로 선배들의 실패를 후배들이 반복하지 않도록 기록을 남기는 선교를 하고 싶다. 중년 선교사로 가정의 행복을 만들어 건강한 선교를 마감하고 싶다. 중년 선교사로 위대한 선교를 했다는 것보다 행복한 선교사로 현지인과 살았다는 말을 남기고 싶다. 중년 선교사로 부모 선교를 잘 마무리하고 자녀들이 대 잇는 선교를 했으면 한다.

사진작가들이 석양 사진에 매력을 느끼는 것은 저녁노을이 한 번도 어제 석양처럼 진 적이 없기 때문이라고 한다. 지는 저녁노을도 주님은 어제와 같이 지게 하지 않는다. 창조주 하나님의 놀라운 해학이다. 아침보다 저녁이 아름답듯이 인생도 젊은 날보다 석양이 아름답기를 기도한다.

피로 얼룩진 선교 현장

2007년 4월 18 일(수) 13시경, 터키 동남부 소도시 말라티야의 기독교 출판사에 총기를 소지한 젊은이 5명이 기습했다. 이슬람 원리주의자의 사주를 받은 이슬람 학생 기숙사에서 함께 생활하는 19세,20세 전후의 대학 재수생들이 수요일 아침 10시경 기독교서점을 침입했다. 자기 민족을 기독교화 시킨다는 이유로 손발을 묶고 3시간동안 칼로 고문을 했다. 독일선교사와 현지인 등 3명은 차례로 칼로 목 베임을 당했다. 이들은 독일인 선교사 1명과 현지 기독교인 2명을 무참히 살해했다.

매스컴은 이 사건을 특종으로 다루었다. 살해된 사건 현장을 생생하게 보도했다. 처참한 시신을 옮기는 모습은 보는 이의 눈시울을 뜨겁게 했다. 한인 사역자들은 비상 대책 회의를 했다. 사건 전후를 파악했다. 한국교회에 기도를 요청했다. 지방에 있는 사역자들의 신원을 파악했다. 사건이 밝혀지기 까지 여행을 금지하도록 했다. 그러나 우리는 장례식에 참석하여 남은 유족을 위해 기도를 했다. 조용히 기도시간과 금식 기도 릴레이를 했다. 이 땅에 순교의 피가 헛되지 않기 위해 기도를 모았다.

피로 얼룩진 사건이 지난 지 20여일 되었다. 독일 선교사 아내 수산나는 세 자녀와 함께 아직도 말라티야에 살고 있다. 현지인 네자트 형제 아내는 이스탄불 근교 이즈밋 언니의 집으로 삶의 터전을 옮겼다. 우르 형제와 약혼한 자매는 CCC 사역에 합류하도록 했다.

사건은 터키 수도 앙카라로부터 동남부로 약 500Km 떨어진 도시 말라티야 도심 3층 기독교 출판사에서 이루어졌다. 오후 1시경 현지인 우르형제 약혼자가 출판사를 방문했다. 문이 잠겨 있고 이상한 느낌이 들어 경찰에 신고했다. 신고를 받은 경찰의 출동으로 4명의 범행자가 현장에서 체포되었다. 한명은 달아나기 위해 3층에서 뛰어내리다 혼수상태로 병원에 후송되었다.

독일 출신의 틸만(Tilmann Geske) 선교사는 모 국제 선교 기관 소속으로 1961년생으로 47세였다. 1998년에 터키로 들어와 9년여 간 터키 동남부 쿠르드인 지역인 말라티야를 중심으로 선교 활동을 하고 있었다. 현장을 목격한 증언에 의하면 시신은 고문 흔적이 있었다. 3시간동안 심한 고문을 한 후 목이 무참하게 잘린 채 발견되었다.

독일 선교사 부인 수산나는 딸 미살(13)과 미리암(8) 아들 누카스(11)와 함께 현지 민영 A-TV와의 인터뷰했다.

"저들을 용서합니다. 왜냐하면 저들이 한 것이 무엇인지 진실로 모르기 때문입니다. 9년 반 동안 터키 말라티야에 살고 있습니다. 사실은 평범한 삶을 살려고 이 나라에 왔습니다. 터키인들이 독일에 와서 무슬림으로서 사는 것처럼 우리도 터키에서 기독교인으로서 살기를 원했습니다.

저는 정말 진심으로 믿습니다. 저의 남편은 헛되이 죽지 않았습니다. 그는 진실로 예수 그리스도를 위하여 순교하였습니다. 함께 죽은 터키인들의 피도 헛되게 흘려지지 않았습니다. 진정으로 터키와 말라티야를 위하여 새로운 시작이 될 것입니다. 저는 이것을 확신합니다. …. 그리고 그들이 알기를 원합니다. 어쩌면 하나님이 말씀하실 것입니다, 그들에게!

저는 남편이 말라티야에 묻히기를 원합니다. 우리는 가족으로 여기서 살고 있습니다. 아이들은 이곳에서 학교에 다니고 있습니다. 그렇기 때문에 다른 곳에 보내기를 원치 않습니다. 내 옆에 있기를 원합니다. 왜냐하면 우리의 관습은 그렇기 때문입니다. 때때로 무덤에 다녀오곤 할 것입니다. 어린 딸들은 꽃을 (아빠 무덤) 놓아두기를 원할 것입니다. 그렇게 돌보기를 원할 것입니다."

"나는 무슬림으로 태어났지만 그리스도인으로 죽을 것입니다."

이 말은 현장에서 살해된 현지인 네자티 형제가 평소에 한 말이다. 현대 터키 선교 역사에 무슬림에서 기독교 개종한 첫 순교자는 네자티 아이든과 우르 육셀 형제가 되었다. 두 젊은 이들은 장엄하게 죽었다, 복음을 부끄러워하지 않았다. 터키 땅에서 거룩한 피를 흘렸다. 선교사와 형제들 시신에는 심한 고문의 흔적과 코뼈가 부러진 것을 볼 수 있었다. 오랜 시간 고문을 당한 후 참수되어진 것으로 보인다. 살해자들이 증거를 남기지 않아서 어떤 고문을 했는지 알 수 없다. 단지 법정 증언에 의하면 이슬람을 강요하고 기독교를 부인할 것을 종용했다고 한다고 한다. 기독교 신앙을 조롱하는 고문이었음을 추정할 수 있다.

거룩한 순교자들의 남은 가정을 위해 기도해야 할 때다. 남편을 떠나보낸 두 아내들의 무너져 내리는 가슴을 붙들어 주어야 한다. 아내들이 담대하게 하나님의 말씀을 붙들게 하신 성령님께 감사를 드린다. 언론과의 인터뷰에서도 조금도 흩트림 없는 언행으로 위로와 소망으로 이 땅에 복음을 전한 것에 감사를 한다. 장례식장에서의 아름다운 간증은 세계 그리스도인들에 큰 기쁨과 확신을 주었다. 터키에서 그리스도인으로 산다는 아름다움이 무엇인가를 보여 주었다. 복음을 자랑스럽게 만들었다. 순결하고 고귀한 신앙은 터키 선교 역사에 길이길이 남아 생명으로 나타날 것이다.

"다섯째 인을 떼실 때에 내가 보니 하나님의 말씀과 그들이 가진 증거를 말미암아 죽임을 당한 영혼들이 제단 아래 있어 큰 소리로 불러 이르되 거룩하고 참되신 대 주재여, 땅에 거하는 자들을 심판하여 우리 피를 갚아 주지 아니하시기를 어느 때까지 하시려 하나이까."(계 6:9-10)

"이 일 후에 내가 보니 각 나라와 족속과 백성과 방언에서 아무도 능히 셀 수 없는 큰 무리가 흰 옷을 입고 손에 종려 가지를 들고 보좌 앞과 어린 양 앞에 서서 큰 소리로 외쳐 이르되 구원하심이 보좌에 앉으신 우리 하나님과 어린양에게 있도다."(계 7:9-10)

순교자 가족을 섬겨야 한다. 뒤에 남은 가족들, 자녀들을 위해 기도할 때이다. 틸만 형제의 담대함, 네자티 형제의 성숙함. 젊음의 나이에 불꽃같이 살다 간 우르 형제의 열정의 삶이 가슴속에 남아 있어야 한다. 하늘에서 만나 멋진 대화를 할 수

있는 그날을 고대한다. 남겨진 가족들은 우리의 몫이다

순교자의 피를 신원하는 날과 후에 각 나라와 족속과 백성과 방언에서 아무라도 능히 셀 수 없는 큰 무리가 흰옷을 입고 손에 종려나무 가지를 들고 주님을 맞이하는 그 날이 바울의 고향 소아시아에서 다시 회복되기를 기도한다. 무지와 음흉한 거짓으로 가득한 이 땅을 증오하고 저주하는 자들이 아니라, 악을 선으로 이기기를 원하시는 하나님의 거룩한 뜻이 속히 이루어지도록 기도해야 한다. 한국교회는 일사각오 순교 신앙으로 점철된 교회이다. 순교의 토양 위에 성장한 교회이다. 같은 마음으로 아파하고 순교의 피로 얼룩진 소아시아 땅의 회복을 위해 기도를 요청한다.

김충배 육사 교장의 편지와 선교

김충배(金忠培) 육군사관학교 교장(중장)의 편지가 세간에 화제가 되고 있다. "기자 조갑제의 세계"(www.chogabje.com) 등 유명 사이트마다 '육사 교장의 편지'란 제목으로 띄워져 높은 조회 수를 보였다. 필자가 터키 한인 사이트에 칼럼을 쓰는데 독자들이 얼마나 읽었는지 확인해 보니 32명 정도였다. 이에 비하면 격세지감을 느낄 정도로 많은 독자들이 김 교장의 편지를 읽었다. 편지는 지난해 11월 22일 김 교장이 교내 강당에서 전학년 생도 1000여명에게 강연한 내용이다. 서문은 이렇게 시작한다.

"대한민국의 장래를 짊어질 개혁과 신진의 주체인 여러 분들은 50·60대가 겪은 아픔을 얼마나 아는가?"

1960년대 초반 서독에 파견될 광부와 간호사의 봉급을 담보로 1억4000만 마르크의 차관을 받게 된 경위로부터 시작하여 서독에서 시체를 닦은 간호사와 하루 10시간 넘게 지하 1000m 에서 땀 흘린 광부들의 아픔, 여인네 머리카락을 잘라 만든 가발과 전국 쥐잡기 운동으로 모은 쥐 털로 만든 '코리안 밍크'를 수출했던 이야기, 월남 참전 용사들의 전후(戰後) 수당 일부로 건설한 경부고속도로 이야기, 중동 근로자가 흘린 피와 땀과 눈물이 있었기에 젊은 세대들이 오늘의 풍요를 누릴 수 있게 되었다는 이야기다.

편지는 이어 "반전과 평화 데모를 외치며 거리로 몰려나와 교통질서를 마비시키는 그대들이 과연 아버지와 할아버지 세대를 수구세력으로 폄훼할 자격이 있는가"고 반문한 뒤 "국민소득 4만 달러 고지 달성 때까지 신·구 세대는 뭉쳐야 한다."는 말로 끝을 맺는다.

필자도 불혹의 나이 40대를 지나 지천명의 50대를 맞았다. 한 무인(武人)의 글을 보며 먼 옛날이야기가 아니고 나의 형, 나의 누이의 이야기로 가깝게 느꼈다. 한 노(老)교수의 독백 소감을 보고 울었다.

"저는 65세의 대학교수입니다. 20대 초반에 겪은 역사입니다. 이 기사를 읽는 동안 주체할 수 없는 눈물을 줄줄 흘리면서 읽었습니다. 당시 구호품인 강냉이 죽을 먹으면서 고학하여 교수되고 박사가 된 사람입니다. 정말 그때 애국심으로 돌아갑시다. 일만 불 소득에 십 년을 머뭇거렸습니다. 노동 운동도 좋고 참교육도 다 좋으나 나라를 먼저 살려놓고 이야기들 나눕시다. 제발 애원합니다."

역사는 중요하다. 역사란 과거를 보며 현재를 진단하고 미래를 조명하는 학문이다. 60, 70년대 나의 형, 누이들이 허리띠 졸라매고 뛰었던 노고 때문에 오늘에 우리가 있다. 조국 현실을 보며 답답하다. 경제만 벼랑 끝에 있는 것이 아니고, 정치, 사회, 문화, 교육이 벼랑 끝에 있는 느낌이다. 왜 이런 처지가 되었을까? 누구를 탓할 수 있는가? 책임 소재! 범인은 우리 모두다. 터키 땅에도 부모가 1960년대에 독일 광부로, 간호사로 가 그 피 땀 흘린 돈으로 공부한 자녀가 있다. 편지를 보며 아들딸에게 메일을 보냈다. 사실을 알려 주기 위해서였다. 어려운 때일수록 힘을 합쳐야 한다.

편지 원문

우리 대한민국의 장래를 짊어질 개혁과 신진의 주체, 젊은이들이여! 여러분들은 50-60대가 겪은 아픔을 얼마나 알고 있는가? 그대들은 조국을 위하여 과연 얼마만큼 땀과 눈물을 흘렸는가? 지금 여러분들이 누리는 풍요로움 뒤에는 지난날 50-60대들의 피와 땀과 눈물이 있었다는 것을 결코 잊어서는 안 된다.

5·16 혁명 직후 미국은 혁명 세력을 인정하지 않았다. 만약 그들을 인정한다면 아시아, 또는 다른 나라에서도 똑같은 상황이 발생할 것이라는 우려에서였다. 그때 미국은 주던 원조도 중단했다. 당시 미국 대통령은 존 에프 케네디,

박정희 소장은 케네디를 만나기 위해 태평양을 건너 백악관을 찾았지만 케네디는 끝내 박정희를 만나주지 않았다. 호텔에 돌아와 빈손으로 귀국하려고 짐을 싸면서 박정희 소장과 수행원들은 서러워서 한없는 눈물을 흘렸었다. 가난한 한국에 돈 빌려줄 나라는 지구상 어디에도 없었다.

　　지푸라기라도 잡고 싶은 마음에 우리와 같이 분단된 공산국 동독과 대치한 서독에 돈을 빌리려 대사를 파견해서 미국의 방해를 무릅쓰고 1억 4000만 마르크를 빌리는 데 성공했다. 당시 우리는 서독이 필요로 한 간호사와 광부를 보내주고 그들의 봉급을 담보로 잡혔다. 고졸 출신 파독 광부 500명을 모집하는 데 4만 6천 명이 몰렸다. 그들 중에는 정규 대학을 나온 학사 출신도 수두룩했다. 면접 볼 때 손이 고와서 떨어질까 봐 까만 연탄에 손을 비비며 거친 손을 만들어 면접에 합격했다. 서독 항공기가 그들을 태우기 위해 온 김포공항에는 간호사와 광부들의 가족, 친척들이 흘리는 눈물로 바다가 되어 있었다. 낯선 땅 서독에 도착한 간호사들은 시골병원에 뿔뿔이 흩어졌다.

　　말도 통하지 않는 여자 간호사들에게 처음 맡겨진 일은 병들어 죽은 사람의 시신을 닦는 일이었다. 어린 간호사들은 울면서 거즈에 알코올을 묻혀 딱딱하게 굳어버린 시체를 이리저리 굴리며 닦았다. 하루 종일 닦고 또 닦았다.

　　남자 광부들은 지하 1,000미터 이상의 깊은 땅 속에서 그 뜨거운 지열을 받으며 열심히 일했다. 하루 8시간 일하는 서독 사람들에 비해 열 몇 시간을 그 깊은 지하에서 석탄 캐는 광부 일을 했다. 서독 방송과 신문들은 대단한 민족이라며 가난한 한국에서 온 여자 간호사와 남자 광부들에게 찬사를 보냈다. "세상에! 어쩌면 저렇게 억척스럽게 일할 수 있을까?" 해서 붙여진 별명이 '코리안 엔젤'이라고 불리었다.

몇 년 뒤 서독 뤼브케 대통령의 초대로 박 대통령이 방문하게 되었다. 그 때 우리에게 대통령 전용기는 상상할 수도 없어 미국의 노스웨스트항공사와 전세기 계약을 체결했지만 쿠데타군에게 비행기를 빌려 줄 수 없다는 미국 정부의 압력 때문에 그 계약은 일방적으로 취소되었다.

그러나 서독 정부는 친절하게도 국빈용 항공기를 우리나라에 보내주었다. 어렵게 서독에 도착한 박 대통령 일행을 거리의 시민들이 플래카드를 들고 뜨겁게 환영해 주었다. 코리안 간호사 만세! 코리안 광부 만세! 코리안 엔젤 만세!

영어를 할 줄 모르는 박 대통령은 창밖을 보며 감격에 겨워 '땡큐! 땡큐!'만을 반복해서 외쳤다. 서독에 도착한 박 대통령 일행은 뤼브케 대통령과 함께 광부들을 위로, 격려하기 위해 탄광으로 갔다. 고국의 대통령이 온다는 사실에 그들은 500여 명이 들어갈 수 있는 강당에 모여들었다.

박 대통령과 뤼브케 대통령이 수행원들과 함께 강당에 들어갔을 때 작업복 입은 광부들의 얼굴은 시커멓게 그을려 있었다. 대통령의 연설이 있기에 앞서 우리나라 애국가가 흘러나왔을 때 이들은 목이 메어 애국가를 제대로 부를 수조차 없었다. 대통령이 연설을 했다. 단지 나라가 가난하다는 이유로 이역만리 타국에 와서 땅속 1,000 미터도 더 되는 곳에서 얼굴이 시커멓게 그을려가며 힘든 일을 하고 있는 제 나라 광부들을 보니 목이 메어 말이 잘 나오지 않았다.

"우리 열심히 일 합시다. 후손들을 위해서 열심히 일합시다. 열심히 합시다."

　눈물에 잠긴 목소리로 박대통령은 계속 일하자는 이 말을 반복했다. 가난한 나라 사람이기 때문에 이역만리 타국 땅 수 천 미터 지하에 내려가 힘들게 고생하는 남자 광부들과 굳어버린 이방인의 시체를 닦으며 힘든 병원 일을 하고 있는 어린 여자 간호사들. 그리고 고국에서 배를 곯고 있는 가난한 내 나라 국민들이 생각나서 더 이상 참지 못해 대통령은 눈물을 흘렸다. 대통령이란 귀한 신분도 잊은 채…. 소리 내어 눈물 흘리자 함께 자리하고 있던 광부와 간호사 모두 울면서 영부인 육영수 여사 앞으로 몰려나갔다. '어머니! 어머니!'하며…. 육 여사의 옷을 잡고 울었고, 그분의 옷이 찢어질 정도로 잡고 늘어졌다. 육 여사도 함께 울면서 내 자식같이 한 명, 한 명 껴안아 주며 "조금만 참으세요." 라고 위로하고 있었다.

　광부들은 뤼브케 대통령 앞에 큰 절을 하며 울면서 "고맙습니다, 고맙습니다. 한국을 도와주세요. 우리 대통령님을 도와주세요. 우리 모두 열심히 일 하겠습니다. 무슨 일이든 하겠습니다."를 수없이 반복했다. 뤼브케 대통령도 울고 있었다.

　연설이 끝나고 강당에서 나오자 미처 그곳에 들어가지 못한 여러 광부들이 떠나는 박 대통령과 육영수 여사를 붙잡고 "우릴 두고 어디가세요. 고향에 가고 싶어요. 부모님이 보고 싶어요." 하며 떠나는 박대통령과 육 여사를 놓아줄 줄을 몰랐다.

　호텔로 돌아가는 차에 올라 탄 박 대통령은 계속 눈물을 흘렸다. 옆에 앉은 뤼브케 대통령은 손수건을 직접 주며

"우리가 도와주겠습니다. 서독 국민들이 도와주겠습니다."라고 힘주어 말했다.

서독 국회에서 연설하는 자리에서 박대통령은 "돈 좀 빌려주세요. 한국에 돈 좀 빌려주세요. 여러분들의 나라처럼 한국은 공산주의와 싸우고 있습니다. 한국이 공산주의자들과 대결하여 이기려면 경제를 일으켜야 합니다. 그 돈은 꼭 갚겠습니다. 저는 거짓말할 줄 모릅니다. 우리 대한민국 국민들은 절대로 거짓말하지 않습니다. 공산주의자들을 이길 수 있도록 돈 좀 빌려주세요."를 반복해서 말했다.

당시 한국은 자원도 돈도 없는 세계에서 가장 못사는 나라였다. 유엔에 등록된 나라 수는 120여 개국, 당시 필리핀 국민소득 170불, 태국 220불 등 이때 한국은 76불이었다. 우리 밑에는 달랑 인도만 있었다.

세계 120개 나라 중에 인도 다음으로 못 사는 나라가 바로 우리 한국이었다. 1964년 국민소득 100달러! 이 100달러를 위해 단군 할아버지부터 무려 4,600년이라는 긴 세월이 걸렸다. 이후 그대들이 말하는 이른바 우리 보수 수구세력들은 머리카락을 잘라 가발을 만들어 외국에 내다 팔았다. 동네마다 엿장수를 동원하여 "머리카락 파세요! 파세요!" 하며 길게 땋아 늘인 아낙네들의 머리카락을 모았다. 시골에 나이 드신 분들은 서울 간 아들놈 학비 보태주려 머리카락을 잘랐고, 먹고 살 쌀을 사기 위해 머리카락을 잘랐다. 그래서 한국의 가발 산업은 발전하게 되었던 것이다. 또한 싸구려 플라스틱으로 예쁜 꽃을 만들어 외국에 팔았다. 곰 인형을 만들어 외국에 팔았다. 전국에 쥐잡기 운동을 벌렸다. 쥐 털로 일명 코리안 밍크를 만들어 외국에 팔았다.

돈 되는 것은 무엇이든지 다 만들어 외국에 팔았다. 이렇게 저렇게 해서 1965년 수출 1억 달러를 달성했다. 세계가 놀랐다. "저 거지들이 1억 달러를 수출해?" 하며 '한강의 기적' 이라고 전 세계가 경이적인 눈빛으로 우리를 바라봤다.

'조국 근대화'의 점화는 서독에 파견된 간호사들과 광부들 이었다. 여기에 월남전 파병은 우리 경제 회생의 기폭제가 되었다. 참전 용사들의 전후 수당 일부로 경부고속도로가 건설되었고, 이를 바탕으로 우리 한반도에 동맥이 힘차게 흐르기 시작했다. 우리가 올림픽을 개최하고, 월드컵을 개최하고, 세계가 우리 한국을 무시하지 못하도록 국력을 키울 수 있었던 것은 그대들이 수구 보수 세력으로 폄훼하는 그 때 그 광부와 간호사들, 월남전 세대가 있었기 때문이다.

그대들이 명심할 것은 그 때 이방인의 시신을 닦았던 간호사와 수 천 미터 지하 탄광에서 땀 흘리며 일한 우리의 광부, 목숨을 담보로 이국전선에서 피를 흘렸던 우리 국군 장병, 작열하는 사막의 중동 건설 현장에서 일한 50-60 대가 흘린 피와 땀과 눈물이 있었기에 그대들 젊은 세대들이 오늘의 풍요를 누릴 수 있다는 사실을 결코 잊어서는 안 된다.

반전과 평화 데모를 외치며 거리로 몰려나와 교통질서를 마비시키는 그대들이 과연 아버지와 할아버지 세대를 수구 세력으로 폄훼할 자격이 있는가? 그대들이 그때 땀 흘리며 일한 오늘의 5,60대들을 보수 수구 세력으로 폄훼하기에 앞서 오늘의 현실을 직시하라. 국가 경영을 세계와 미래라는 큰 틀 전체로 볼 줄 아는 혜안을 지녀야 하지 않겠는가? 보다 낳은 내일의 삶을 위해 오늘의 고통을 즐겨 참고 견뎌 국민 소득 4만 불대의 고지 달성 때까지 우리들 신구 세대는 한 덩어리가 되어야 한다.

이제 갈라져 반목하고 갈등하기에는 갈 길이 너무 멀
다. 이제 우리 모두 한 번쯤 자신을 돌아보며 같은 뿌리에
난 상생의 관계임을 확인하고 다시 한 번 뭉쳐보자. 우리
모두 선배를, 원로를, 지도자를 존경하고 따르며, 우리 모두
후배들을 격려하고, 베풀고, 이해해 주면서 함께 가보자. 우
리 대한민국의 앞날에 더욱 밝은 빛이 비추어지리!

좋은 선교사를 넘어 위대한 선교사로

무씸비 카뇨로(Musimbi Kanyoro)는 서구선교가 아프리
카 현지 기독교인들에게 어떤 이미지로 각인되어 있는지 말
해 준다.

"'선교' 또는 '선교사들'을 언급하면 떠오르는 이미지는
우리 마을에 들어와 살고, 병원에서 일하고, 성경을 번역해
주고, 여성들에게 위생과 바느질을 가르쳐 주고 있는 외국
형제자매들을 생각하게 된다. 그들은 자신들의 돈을 가지고
와 우리 교회를 운영한다."

서구선교는 선교의 종교성 약화에 있다. 기독교 선교가
종교적이다. 그동안 선교의 방향을 놓고 많은 논의가 있었
다. 크게 네 부류로 나눌 수 있다.

첫째는, 선교는 영혼 구원에 초점을 두어야 한다. 복음화

(evangelism, evangelization)가 선교의 목표라는 입장이다.

둘째는, 기독교 선교의 패권주의를 비판하면서 사회 참여 및 사회 변혁으로 복음화를 대치시키는 입장이다.

셋째는, 소위 통전적(wholistic) 선교를 강조하는 입장이다. 기독교 선교는 영혼 구원을 위한 복음화와 사회 참여/사회 변혁을 동시에 해야 한다.

넷째는 종교다원주의적 입장에서 선교를 대화로 이해한다. 47)

문제는 어떤 형태의 선교든지 네 가지 입장은 종교성의 결여이다. 선교의 종교성이란 선교의 목표를 어디에 두는가에 따라 정해지는 것은 아니다. 선교를 감당하는 선교사 자신의 선교 방식이 종교적인가 아닌가가 문제이다. 영혼 구원을 위한 복음화에 중점을 두지 않는다. 선교 현지의 사람들의 눈에 기독교 선교는 덜 종교적으로 비추어진다. 선교사들이 구도자로서의 모습을 보여 주지 못한다. 선교사들의 삶의 모습이 현지인의 종교적 심성에는 종교적으로 보이지 않는다. 불행한 선교이다.

한국선교는 중대한 질문 앞에 선교 점검이 필요가 있다. 아프리카 현지인들에게 각인된 선교사들의 모습이 아닌지 말이다.

"우리 마을에 들어와 살고, 병원에서 일하고, 성경을 번역해 주고, 여성들에게 위생과 바느질을 가르쳐 주는 외국

---

47) 이문장 교수((Trinity Theological College, Singapore), 「새로운 선교 패러다임의 탐색: 한국적 관점에서」 GMS 미션저널 2004 (여름호), 일부를 발췌했음을 밝힌다.

형제자매들, 자신들의 돈을 가져 와서 우리 교회를 운영한
다."

불타는 전도자, 영혼 구령에 혼신을 다했던 선교사로 남
길 바란다. 좋은 선교사를 넘어 위대한 선교사로 각인되어야
한다.

바람소리도 놓치지 말라

"대통령 경호원들은 매일 대통령을 위해 죽는 훈련을 한
다. 매일 아침 목욕을 하고 속옷을 깨끗이 갈아입는다. 만의
하나 자신의 시신이 수습될 경우에 대비해서다. 경호원의 실
수는 대통령의 안전과 직결된다. 실수 없는 경호를 위해 그
들은 풍선 터지는 소리와 총소리를 반복해 듣는다. 바람소리
도 놓치지 마라! 경호원들의 업무 수칙이다."

청와대에서 26년 경호 일을 했던 염상국 씨의 말이다.
한 국가 원수의 경호를 위해서 경호원들은 죽는 훈련을 한
다. 한 국가 원수를 위해 하루 출발부터 다르다. 한 국가 원
수의 경호를 위해 시신이 될 것을 각오한다. 한 국가 원수를
경호하기 위해 반복해서 풍선 터지는 소리와 총소리를 훈련
한다. 한 국가 원수의 경호를 위해 바람소리 하나도 예사롭
게 듣지 않는다.

선교사도 최소한 대통령 경호원과 같은 헌신을 해야 한

다. 주님을 위해 선교지에서 목숨을 바칠 각오를 해야 한다. 주님을 위해 선교지에서 바람소리 하나도 예사롭게 듣지 않아야 한다. 주님을 위해 선교지 아침 시간부터가 달라야 한다. 선교지에서 좋은 선교사를 넘어 위대한 선교사가 되어야 한다. 선교지에서 선교지의 영적 상황이 풍선소리인지 총소리인지 구별하는 분별력이 있어야 한다. 주님을 위해 선교지에서 철저한 프로근성이 있는 선교를 해야 한다. 선교지로 출발하기 전부터 선교훈련을 제대로 받고 가야 한다.

조국 교회는 2007년 여름에 뼈아픈 아프간 사태를 경험했다. 단기 선교의 허(虛)와 실(失)을 비싼 수업료를 치루며 배웠다. 선교가 선교되는 것을 배웠다. 이슬람 문화를 이해하는 것이 중요함을 배웠다. 선교동기가 중요함을 배웠다. 주는 선교가 아니고 배우는 선교가 중요함을 깨달았다. 외부자의 눈높이로 선교하는 것이 아니고 내부자의 눈높이로 선교해야 함을 배웠다.

한국교회는 세계 선교를 향한 동기를 바꿔야 한다. 복음을 "천국과 지옥"의 협의적인 개념으로부터 "하나님의 영광을 선포하는" 광의적인 개념으로 바꿔야 한다. 성경은 복음을 받아들이지 않는 이들에 대한 분명한 형벌을 말한다. 문제는 선교나 복음의 동기가 단순히 지옥, 형벌을 피하는 것으로만 이해될 때 복음전도가 필요 이상으로 공격적이거나 배타적이 된다. 성경에서 말하는 하나님의 목적은 인간 구원을 넘어선 하나님의 영광에 있다. 이 세상을 하나님의 원래 목적대로 회복함으로써 하나님께서 영광을 받으시는 것이 목적이다. 선교의 동기가 한 개인의 지옥 형벌에서부터 구출하는 것을 넘어서 복음전파의 결과로 사람들이 구원을 받고 하나님께서 온 세상으로부터 영광을 받으심으로 전환되어야 한다.

한국교회의 선교는 선교 업무 수칙에 둔감하다. 또한 선교 안전 수칙에도 둔감하다. 한국선교는 이제까지 감과 순발력에만 강했던 반면에 전략과 준비가 약했다. 한국선교는 그동안 소 잃고 외양간 고치는 선교를 했다. 너무나 즉흥적이었고, 지나칠 정도로 감정적이었다. 한국선교는 그동안 선교지 외형적 건물에 투자를 많이 했으나 성경말씀의 핵심가치인 행함과 믿음의 균형이 약했다. 한국선교는 당대 금자탑을 쌓는 선교를 많이 했다. 또한 단기적인 사역에 집중하여 장기적 안목이 약했다. 한국선교는 그동안 물량 선교를 했다. 그래서 서구제국주의 선교를 비판할 수 없게 되었다. 한국선교는 센터(기지) 중심의 선교를 했다.

세계 선교는 2010년 에든버러 선교 100년을 바라보는 시점에 와 있다. 지금은 나가오는 그리스도 왕국 선교(The Next Christendom)에 관심을 가져야 한다. 세계 선교질서 재개편에 관심을 가져야 한다. 선교 현장에서 들려오는 바람소리를 하나도 예사로 듣지 않아야 한다. 현장선교사들이 충언(忠言)한 말을 스쳐 듣지 않아야 한다. 선교 경험에서 용해된 글을 조국 교회는 예사로 보지 않아야 한다. 선교지에서 오는 기도편지 하나라도 버리지 않아야 한다. 선교사 자녀들 하나라도 가볍게 대하지 않아야 한다. 대통령 경호원들이 신명(身命)을 바쳐 일하는 것처럼 선교사들도 주님을 위해 신명(神命)받쳐 일해야 한다. 조국 교회는 선교현장에서 들리는 바람소리 하나라도 예사로 듣지 않아야 한다.

에필로그

지난 3년간 선교 21년을 정리했다. 틈틈이 기록해 놓은 글이 제법 되었다. 정리하는 기쁨도 있었다. 선교의 한 방향 정렬이 되었다. 여러 날 깊은 밤을 지새웠다. "명석한 머리보다 흐릿한 잉크가 낫다."는 말이 새롭게 다가왔다. 「발로 쓴 선교 이야기」는 여러 차례에 걸쳐 수정과 보완을 거듭했다. 옥동자를 낳는 심정이었다. 최종 출판사로 보내려고 마무리 작업을 했다.

그러던 어느 날 사건이 일어났다. 잠시 길가에 세워둔 차 유리를 깨고 뒷 좌석에 두었던 노트북을 훔쳐 달아났다. 순간 당황했다. 외장 메모리에 담아 둔 자료까지 모두 가져 갔다. 경찰이 와서 현장을 조사했다. 아내도 파출소에 달려 왔다. 사건 조서를 꾸몄다. 허전한 마음으로 집에 왔다. 여러 날을 잠 못 이루었다. 지난 21년 자료를 다시 기억할 수 없게 되었다. 당장 보내야 하는 책 출판 원고도 없어졌다. 잃어버린 장소에 광고를 냈다.

"누구든지 노트북 컴퓨터를 본 사람은 돌려주세요, 나에 겐 자료가 중요합니다. 사례하겠습니다."

소식이 없었다. 잃어버린 장소에 여러 차례 가보았다. 경찰도 포기하라고 했다.

신학교 강의를 하기 위해 여행을 떠나며 한 권 책을 손에 들었다. 「깨달음」 48)이란 책이었다. 사막의 교부들이 깨달았던 글을 읽었다. 사막의 교부들은 사랑, 미움, 고요함, 겸손, 순종, 기도, 무소유, 순전함, 자랑, 비움, 고통, 인내, 유혹, 뉘우침, 분별, 비전, 온전함으로 나아감을 깨달았다. 생각이 정리되었다. 사랑 선교, 미움 없는 선교, 고요함 선교, 겸손 선교, 순종 선교, 기도 선교, 무소유 선교, 순전함 선교, 자랑이 없는 선교, 비움 선교, 고통 선교, 인내 선교, 유혹을 물리치는 선교, 뉘우침 선교, 배려 선교, 분별 선교, 비전 선교, 온전함으로 나아가는 선교를 깨달았다.

책 원고를 잃음으로 사랑의 선교를 깨달았다. 잃음으로 미움 없는 선교를 깨달았다. 잃음으로 고요함 선교를 깨달았다. 잃음으로 겸손의 선교를 깨달았다. 잃음으로 무소유 선교를 깨달았다. 잃음으로 순전함 선교를 깨달았다. 잃음으로 자랑 없는 선교를 깨달았다.(이 책이 자랑 선교가 아님을 기억해 주길 바란다.) 잃음으로 비움의 선교를 깨달았다. 잃음으로 고통 선교를 깨달았다. 잃음으로 인내 선교를 깨달았다. 잃음으로 유혹에서 이기는 선교를 깨달았다. 잃음으로

---

48) 사막의 교부들(배응준역), 깨달음, 규장, 2006.

뉘우침 선교를 깨달았다. 잃음으로 배려 선교를 깨달았다. 잃음으로 분별의 선교를 깨달았다. 잃음으로 비전의 선교를 깨달았다. 잃음으로 온전함으로 나아가는 선교를 깨달았다.

선교의 다언(多言)의 가르침은 많으나 깨달음을 얻을 곳이 희소하다. 선교에 관한 책은 많으나 선교 현장이 없는 이론이 많다. 선교사는 많으나 선교가 선교 되도록 고민하는 선교사가 적다. 선교 사역은 많으나 본질적인 영혼 구령 사역은 적다. 선교 동원 가는 많으나 선교 현장에서 발로 뛰는 선교사는 적다. 학문적 선교 방법론은 많으나 선교 현장에 맞는 방법론 선교가 적다.

선교는 실천궁행(實踐躬行)이다. 선교는 이론이 아닌 실천이다. 선교는 머리로 하는 것이 아니고 발로 뛰는 일이다. 잃음으로 인해 미완성 책이 되었다. 깨달음이 왔다. 잃음으로 다시 쓰는 책이 진한 감동이 있다. 아픔이 있었기에 감동이 있다. 음악에도 완성곡보다 미완성곡이 아름답듯이 다가오는 미완성 과업 세계 선교를 기대하며 에필로그를 마친다.

참고 도서

한국 책
전호진, 「이슬람: 종교인가? 이데올로기인가?」, 서울: SFC, 2002.
공일주, 「중동의 기독교와 이슬람」 서울: 예영커뮤니케이션, 2002.
이재철, 「매듭짓기」 홍성사, 2005.
이용규, 「내려놓음」 규장, 2006.
최영길, 「이슬람 문화」 서울: 도서출판 알림, 1999.
LG경제연구원, 「2010 대한민국 트렌트」 한국경제신문, 2005.

한국어 번역 책
히라카와 스케히로(노명희 역), 「마테오리치(동서 문명 교류의 인문학
        서사시)」, 동아시아, 2002.
루스 터커(박해근 역), 「선교사 열전」, 서울: 크리스천 다이제스트, 1999.
패트릭 존스톤, 제이슨 맨드릭(조이 선교회 역), 「세계기도정보」, 서
        울: 조이선교회 출판부, 2002.
J. A. 패커(박영호 역). 「청교도 사상」, 기독교문서선교회, 1999.
필 파샬(채슬기 역), 「무슬림 전도의 새로운 방향」, 서울: 예루살렘
        출판사, 2003.
리처드 버그(이덕희 역), 「갈매기의 꿈」, 문예출판사, 1995.
C. S. 루이스(이종태, 장경철 역), 「순전한 기독교」, 서울: 홍성사, 2001.
빌 하이빌스(박영민 역), 「당신은 혼자 있을 때 누구인가?」, 서울:
        IVP 출판부, 1987.
버나드 루이스(이희수 역), 「중동의 역사」, 서울: 까치, 2000.
존 브라이트(김인환 역), 「하나님의 나라」, 크리스챤 다이제스트, 2000.
존 칼빈 저(김종흡, 신복윤, 이종성, 한철하 공역), 「기독교 강요(2권)」,
        생명의 말씀사, 2003.
새뮤얼 헌팅턴(이희재 역), 「문명의 충돌」, 서울: 김영사, 1999.
스티븐 코비 저(김경섭 역), 「8번째 법칙」, 김영사, 2006.
비니트 햄튼, 캐롤 플류드만(이영철 역), 「세상을 변화시킨 사람들의 말」,

　　　　서울: 조이선교회출판부, 1997.
존 화이트 저(이석철 역), 「탁월한 지도력」, 서울: IVP출판부, 1987.
사이쇼 히로시 저(최현숙 역), 「아침형 인간」, 한스메디어. 2005.
최덕성 저, 「에큐메니칼 운동과 다원주의」, 본문과 현장 사이, 2005.
피터 드러커 저(이재규 역), 「미래사회」, 한국경제신문, 2003.
엘리자베스 엘리엇 저(윤종석 역), 「전능자의 그늘」, 복있는사람, 2003.
사막의 교부들(배응준 역), 「깨달음」, 규장, 2006.

잡지 및 논문
이태웅 원장, 세계화와 한국선교의 전망과 그 전략, 중앙아시아 키르기
　　　　즈 컨설테이션, 2003.
조동진(David J. Cho, Ph. D.), GMS 국제 지도력 개발과 21세기 선교
　　　　신학의 정립(International Leadership Development of GMS
　　　　and Initiation of the 21st.
Century Missiology), 〈GMS 국제화 선교 포럼 특강, 2006년 7월〉, 성
　　　　찰과 반성을 통한 새로운 출발: New Set Out Through the
　　　　Reflection and Self-examination.
조용성, 잊혀진 땅을 가슴에 품고, 요단출판사, 1999.
－－－－－역(에드윈 야마후치 저), 「잊혀진 땅 소아시아」, 성광출판사,
　　　　1996.
－－－－－, 실크로드 선교 전략(GMS 중심), 총신대학교 선교대학원 논문
　　　　(Th. M). 2003.
－－－－－－－, 『중국 문헌에 의한 오공(悟空) 여행기』, 터키 국립 마르
　　　　마라(Marmara) 대학교 대학원, 1993년(석사학위청구논문)

영어 책
Bill A. Musk, *Touching the Soul of Islam: Sharing the Gospel in
　　　　Muslim Cultures*, (MARC: Crowborough), 1995.
－－－－－－－－, *Passionate Believing: the fundamentalist face of
　　　　Islam*, (Monarch Publications: Tunbridge Wells), 1992.
－－－－－－－－, *The Unseen Face of Islam: Sharing the Gospel with
　　　　Ordinary Muslims*, (MARC: Owl Lodge), 1989. Roland Muller,
　　　　Honor and Shame, (Xlibris: USA), 2000.
David J. Bosch, *Transforming Mission*(Paradigm Shifts in Theology
　　　　of Mission), Oribis.
Books, p.9. (이병길, 장훈태 역), 「변화하고 있는 선교」, 기독교문서선교회.
Bernard Lewis, *The Multiple Identities of the Middle East*,
　　　　Weidenfeld & Nicolson: London, 1998.
P. Newton and M. Rafiqul Haqq, *Woman in Islam: The Place of
　　　　Woman in Pure Islam* (Qawl ul Haq by T.M.F.M.T.: Rowley
　　　　Regis), 1993.

Greg Livingstone, *Planting Churches in Muslim Cities*, Baker Book House: Grand Rapids, 1993.

John Piper, *The Pleasures of God*, Christian Focus Publications: Portland, 2001.

W. Chan Kim, Ren'ee Mauborgne, *Blue ocean strategy: How to create Uncontested space and make the competition irrelevant*, Harvard business school, Boston, Massachusetts, 2005

Paul G, 『Form and Meaning in the Contextextualization of the Gospel』 ; Dean S. Gilliland ed., The Word Among us, (Word Publishing, Dallas 1989). (재인용)

Richthofen. F. V.: China I, 454ff: 『Ders Uber die zentral-asiatischen Seidenstrassen bis zum 2.Jh. n. Chr』. (Verhandlungen der Gesellschaft fur Erdkunde zu Berlin, 1877, 96ff). (재인용)

Sham Schlorff, 『The Transitional Model for Mission in Resistant Muslim Socity: A Critique and An Alternative(1)』 , Seedbed, vol.(No.3)1998. (재인용)

Stanley H. Skreslet, 『Networking, Civil Socity, and the N.G.O: A new model for Ecumenical Mission』 , in Missiology Vol 26, No.3(July).

Miriam Adeney, *Daughters of Islam: Building Bridges with Muslim Women*, IVP: Downers Grove, 2002 Hamburg), 2001.

William M. Miller, *Ten Muslims Meet Christ*, William B. Edmans Publishing Company: Grand Rapids, 1987.

Ralph D. Winter, "Radical Breakthrough: Combatting the 2nd Largest Obstacle in Missions." Missionary Frontiers Bulletin, March-April 1994.

Patrick Johnstone, *The Church is Bigger Than You Think*, Christian Focus Publications: Fearn, 1998.

Robert Morey, *The Islamic Invasion: Confronting the World's Fastest Growing Religion*, Harvest House Publishers: Eugene, 1992.

Bernard Lewis, *The Arabs in History*, Oxford University Press: Oxford, 1993.

Perspectives on the World Christian Movement, William Carey Library: Pasadena, 1992.

David Fromkin, *A Peace to End All Peace: Creating The Modern Middle East 1914-1922*, Penguin Books: London, 1989.

Colin Chapman, *Cross & Crescent : Responding to the Challenge of Islam*, IVP: Leicester, 1995.

M. Fethullah Gulen, *Key Concepts in the Practice of Sufism*,

Kaunak: Izmir

Jacques Jomier, *How to Understand Islam*, SCM Press: Paris, 1988.

Roland Allen, *Missionary Methods: St. Paul's or Ours?* Wm B. Eerdmans Publishing Co: Grand Rapids, 1962.

Glen Myers, *The Arab World*, OM Publishing: Cumbria, 1998.

Clifford Geerts, *The Interpretation of Culture*, Basic Books : New York:, 1973

Lewis Smedes, *Shame and Grace*, Harper San Francisco: Zondervan Publishing House, 1993

정기간행물(영문)

Editor in Chief, Arthur T. Pierson, The Missionary review of the world, Furd and wagnalls company publishers, No.9. 1905, Sep.

Joshua Massey, Should Christians Use "Allah" in Bible Translation?, Evangelical Mission Quarterly, Vol 40, No.3 July 2004.

J. Dudley Woodberry, Muslim Missions after September 11, Evangelical Mission Quarterly, Vol 38, No.1 January 2002.

Warren Larson, How Islam Sees Itself, Evangelical Mission Quarterly, Vol. 38, No.4 Oct. 2002.

Andrew Boyd, Halting an Exodus with Satellite Television, Evangelical Mission Quarterly, Vol. 39, No.1 Jan. 2003.

David J. Hesselgrave, The Poor: A Case of Mistaken Identity?, Evangelical Mission Quarterly, Vol. 39, No.2 Apr. 2003.

Mans Ramstad, Persecution : A Biblical and Personal Reflection, Evangelical Mission Quarterly, Vol. 40, No.4, Oct. 2004.

The World mission of christianity: Massage and Recommendation of the enlarged meeting of the IMC held at Jerusalem, March 24−April 8, 1928.(New york: IMC 1928)

사전, 성경

Hans Weber, A Dictionary of Modern Written Arabic, Librairie Du Liban, Beirut, 1980.

L. J. Mcloughlin, A Learner's Dictionary of Arabic Colloquial Idioms, Librairie Du Liban, Beirut, 1988.

코란

A. Yusuf Ali, The Holy Qur'an: Text translation and Commentary, Amana Corp. Maryland. 1983.

최영길, 성 꾸란 의미의 한국어 번역, 메디나: 파하드 국장성 꾸란 출판청, A.H. 1417.